U0617964

权威·前沿·原创

皮书系列为
"十二五""十三五""十四五"时期国家重点出版物出版专项规划项目

BLUE BOOK

智库成果出版与传播平台

绿色金融蓝皮书
BLUE BOOK OF GREEN FINANCE

全球绿色金融发展报告（2022）

ANNUAL REPORT ON THE DEVELOPMENT OF GLOBAL GREEN FINANCE (2022)

王　遥　毛　倩等 / 著

社会科学文献出版社
SOCIAL SCIENCES ACADEMIC PRESS（CHINA）

图书在版编目（CIP）数据

全球绿色金融发展报告 . 2022 / 王遥等著 . -- 北京：
社会科学文献出版社，2023.1
（绿色金融蓝皮书）
ISBN 978-7-5228-1256-4

Ⅰ. ①全… Ⅱ. ①王… Ⅲ. ①金融业-经济发展-研
究报告-世界-2022 Ⅳ. ①F831

中国版本图书馆 CIP 数据核字（2022）第 242115 号

绿色金融蓝皮书
全球绿色金融发展报告（2022）

著　　者 / 王　遥　毛　倩　等

出 版 人 / 王利民
组稿编辑 / 恽　薇
责任编辑 / 颜林柯
责任印制 / 王京美

出　　版 / 社会科学文献出版社·经济与管理分社（010）59367226
　　　　　地址：北京市北三环中路甲 29 号院华龙大厦　邮编：100029
　　　　　网址：www.ssap.com.cn
发　　行 / 社会科学文献出版社（010）59367028
印　　装 / 三河市东方印刷有限公司

规　　格 / 开　本：787mm × 1092mm　1/16
　　　　　印　张：17　字　数：258 千字
版　　次 / 2023 年 1 月第 1 版　2023 年 1 月第 1 次印刷
书　　号 / ISBN 978-7-5228-1256-4
定　　价 / 158.00 元

读者服务电话：4008918866

本书获国家社会科学基金重点项目"中国绿色金融体系构建及发展实践研究"（18AZD013）支持

本书获中央财经大学–北京银行双碳与金融研究中心和北京财经研究基地支持

编　委　会

主　　　　任　王　遥

副　主　任　毛　倩

指　导　专　家　史建平　霍学文　唐丁丁　庄巨忠　林光彬
　　　　　　　　王琳晶

皮书课题组成员　王　遥　毛　倩　赵　鑫　Aleksandra Janus
　　　　　　　　郭敏平　李辰昕　陈千明　刘慧心　舒雪然
　　　　　　　　崔　莹　黎　峥

皮书数据库团队　李辰昕　舒雪然　周彦希　林　涵　Jenn Hu
　　　　　　　　张肇橘　蒋子劼　袁　莹　Madli Rohtla
　　　　　　　　王　瑜　Ntsika Xuba　Esben Holst　王　姗
　　　　　　　　罗可芮　董子轩　江　越　Safia Saouli
　　　　　　　　Temurbek Zokirov　Jenny Deng
　　　　　　　　Laura Callies　Adrian Aldana

主要著者简介

王 遥 教授，博士生导师。中央财经大学绿色金融国际研究院院长、财经研究院研究员，中央财经大学-北京银行双碳与金融研究中心主任，北京财经研究基地专家、学术委员会委员，中国金融学会绿色金融专业委员会副秘书长，中国证券业协会绿色发展委员会顾问。剑桥大学可持续领导力研究院研究员，牛津大学史密斯企业与环境学院可持续金融项目咨询委员会专家，卢森堡证券交易所咨询顾问。2021 年担任联合国开发计划署中国生物多样性金融"BIOFIN"项目首席技术顾问，曾任 SDG 影响力融资研究与推广首席顾问。2013 年获教育部新世纪优秀人才支持计划资助，2010~2011 年哈佛大学经济系博士后及哈佛环境经济项目、哈佛中国项目的访问学者，2008~2010 年北京银行博士后。研究领域为绿色经济、可持续金融、绿色金融和气候金融。自 2006 年以来，在高层次期刊上发表论文 100 余篇，主持承担国家社科基金重点项目等国内外课题 90 余项，出版专著 22 部，其中《碳金融：全球视野与中国布局》和《气候金融》为该领域前沿著作。合著《支撑中国低碳经济发展的碳金融机制研究》获得第七届中华优秀出版图书提名奖。担任 *Energy Policy*、*Mitigation and Adaptation Strategies for Global Change* 和《金融研究》杂志的匿名审稿人。有近 7 年投资银行从业经验。2019 年获《亚洲货币》年度中国卓越绿色金融大奖"杰出贡献奖"。

毛 倩 中央财经大学绿色金融国际研究院国际合作部主任、研究员，中央财经大学-北京银行双碳与金融研究中心研究员。主要研究方向为全球可持续金融、生物多样性金融、蓝色金融。主持、参与多项课题的研究和数据库建设工作，包括德国国际合作机构的课题"可持续金融主流化：应对气候变化"、世界自然基金会的课题"中国渔业金融与可持续发展基线研究"和"金融机构渔业相关环境风险研究"、中国金融学会绿色金融专业委员会的课题"企业生物多样性相关环境信息披露研究"、能源基金会的课题"绿色金融、转型金融支持内蒙古煤炭产业转型研究"和"一带一路"可再生能源数据库、自然资源保护协会的课题"中国绿色金融主流化与加速低碳转型"等。曾在瑞典隆德大学可持续研究中心、联合国难民署（瑞典）马尔默办公室和宜家（中国）投资有限公司从事可持续发展相关工作，拥有金融学与环境研究和可持续科学的复合学术背景。

摘　要

　　实现全球经济、社会和环境可持续发展是全人类共同面临的挑战。发展绿色金融对于引导资金流向绿色低碳领域、推动可持续发展具有重要意义。世界各国已经逐步构建自身的绿色金融体系，培育绿色金融市场，推动国际合作。中央财经大学绿色金融国际研究院全球绿色金融发展研究课题组在国际金融论坛的支持下于 2020 年开始研究全球主要经济体的绿色金融发展情况。课题组建立了覆盖全球经济体量最大的 55 个国家的绿色金融数据库，编制全球绿色金融发展指数（Global Green Finance Development Index, GGFDI），以客观评价上述国家的绿色金融发展水平。全球绿色金融发展指数的指标体系中各指标的选取以客观性、公平性、可比性、科学性和数据可得性为基本原则，从政策与战略、市场与产品、国际合作三方面综合评价各国的绿色金融发展情况。当前指标体系设有 3 个一级指标、6 个二级指标、26 个三级指标和 54 个四级指标。其中定性指标 35 个，半定性指标 5 个，定量指标 14 个。

　　本报告聚焦 2021 年度评价周期（2021 年 1 月 1 日至 12 月 31 日）内 55 个国家的绿色金融发展水平，探讨全球绿色金融发展的关键议题。从总体得分来看，前十名分别是英国、法国、德国、中国、瑞典、日本、荷兰、丹麦、美国和西班牙。紧随其后的是意大利、韩国、加拿大、挪威和比利时等国。整体而言，经济相对发达、金融市场基础较完善国家的绿色金融发展情况较好。排名靠前的国家以英国、法国等发达国家为主，中国是唯一排名前十的发展中国家。从地域上来看，欧洲、东亚和北美地区国家的绿色金融发展水平整体较高，东南亚国家次之，非洲、中东和南亚地区国家的绿色金融发展相对落后。在政策与战略、市场与产品、国际合作三方面的单项得分上，政策与战略方面的得分差异最小，市场与产品方面的得分差异最大。这反映了部分发展中国家在绿色金融政策方面做出了相对积极的努力，但其绿色金融发展水平在很大程度上还是受到本国金融市场发展水平的限制。随着全球绿色金融国际合作的继续发展，绿色金融将成为推动区域经济合作、推动全球对话和合作的一个新的发力点。随着绿色金融的不断创新，其将在支持全球可持续发展方面扮演着越来越重要的角色。

《全球绿色金融发展报告（2022）》分为总报告、国别与地区篇、国际合作篇、专题篇和评价篇五部分。总报告围绕2021年全球绿色金融发展指数得分情况进行排名和解读，并展望2022年全球绿色金融发展趋势。国别与地区篇分别对欧盟、英国、法国、德国、中国、日本、韩国、美国、东盟、小岛屿发展中国家和最不发达国家等备受关注的绿色金融议题重点区域和国家进行梳理，展现不同国家和地区绿色金融发展的特征和进展。国际合作篇分为两部分：一是总结全球绿色金融的国际合作机制，包括主流的国际合作倡议与平台，以及多边、双边合作机制；二是总结多边开发性银行的绿色金融实践，展现全球性、区域性和跨区域性多边银行的实践进展。专题篇聚焦生物多样性金融，探讨生物多样性金融的发展背景与内涵，以及生物多样性金融的国际、国内最新进展，最终落脚于中国生物多样性金融的发展挑战与展望。评价篇阐述了全球绿色金融发展指数的构建，并选取了可能会对上述三方面指标产生直接影响的外生因素，即经济发展与财政基础、金融市场发展程度、对外开放水平，探究其与绿色金融发展指数之间的相关性。结果显示，绿色金融发展指数总得分和经济发展与财政基础呈较强的正相关关系，绿色金融市场与产品体系受到金融市场发展程度的积极影响。

总体而言，尽管有新冠肺炎疫情、地区冲突以及能源供应和贸易保护等问题，但2021年全球绿色金融整体呈良好、向上的发展趋势。2022年，绿色金融有望进一步发展，成为撬动国家与国家之间对话与合作的基点。全球性绿色金融标准协调一致、区域性绿色金融合作深化、全球绿色金融市场规模不断扩大、绿色金融产品不断创新将成为下一阶段的发展特色。

关键词： 绿色金融 可持续金融 可持续发展 生物多样性 气候变化

目 录 ↖

I 总报告

II 国别与地区篇

III 国际合作篇

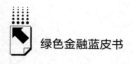
Ⅳ 专题篇

Ⅴ 评价篇

皮书数据库阅读 **使用指南**

总 报 告
General Report

B.1

2021年全球绿色金融发展指数报告

王遥 毛倩*

摘　要： 本报告基于全球绿色金融发展指数指标体系，对全球55个国家的绿色金融发展水平进行量化评分，并得出国别排名。指标体系从政策与战略、市场与产品、国际合作三方面评价各国绿色金融发展情况。总体而言，全球绿色金融发展水平在国家之间差异相对较大。绿色金融相对发达的国家主要集中在以英国、法国为代表的欧洲国家，中国是唯一位于前十名的发展中国家。从地域上来看，欧洲、东亚（中国、日本、韩国）、北美地区国家的绿色金融整体发展水平较高，东南亚国家次之，非洲、中东和南亚地区国家的绿色金融发展相对落后。在政策与战略、市场与产品、国际合作三方面的单项得分上，政策与战略方面的得分差异最小，市场与产品方面的得分差异最大。这反映了

---

* 王遥，中央财经大学财经研究院研究员、博士生导师，绿色金融国际研究院院长，研究方向为绿色经济、可持续金融；毛倩，中央财经大学绿色金融国际研究院国际合作部主任、研究员，研究方向为可持续金融、生物多样性金融、蓝色金融。

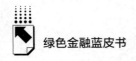

部分发展中国家在绿色金融政策方面做出了相对积极的努力，但其绿色金融市场发展水平在很大程度上还是受到本国金融市场发展水平的限制。未来，随着全球绿色金融的国际合作继续发展，绿色金融将成为推动区域经济合作、推动全球对话与合作的一个新的发力点。随着绿色金融的不断创新，其将在支持全球可持续发展方面扮演着越来越重要的角色。

关键词： 绿色金融　可持续发展　绿色金融发展指数

一　全球绿色金融发展指数排名

在 2021 年评价周期内，笔者根据全球绿色金融发展指数（Global Green Finance Development Index，GGFDI）指标体系得分情况进行排名，得到的结果如图 1 所示。

从总体得分来看，位于前十名的国家分别是英国、法国、德国、中国、瑞典、日本、荷兰、丹麦、美国和西班牙。紧随其后的是意大利、韩国、加拿大、挪威和比利时等国。整体而言，经济相对发达、金融市场基础较完善国家的绿色金融发展情况较好。排名靠前的国家以发达国家为主，中国是唯一排名前十的发展中国家。总得分位于中位数的国家是新西兰，总得分位于中位数之前的国家大多是拥有相对发达的金融市场的发达经济体国家，也包括中国、墨西哥、智利、巴西、印度尼西亚和南非等新兴经济体国家。同时，也有一些发达国家如捷克、澳大利亚和波兰的得分位于中位数之后。排名相对落后的国家主要集中在非洲、中东和南亚地区。

值得注意的是，在指数编制和排名的过程中，并没有对发达国家和发展中国家进行区分。因此，指标结果只是客观地反映各国绿色金融发展情况，而并非旨在敦促发展中国家达到与其经济发展水平不匹配的绿色金融发展目标。

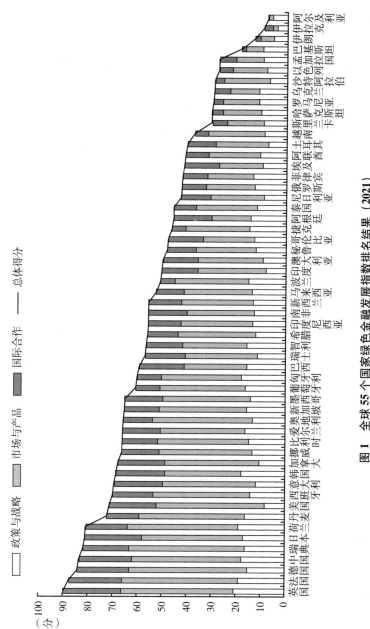

图1 全球 55 个国家绿色金融发展指数排名结果 (2021)

资料来源：根据公开数据收集和处理编制。

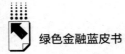

排名总结果由政策与战略、市场与产品、国际合作的得分形成。如表1所示，三部分的得分和总体排名在整体上呈相似的趋势。但具体到各个国家，可以看出不同国家的绿色金融发展模式和重点不同。下文将从政策与战略、市场与产品、国际合作三方面分别展开阐述和分析。

表1　全球 55 个国家绿色金融发展指数总得分和三项得分排名（2021）

国家	政策与战略	市场与产品	国际合作	总体排名
英国	1	4	2	1
法国	2	2	4	2
德国	15	1	5	3
中国	6	6	3	4
瑞典	8	3	10	5
日本	7	10	1	6
荷兰	2	5	12	7
丹麦	8	8	28	8
美国	48	7	8	9
西班牙	20	11	14	10
意大利	31	14	7	11
韩国	4	22	6	12
加拿大	39	12	9	13
挪威	24	13	19	14
比利时	17	15	21	15
爱尔兰	8	19	18	16
奥地利	27	9	32	17
新加坡	12	17	26	18
墨西哥	21	16	17	19
葡萄牙	8	18	39	20
匈牙利	4	20	38	21
巴西	12	33	11	22
瑞士	35	25	13	23
智利	12	31	22	24
希腊	31	21	30	25

续表

国家	政策与战略	市场与产品	国际合作	总体排名
印度尼西亚	24	24	27	26
南非	28	29	15	27
新西兰	23	26	29	28
马来西亚	22	27	35	29
波兰	16	23	45	30
印度	49	28	20	31
澳大利亚	44	30	23	32
秘鲁	31	35	33	33
哥伦比亚	28	40	25	34
捷克	17	32	47	35
阿根廷	19	46	16	36
泰国	34	34	41	37
尼日利亚	46	37	31	38
俄罗斯	28	41	37	39
菲律宾	24	42	36	40
埃及	41	44	24	41
阿联酋	38	39	40	42
土耳其	51	38	34	43
越南	46	36	48	44
斯里兰卡	44	47	44	45
哈萨克斯坦	40	45	49	46
罗马尼亚	36	47	51	47
乌克兰	36	50	43	48
沙特阿拉伯	52	43	50	49
以色列	49	49	46	50
孟加拉国	41	51	42	51
巴基斯坦	41	52	53	52
伊朗	54	53	54	53
伊拉克	55	54	52	54
阿尔及利亚	53	54	55	54

资料来源：根据公开数据收集和处理编制。

二　全球绿色金融政策与战略

　　在 2021 年评价周期内，55 个国家的绿色金融政策与战略得分为 4.07～20.93 分，平均得分为 12.76 分，中位数得分为 12.78 分，标准差为 3.71 分（见图 2）。不同国家的得分存在明显差异，但相对于市场与产品、国际合作的得分差异，政策与战略的得分差异最小。

　　从政策与战略得分来看，英国、法国、荷兰、韩国、匈牙利、中国、日本、瑞典、丹麦、爱尔兰等国家居于前列。政策与战略的单项排名结果并不完全与整体排名结果相一致。英国、部分欧盟国家、主要东亚国家和新加坡，以及个别拉丁美洲的新兴经济体国家在战略与政策层面的表现相对突出。该单项排名反映了政府推动绿色金融发展的雄心和动力。以美国、加拿大为代表的发达经济体虽然整体得分居于前列，但并没有在政策与战略方面获得高分。这不仅体现了发达国家间推动绿色金融发展的政策力度的差异，也从侧面反映了由市场主导的绿色金融发展模式和由政策驱动的绿色金融发展模式的差异。欧盟国家在政策与战略方面的得分普遍较高，这得益于欧盟层面绿色金融的整体行动。在关于欧盟层面政策的具体数据处理方面，只有在欧盟各国强制执行的政策和法律才会被视为所有欧盟国家的得分政策，这就意味着欧盟层面一些没有强制执行要求的建议类政策并没有被统计在内。在欧盟框架下，各国有权根据国情延缓执行部分欧盟政策，因此即使个别指标得分相同，各国实际的政策力度和执行实践也会有差异。

　　具体而言，政策与战略指标包含与绿色发展相关的政策和战略以及与绿色金融直接相关的政策两部分。将与绿色发展相关的政策和战略也纳入绿色金融发展指数指标体系的原因在于：第一，国家整体的绿色可持续发展政策和战略可以为绿色金融政策的发展奠定良好的基础；第二，并非所有国家都有与绿色金融直接相关的政策。纳入与绿色发展相关的政策和战略有利于区分绿色金融非常落后的国家，而与绿色金融直接相关的政策则可以重点区分已有一定绿色金融发展基础的国家。

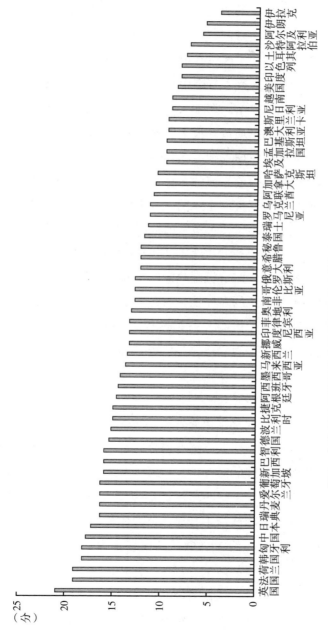

图 2　全球 55 个国家绿色金融发展指数政策与战略排名结果（2021）

资料来源：根据公开数据收集和处理编制。

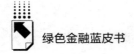

第一部分即与绿色发展相关的政策和战略的得分显示，55 个国家或多或少都有国家层面的绿色发展战略性政策、行动规划、绿色产业相关政策。除伊朗外的 54 个国家向联合国气候变化框架公约（UNFCCC）提交了自主贡献承诺，但承诺的雄心和实现差异很大。本指标体系按照有无国家自主贡献目标、有无碳中和目标、是否有碳中和相关政策、是否立法以及是否实现碳中和进行打分。英国、日本、加拿大和部分欧盟国家等都通过立法确定了碳中和目标，也有一些国家通过政策文件等方式确立碳中和目标。在碳定价机制方面，指标体系同时考虑了碳市场和碳税两种碳定价机制。这样设置的原因是，碳市场和碳税是目前主流的两种定价方式，其中碳市场通过排放权交易的市场化手段将主要的排放主体纳入减排机制中，而碳税则可以通过税收手段直接对碳排放进行定价，可覆盖的范围主体更广。在得分结果上，这对于法国、日本等同时拥有碳市场和碳税两种碳定价机制的国家有利。当然，目前的指标体系对于碳定价机制政策的打分仍然存在很大的局限性，只能反映碳定价机制相关政策的多样性，而无法很好地反映政策的实际减排效果。此外，关于多种碳定价机制并行是最优解决方案也存在争议。总体而言，与绿色发展相关的政策和战略的各项指标对于区分绿色金融相对不发达的国家效果明显，但对于区分绿色金融相对发达的国家效果不明显，这也是值得进一步讨论和优化的地方。

第二部分即与绿色金融直接相关的政策的得分显示，绿色金融整体发展水平落后的国家在这部分指标上都鲜有得分，对于绿色金融整体水平尚可的国家，这部分指标具有较强的区分性。与绿色金融直接相关的政策指标又可以分为绿色金融综合类政策、绿色金融产品专项政策和金融风险相关政策。其中，在绿色金融产品专项政策中与绿色债券相关的政策是最多的，这与全球绿色债券市场相对于其他绿色金融产品市场更为活跃这一现实情况相一致。金融风险相关政策下设的两个半定性指标是将绿色金融政策最发达的几个国家区分开来的主要指标。根据鼓励性环境信息披露和强制性环境信息披露，以法国为代表的实行强制性环境信息披露的欧洲国家在这方面的得分有明显优势。此外，出台鼓励金融机构进行环境压力测试相关政策的国家在这方面也具有优势，整体来看有此类政策的国家不多。最后需要指出的是，在强制性环境信息披露的内容和主体方面，不同国家之间存在差异。例如，有的国家要求强制性披露 ESG 相关信息，有的则是 CSR；有的国家要求上市公司进行披露，而有的国家则是从公司的人数规模角度要求部分公司进行强制性披露。在这一版本指标排名过程中，笔者未对上述情况进行区分。

三　全球绿色金融市场与产品

在 2021 年评价周期内，55 个国家的绿色金融市场与产品得分为 1.85～47.53 分，平均得分为 27.51 分，中位数得分为 27.58 分，标准差为 11.84 分（见图 3）。不同国家的得分存在非常明显的差异，且相对于政策与战略、国际合作的得分差异，市场与产品的得分差异是最大的。

从市场与产品得分来看，德国、法国、瑞典、英国、荷兰、中国、美国、丹麦和奥地利等国家居于前列。和政策与战略方面的指标不同，市场与产品方面的指标主要反映绿色金融市场的实际发展情况，而非政府的政策和意愿。从排名结果来看，既存在以美国、加拿大为代表的政策与战略排名相对靠后，但市场与产品排名靠前的国家，也存在以匈牙利、葡萄牙、爱尔兰等为代表的政策与战略得分相对较高，但市场与产品得分相对落后的国家。此单项排名提供了从另一个维度去比较各国绿色金融发展实际情况的可能，也展现了不同国家之间由政府主导和由市场驱动的不同绿色金融发展模式的差异。此外，市场与产品的排名结果也在一定程度上反映了部分国家的政策力度和效果。具体而言，市场与产品指标分为绿色金融产品和市场机构建设两部分。

第一部分即绿色金融产品相关指标，主要衡量绿色金融产品的多样性和绿色金融产品的规模。到目前为止，全球绿色债券各项指标的数据可得性较高。其中，对于绿色债券的累计和新增发行量指标，本指标体系考核其占本国GDP 的比重，以避免巨大的经济体量带来的绝对优势。经此处理后，美国、中国等绿色债券发行量大国不再具有绝对优势，瑞典、荷兰、挪威、新加坡等经

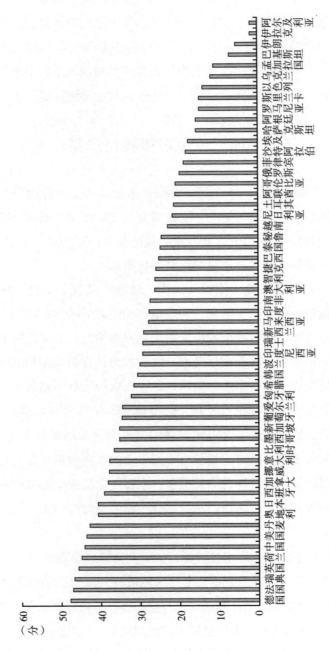

图 3　全球 55 个国家绿色金融发展指数市场与产品排名结果（2021）

资料来源：根据公开数据收集和处理编制。

济体量相对较小但绿色债券累计和新增发行量相对较高的国家得分占优。其中，瑞典累计绿色债券发行量占 2021 年 GDP 的比重为 9.29%，2021 年新增绿色债券发行量占 GDP 的比重为 2.58%[①]。在绿色贷款方面，大部分国家没有对绿色贷款余额、新增绿色贷款数量做出官方统计。数据的缺乏使拥有绿色贷款的国家之间无法进行比较。中国从 2018 年起开始统计绿色贷款，绿色贷款余额绝对数量和增长率逐年增长。2021 年，绿色贷款余额为 15.9 万亿元，比上年增长 33%，绿色贷款余额占金融机构各项贷款余额的8.25%[②]。日本环境省披露的数据显示，日本的绿色贷款总额从 2017 年的157 亿日元持续上升，于 2021 年达到 2583.6 亿日元[③]。然而，由于大部分国家没有绿色贷款余额的官方相关统计，这个方面无法进行比较。目前，除绿色债券外，绿色金融产品相关指标，如绿色贷款、绿色保险、绿色基金等主要反映了各国绿色产品的广度，但在深度上有所欠缺，这一点在未来随着全球绿色金融的发展有望进一步得到改善。碳金融是绿色金融产品中一项重要的得分项，目前的指标体系根据碳市场实际运营情况、碳现货金融产品和碳金融衍生品的多样性来判断碳金融的发展情况。这是在综合考虑各项数据可得性和可比性等原则后进行的设置，对于反映市场发展规模具有局限性，尤其是在欧盟碳市场中，欧盟各国的国别差异性没有很好地体现出来。

在第二部分即市场机构建设部分，德国、法国、英国、荷兰位居前列。德国和法国在开发性金融机构方面的得分具有明显优势：普遍有绿色投资相关承诺、有环境社会保障措施、积极开展对其他国家的绿色金融技术援助。然而，部分国家并没有国家层面的开发性金融机构，这个客观原因直接影响了其得分。

在国家级绿色银行或绿色基金方面，包括英国、法国、中国、日本等在内

---

① 数据来源于中央财经大学绿色金融国际研究院数据库，原始数据出处和处理方法为：气候债券倡议组织（CBI）公开数据库中瑞典 2021 年绿色债券数据÷世界银行数据库中瑞典2021 年 GDP。

② 中华人民共和国中央人民政府.我国绿色贷款存量规模居全球第一［EB/OL］.http：//www.gov.cn/xinwen/2022-03/08/content_ 5677832. htm.

③ Market Status（Domestic and Global）. Green Finance Portal. Ministry of the Environment［EB/OL］. http：//greenfinanceportal. env. go. jp/en/loan/issuance_ data/market_ status.html.

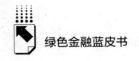
的政策与战略得分较高的国家该项指标均有得分。在商业性市场机构和证券交易所方面，相关指标的得分结果普遍和整体上市场与产品的得分趋势相一致。

四　全球绿色金融国际合作

在 2021 年评价周期内，55 个国家的绿色金融国际合作方面得分为 0 ~ 23.09 分，平均得分为 12.42 分，中位数得分为 13.14 分，标准差为 5.82 分（见图 4）。不同国家的得分存在明显差异，但相对于市场与产品的得分差异，国际合作的得分差异较小。

从国际合作得分来看，日本、英国、中国、法国、德国、韩国、意大利、美国、加拿大和瑞典等国家居于前列。国际合作得分居于前列的国家不仅有位于东亚、欧洲和北美的发达经济体国家，也包括中国、巴西、阿根廷和墨西哥等新兴经济体国家。具体而言，国际合作部分包含金融监管机构加入的国际主流可持续金融平台和网络，以及市场主体加入的国际主流可持续金融倡议两部分指标。这样的指标设置综合体现了政府和市场两个主体参与绿色金融国际合作的意愿和进展情况。也是因为具有这样的特征，国际合作得分情况和上述政策与战略、市场与产品的得分情况具有相关性。

在金融监管机构加入的国际主流可持续金融平台和网络方面，阿根廷得分最高，其参与了包括央行与监管机构绿色金融网络（NGFS）、可持续金融国际平台（IPSF）、可持续保险平台（SIF）、可持续银行和金融网络（SBFN）、财政部长气候行动联盟（CFMCA）在内的所有平台和倡议。日本、英国、瑞典、荷兰、爱尔兰、新西兰等国家位于其后。55 个国家中，大部分国家的央行或金融监管机构加入了 NGFS，只有位于中东、北非、中亚、南亚的少数绿色金融发展落后的国家除外。SBFN 的成员目前以新兴经济体国家和发展中国家为主，而 CFMCA 的成员主要是发达国家和部分新兴经济体国家。IPSF 本身是由欧盟联合阿根廷、加拿大、智利、中国等国家发起，并很快吸纳新成员，目前成员主体达到 18 个。

在市场主体加入的国际主流可持续金融倡议方面，韩国、中国、日本、

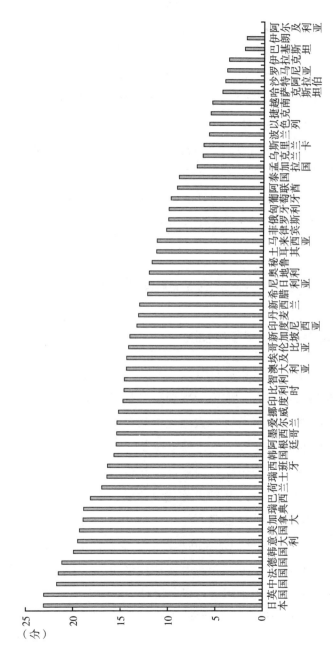

图 4 全球 55 个国家绿色金融发展指数国际合作排名结果（2021）

资料来源：根据公开数据收集和处理编制。

绿色金融蓝皮书

英国、德国、美国、巴西、加拿大和意大利名列前茅。指标体系从赤道原则
（EPs）、联合国环境规划署金融倡议（UNEP FI）、责任投资原则（PRI）和
气候相关财务信息披露工作组（TCFD）的加入情况等方面进行衡量。因
此，当年新增签署机构情况也会在很大程度上影响该方面的指标得分。就
2021 年新增签署机构情况而言，韩国、英国、美国、中国、法国、德国和
瑞典的优势明显，即过去一年里这些国家有更多的市场主体积极加入国际主
流可持续金融倡议。英国和美国新增的支持 PRI 的金融机构最多，其次为
法国、德国、日本，并且这些国家已签署的机构存量也遥遥领先。新增赤道
银行数量非常有限，韩国、中国和日本 2021 年分别新增 6 家、2 家和 1 家，
居于前三位。中国、英国、美国等在新增 UNEP FI 方面相对领先。

五　全球绿色金融国别组对比

（一）国别组排名结果整体情况

　　由于全球绿色金融发展指数对所有经济发展水平的国家采用一套指标进
行衡量，在指标得分结果上，难免会出现部分指标对有些国家不利的情况。
以减排目标为例，根据《联合国气候变化框架公约》，发达国家有强制减排
的义务。由于发展阶段的不同，发达国家在设定碳中和目标的雄心和实践进
度方面的指标得分更高。在市场与国际合作方面，许多发展中国家还处在工
业化进程中，金融市场本身的基础设施建设薄弱，金融机构相关能力欠缺，
整体上绿色金融发展的基础就更弱。

　　因此，在对 55 个国家统一排名的基础上，本报告也对 G20①、发达经济
体（Advanced Economies）、新兴市场和发展中经济体（Emerging Market and
Developing Economies）等国别组进行得分统计。如图 5 所示，G20 的平均得
分高于 55 个国家的平均得分；发达经济体的平均得分遥遥领先于新兴市场

---

① 本报告中对 G20 的统计不包含欧盟，实际上是指 19 个国家。

和发展中经济体的平均得分；欧洲和北美的平均得分高于其他地区；欧盟国家的平均得分远高于东盟和中东国家。下文将聚焦发达经济体、新兴市场和发展中经济体与 G20 的得分结果，为读者提供更清晰的视角。

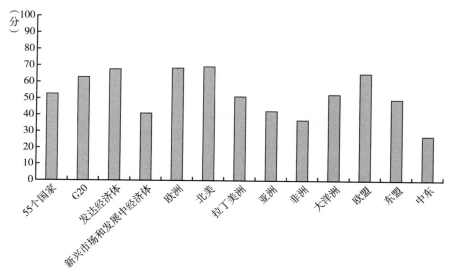

图 5　全球绿色金融发展指数国别组得分对比（2021）

资料来源：根据公开数据收集和处理编制。

（二）发达经济体国别组指数排名结果对比

根据国际货币基金组织全球经济展望数据库①，目前全球有 39 个发达经济体以及 156 个新兴市场和发展中经济体。在这 39 个发达经济体中，有 25 个国家在本报告收录的 55 个国家内。

如图 6 所示，在发达经济体中，英国、部分欧盟国家和日本的绿色金融发展指数总体得分较高，捷克、澳大利亚、波兰、希腊等国家相对落后。在市场与产品和国际合作上得分较高的国家之间，政策与战略方面的得分成为区分排名前后的关键因素。

---

① IMF. "World Economic Outlook Database". ［EB/OL］. https：//www.imf.org/en/Publications/
WEO/weo-database/2021/April/select-aggr-data.

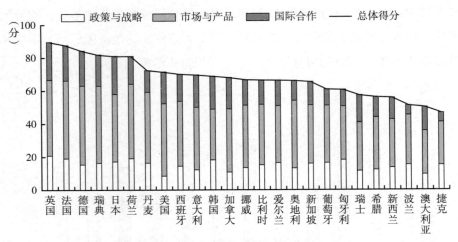

图6　发达经济体全球绿色金融发展指数排名结果（2021）

资料来源：根据公开数据收集和处理编制。

（三）新兴市场和发展中经济体国别组指数排名结果对比

在国际货币基金组织界定的 156 个新兴市场和发展中经济体中，有 30 个国家在本报告所统计的 55 个国家中。如图 7 所示，中国、墨西哥、巴西、

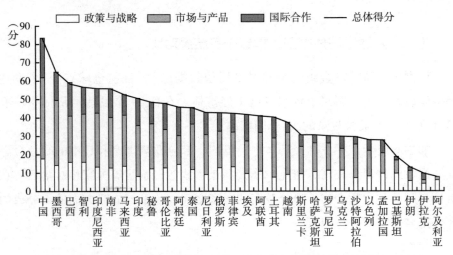

图7　新兴市场和发展中经济体全球绿色金融发展指数排名结果（2021）

资料来源：根据公开数据收集和处理编制。

智利、印度尼西亚、南非等国的绿色金融发展指数总体得分在新兴市场和发展中经济体中名列前茅，而阿尔及利亚、伊拉克、伊朗、巴基斯坦等国家的发展相对落后。整体而言，在新兴市场和发展中经济体中，绿色金融的整体发展水平与经济发展程度有一定的关系。市场与产品和国际合作部分的得分对排名结果有决定性的作用。

政策与战略层面的得分与总体得分情况不一致。这体现了在新兴市场和发展中经济体中，即使发展绿色金融的市场基础比较薄弱，金融机构参与国际绿色金融合作的比重还比较小，不少政府还是积极地通过绿色发展、绿色金融相关政策，扩大绿色投融资，推动绿色金融发展。

（四）G20国别组排名结果对比

G20绿色金融领域的合作是推动全球绿色金融发展的重要因素。从2016年G20领导人峰会通过《G20绿色金融综合报告》提出加快绿色金融动员的七项可选措施开始，绿色金融相关工作逐步在G20平台开展。2021年，G20可持续工作小组获得新的成果，具体内容在B3展开阐述。

G20的总体得分排名如下：英国、法国、德国、中国、日本、美国、意大利、韩国、加拿大、墨西哥、巴西、印度尼西亚、南非、印度、澳大利亚、阿根廷、俄罗斯、土耳其、沙特阿拉伯（见图8）。

根据得分情况，可以大致将G20分为三个组。第一组是得分最高的5个国家，包括英国、法国、德国、中国和日本。其在各项得分上均比较高，没有突出的短板，且相互之间的差异较小。第二组是得分相对较高的8个国家，包括美国、意大利、韩国、加拿大、墨西哥、巴西、印度尼西亚、南非。这些国家之间的绿色金融发展模式差异相对较大，美国和加拿大由市场主导绿色金融发展，韩国、巴西在政策与战略层面比较突出。第三组是得分相对落后的6个国家，包括印度、澳大利亚、阿根廷、俄罗斯、土耳其、沙特阿拉伯。这些国家中也有部分国家在单项排名中表现优异，如阿根廷、俄罗斯在政策与战略方面的得分相对具有优势。整体而言，第三组在市场与产品以及国际合作方面的得分与前两组有较大的差距。

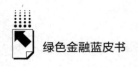

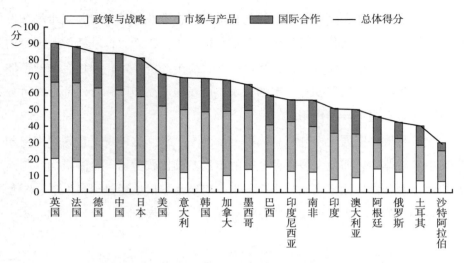

图8　G20全球绿色金融发展指数排名结果（2021）

资料来源：根据公开数据收集和处理编制。

从得分趋势来看，市场与产品的得分趋势和国际合作的得分趋势具有一定的相似性，即市场与产品得分较高的国家，其国际合作得分也相对较高。政策与战略方面则呈现不同的趋势，有的国家虽然整体得分不算高，但国家层面推动绿色金融发展的决心和力度较大。

六　2022年全球绿色金融发展趋势展望

（一）全球绿色金融发展在逆境中推进

2021年，全球绿色金融发展在徘徊中前进，这个整体形势将延续到2022年。一方面，新冠肺炎疫情发生后经济复苏的挑战给各国的气候行动带来不确定性。发展中国家尤其是拉丁美洲国家的气候相关政策和能源转型规划在很大程度上受到经济衰退和就业的压力而有所改变。绿色金融在这些国家和地区的发展受到不利影响。同时，碳定价机制的区域差异及其后续的相关调节措施也引发争议。2021年3月，欧洲议会投票通过了支持设立

"碳边界调整机制"的决议，这意味着从 2023 年起欧盟将对部分高碳进口商品征收碳关税。2022 年 3 月，"碳边界调整机制"法规的提案在欧盟委员会通过。该机制将减少欧盟外无碳定价机制国家的"碳泄漏"问题，同时也引发了对贸易保护，特别是对发展中国家贸易壁垒的持续担忧。2022 年，俄乌冲突也将成为全面和持续影响世界政治经济局势的重要不确定因素。在能源供给和通货膨胀的双重压力下，应对气候变化的议题舆论关注度下降和相应政策力度减少的可能性很大。欧盟很有可能在能源领域的投融资方面做出调整，如将天然气、核能等颇具争议的项目纳入可持续金融分类目录中。国家和区域之间的对立和冲突，势必会制约未来几年绿色金融领域的对话与合作。

2021 年在英国格拉斯哥举行的《联合国气候变化框架公约》第 26 次缔约方会议（COP26）取得一些可喜的进展，尤其是成立了格拉斯哥净零金融联盟（GFANZ），致力于推动金融机构的投资与净零排放目标相一致，限制温室气体排放，随着联盟的扩大，其在全球绿色金融领域的影响力将逐渐提升。2021 年，全球绿色金融标准众多且难以协调的问题开始得到解决。国际可持续准则理事会（ISSB）成立，旨在协调各气候与可持续相关信息披露的全球标准。该委员会将在 2022 年继续完善组织架构并推进各项工作。在 COP26 期间，可持续金融国际平台发布了《可持续金融共同分类目录报告——减缓气候变化》，该目录是中国和欧盟共同认可的可持续分类标准，也是推动全球绿色金融标准区域间协调的重要一步，对于引导绿色资本跨境流动具有重要意义。2021 年，意大利在担任 G20 主席国期间，将 G20 可持续金融研究小组升级为常设的 G20 可持续金融工作组，并发布《G20 可持续金融路线图》，制定了 2021~2025 年在 G20 框架下协调推动可持续金融发展的具体规划，这明确了 G20 在 2022 年及之后的重点工作方向。上述这些行动为 2022 年全球绿色金融的继续发展奠定了坚实的基础。

总体而言，尽管有疫情、经济衰退、地区冲突、能源供应、贸易保护等问题和矛盾的存在，但全球绿色金融的发展整体呈现良好、向上的趋势。绿

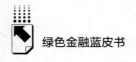
色金融在整体经济政治的逆境中不断发展，未来有望进一步促进国家与国家之间的对话与合作。

（二）区域性绿色金融合作继续深化

2021 年，绿色金融区域合作得到进一步提升，在欧盟、东盟、非洲和拉丁美洲地区都取得了重要进展。在此基础上，2022 年这些区域的绿色金融合作有望进一步深入。

欧盟国家之间的合作在欧盟可持续金融框架下有序推进。根据 2021 年 7 月欧盟委员会向欧洲议会提交的《可持续经济转型融资战略》，欧盟可持续金融框架下的三方面工作都有了新的进展：在分类法案方面，《欧盟分类法条例》在欧盟官方公报上公布，于 2020 年 7 月生效；在信息披露方面，《可持续金融披露法则》于 2021 年 3 月正式生效，《公司可持续报告指令》的草案于 2021 年 4 月提交，如果通过将于 2023 年生效；在工具方面，关于欧洲绿色债券标准的方案于 2021 年正式提出。此外，可持续金融国际平台发布了中欧共同分类目录，2022 年可持续金融国际平台将继续推进共同分类目录工作。整体而言，因为欧盟的存在，欧盟国家之间的绿色金融合作天然具有优势，近乎一个绿色金融市场，相关工作在未来的一年里也将按部就班地推进。

除欧盟外，东南亚和非洲地区的绿色金融合作也取得了新的进展。东南亚国家联盟（简称东盟，ASEAN）的绿色金融区域合作在资金供给、能力建设和标准出台方面有望得到进一步发展。一方面，由东盟基础设施基金（ASEAN Infrastructure Fund，AIF）于 2019 年设立的东盟催化绿色融资机制（ASEAN Catalytic Green Finance Facility，ACGF）继续发挥作用，推动绿色基础设施投资合作并加强技术援助，同时也在近期获得了更大额度的欧洲资金承诺。2021 年，在 COP26 期间，英国、意大利、欧盟和绿色气候基金共同承诺出资 6.65 亿美元，支持创立东盟绿色复苏平台（ASEAN Green Recovery Platform），支持东盟催化绿色融资机制的工作[①]。另一方面，在 COP26 期间，东盟分类法委员会

---

① ADB. Partners Pledge ＄665 Million to Support Green Recovery in ASEAN [EB/OL]. https：//www.adb.org/news/partners-pledge-665-million-support-green-recovery-asean.

（ASEAN Taxonomy Board，ATB）发布了第一版《东盟可持续分类方案》，为推动东盟境内的长期绿色投资打下了基础①。

同样是在 COP26 期间，非洲绿色金融联盟宣布成立，旨在扩大支持非洲经济转型的绿色投融资。在拉丁美洲地区，由美洲开发银行（IDB）和拉丁美洲开发性融资机构联合会（ALIDE）于 2016 年发起的拉丁美洲和加勒比海绿色金融平台（GFL）继续发挥作用，持续推动绿色金融相关信息共享工作。相比于东盟和欧盟国家，上述区域的绿色金融合作还有更大的潜力。

（三）市场规模增加，市场机构建设进一步加强

2021 年，全球绿色金融市场继续发展，包括绿色债券、绿色贷款、可持续基金在内的绿色金融产品的发行规模持续增加，全球碳市场的建设也进一步扩大。整体而言，绿色金融市场呈现欣欣向荣之势，而这个发展势头极有可能在 2022 年延续。

根据气候债券倡议组织（CBI）的统计，2014~2021 年，全球绿色债券的发行规模从 370 亿美元不断增加到 5090 亿美元。虽然以欧美为代表的发达国家的发行规模仍然占全球的 70% 以上，但亚太地区新兴经济体国家的发行规模也不断增加。美国、中国、德国在 2021 年依旧是绿色债券发行量最大的三个国家②。2021 年，全球绿色债券市场相对于 2020 年取得了较大增长，这和新冠肺炎疫情发生后投融资活动的复苏有很大关系，这个趋势也将在 2022 年延续。与绿色债券市场相似，全球绿色贷款市场也在 2014~2021 年得到快速发展。根据日本环境省绿色金融门户网站的数据，全球绿色贷款余额在这期间从 3 亿美元增长到 3000 亿美元，欧洲和亚太地区的国家成为推动绿色贷款市场发展的主力③。然而，除了中国和日本之外，难以

---

① ASEAN. ASEAN Sectoral Bodies Release ASEAN Taxonomy for Sustainable Finance – Version 1 [EB/OL]. https：//asean. org/asean-sectoral-bodies-release-asean-taxonomy-for-sustainable-finance-version-1/.

② Climate Bonds Initiative [EB/OL]. https：//www. climatebonds. net/.

③ Japan Ministry of the Environment Green Finance Portal [EB/OL]. http：//greenfinanceportal. env. go. jp/en/loan/issuance_ data/market_ status. html.

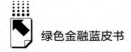
找到公开的国家层面的绿色贷款统计数据。期待随着各国绿色金融的发展，绿色贷款数据的可得性也能得到提高。在基金方面，根据晨星的统计，可持续基金吸纳的资金逐年增长，2021年更是同比增长了53%，达到27亿美元的规模①。尽管欧盟等地区对可持续的标准越来越严格，但可持续基金的增长势头不会改变。

在市场机构建设方面，越来越多的金融机构提出了净零排放的目标，扩大绿色投资，加强环境社会保障，积极管理环境气候相关金融风险，这个趋势在2022年仍将延续。

（四）转型金融和生物多样性金融创新发展

随着绿色金融、可持续金融的实践不断深化，业界对金融支持经济社会可持续转型、推动生态环境可持续发展的认知也在不断拓展。过去两年，转型金融和生物多样性金融受到广泛的关注。转型金融和生物多样性金融关注的高碳行业转型和生物多样性保护问题，都是当前可持续转型中遇到的痛点和难点问题。在未来，对这两个议题的探索必然是值得关注的。

自2019年亚太经合组织提出"转型金融"的概念后，国际资本市场协会和气候债券倡议组织分别发布了《气候转型融资手册》和《为可信的绿色转型融资》白皮书，提出转型金融的关键要素和特征。在市场实践方面，国际、国内都有可持续发展挂钩债券、可持续发展挂钩贷款的发行，创新性地将融资成本和可持续发展绩效相挂钩，推动支持高碳行业的可持续转型。根据气候债券倡议组织的统计，2021年可持续发展挂钩债券的规模较上一年增长了23%，达到2002亿美元②。2022年，随着G20可持续金融工作组对转型金融框架研究的推进，转型金融将进一步创新发展。

2021年，生物多样性丧失可能造成经济和环境风险，进而传导产生金

---

① Bloomberg. ESG by the Numbers：Sustainable Investing Set Records in 2021［EB/OL］. https：// www. bloomberg. com/news/articles/2022-02-03/esg-by-the-numbers-sustainable-investing-set-records-in-2021.

② https：//www. climatebonds. net/files/reports/cbi_ global_ sotm_ 2021_ 02h_ 0. pdf.

融风险的观念逐渐得到人们的认可，金融如何支持生物多样性成为讨论的焦点。2021 年 10 月，在联合国《生物多样性公约》缔约方大会第 15 次会议（COP15）期间，生物多样性金融这个话题得到广泛关注。2021 年 4 月，央行与监管机构绿色金融网络（NGFS）及可持续金融政策洞察、研究和交流国际网络（INSPIRE）成立了"生物多样性与金融稳定性"联合研究组，开展对该话题的研究。该联合研究组于 2022 年 3 月发布了《央行、监管机构与生物多样性：应对生物多样性丧失和系统性金融风险的行动议程》，报告明确了生物多样性对金融稳定性的影响。2021 年 10 月，世界资源研究所联合全球合作伙伴共同发起"生物多样性金融伙伴关系"（PBF），旨在联合金融机构、私营部门、学术机构、国际发展机构和社会团体等利益相关方，支持解决生物多样性保护融资问题，推动金融机构参与全球生物多样性治理，推广最佳实战，并完善资本投资保护自然和应对气候变化机制。在过去的一年，无论是生物多样性金融领域的相关研究、国际倡议还是伙伴关系都实现了突破，为 2022 年全球生物多样性金融的发展和创新奠定了坚实的基础。

国别与地区篇
Country and Regional Report

B.2
绿色金融国别与地区进展报告

赵 鑫 舒雪然*

摘 要: 绿色金融在不同国家和区域间呈现差异化的发展路径。欧盟绿色
金融发展的突出特点是绿色金融政策的法制化，设有专门的组织
提供方法研究和法规方面的支持，循序渐进地形成完善的绿色金
融发展体系。英国、法国和德国的绿色金融发展在欧洲国家处于
引领地位，它们都具备系统化的绿色金融政策体系、完善的信息
披露机制、活跃的绿色金融市场和关注可持续发展的社会意识。
在东亚地区，中国的绿色金融发展模式具有自上而下的、体系化
的特点，日本强调"绿色"和"转型"的协同发展，韩国实行政
府主导的绿色金融发展模式。除此之外，美国自下而上的发展模
式凸显了市场的推动作用，东盟的绿色金融发展体现了区域协调
发展的潜力，而一些欠发达国家和地区则亟须获得国际气候资金
支持以应对气候变化。全球绿色金融的发展方兴未艾，欧洲、亚

---

* 赵鑫，中央财经大学绿色金融国际研究院助理研究员，研究方向为可持续金融；舒雪然，中
央财经大学绿色金融国际研究院科研助理。

洲和北美地区的部分国家基于各自经验探索了不同的绿色金融发展模式。由于绿色金融发展与区域经济发展水平相关，全球绿色金融在区域和国别间存在着发展不平衡的问题，要发挥绿色金融推动世界各国尤其是发展中国家应对气候变化的作用仍任重道远。

关键词： 绿色金融　区域发展　可持续发展

一　欧盟

欧盟的绿色金融发展模式具有体系化、法制化、规划性强的特征，欧盟通过逐步确定绿色金融相关政策法案、设立组织机构形成支持绿色金融发展的完整配套支持体系，其多项政策和措施对于全球绿色金融发展具有引领作用。2015 年，联合国 2030 可持续发展目标推出后，欧盟承诺将其可持续发展目标纳入所有政策决议中①。2016 年，欧盟在 2030 年气候目标计划中确定到 2030 年将温室气体排放量减少 55% 以履行《巴黎协定》②。

欧盟针对绿色金融的政策建设始于 2018 年的《可持续增长融资行动计划》（Action Plan：Financing Sustainable Growth），其旨在：①将资本导向可持续发展领域，以实现可持续和包容性增长；②将可持续性纳入风险管理主流框架，管理因气候变化、资源枯竭、环境退化和社会问题引起的金融风险；③提升金融和经济活动的透明度与长期性，并对应提出了 10 项欧盟具体的工作计划（见图 1）。

自 2019 年《欧洲绿色新政》（European Green Deal）提出后，欧盟循序渐进地构建了绿色金融政策框架（见图 2）。2019 年 12 月，欧盟委员会

---

① EU. Sustainable Development Goals［EB/OL］. https：//ec. europa. eu/international－partnerships/sustainable－development－goals_ en.

② EU. Paris Agreement［EB/OL］. https：//ec. europa. eu/clima/eu－action/international－action－climate－change/climate－negotiations/paris－agreement_ en.

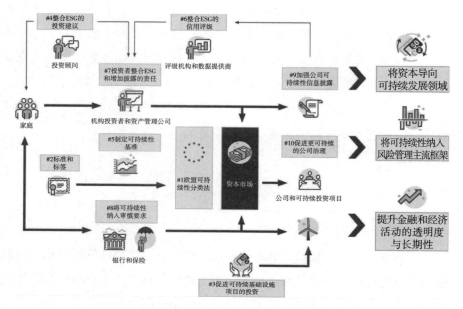

图1 欧盟《可持续增长融资行动计划》

资料来源: https://eur-lex.europa.eu/legal-content/EN/TXT/? uri=CELEX%3A52018DC0097。

为解决气候问题并在 2050 年实现碳中和, 提出了《欧洲绿色新政》。《欧洲绿色新政》旨在将欧盟转变为一个公平、繁荣的社会和富有竞争力的资源节约型现代化经济体, 提出到 2050 年达成欧盟区域温室气体净零排放目标, 实现经济增长与资源消耗脱钩, 力争使欧洲到 2050 年成为全球首个碳中和大陆。该新政提出了在能源、工业、建筑、交通、食品和生态领域落实目标的关键政策和措施路线图, 并初步明确了实现绿色新政的资金渠道①。

为了实现《欧洲绿色新政》中设定的目标, 欧盟计划在未来十年动员至少 1 万亿欧元的投资。2020 年 1 月, 欧盟委员会出台了《欧洲绿色新政投资计划》(European Green Deal Investment Plan, EGDIP), 提出了具体的

---

① European Commission. The European Green Deal [EB/OL]. https://eur-lex.europa.eu/legal-content/EN/TXT/? qid=1576150542719&uri=COM%3A2019%3A640%3AFIN.

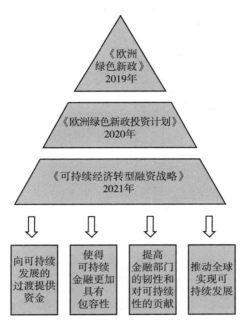

图2 欧盟绿色金融政策框架

资料来源：European Green Deal，European Green Deal Investment Plan，Strategy for Financing the Transition to a Sustainable Economy，中央财经大学绿色金融国际研究院整理。

可持续资金来源：一是通过欧盟预算，为《欧洲绿色新政投资计划》提供5030亿欧元，并将额外撬动约1140亿欧元的国家联合融资；二是利用欧洲投资银行计划（InvestEU Programme）和公平过渡机制（Just Transition Mechanism），在2021~2030年分别提供约2790亿欧元和约1000亿欧元的气候与环境相关投资，并将额外撬动约1430亿欧元的资金；三是欧盟碳排放权交易体系（EU ETS）下的碳配额拍卖将提供约250亿欧元的投资（见图3）。

《欧洲绿色新政》和《欧洲绿色新政投资计划》中涉及绿色金融的部分为欧盟提供了绿色金融的发展基础，并逐渐形成了完整的绿色金融政策框架体系，强调利用金融手段实现欧洲经济体的可持续转型。2021年，欧盟发布了《可持续经济转型融资战略》，该战略确定了需要采取行动的四个主要领域，以充分支持经济向可持续发展过渡（见图4）。

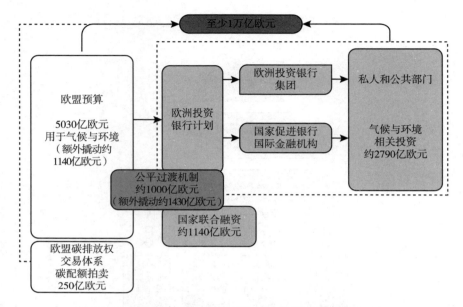

图3　《欧洲绿色新政投资计划》中提出的可持续资金来源

资料来源：https：//ec. europa. eu/commission/presscorner/detail/en/qanda_ 20_ 24。

一是为经济向可持续发展过渡提供资金。该项策略将提供工具和政策，促进经济主体实现转型，为实现气候和环境目标提供融资。具体而言，欧盟考虑通过立法的形式，支持和资助某些减少温室气体排放的经济活动；扩展《欧盟分类法》的涵盖范围；制定其他债券标签，如过渡或可持续挂钩债券标签、ESG 基准标签等。

二是使可持续金融更加具有包容性。具体行动包括：在绿色贷款工具和数据平台方面，将可持续金融对象渗透到个人和中小型企业；在保险业方面，通过扩大保险覆盖面以保护经济和社会免受某些自然灾害的影响；支持社会投资，将气候和生物多样性纳入欧盟预算，制定气候和生物多样性跟踪方法。

三是提高金融部门的韧性和对可持续性的贡献。在增强抵御可持续相关风险的能力上，欧盟委员会将从财务报告标准、信用评级、银行业风险管理、保险业风险管理和宏观金融工具等方面保持金融业的长期稳定；在提高金融部门对可持续性的贡献上，欧盟委员会将加强金融机构对可持续发展目

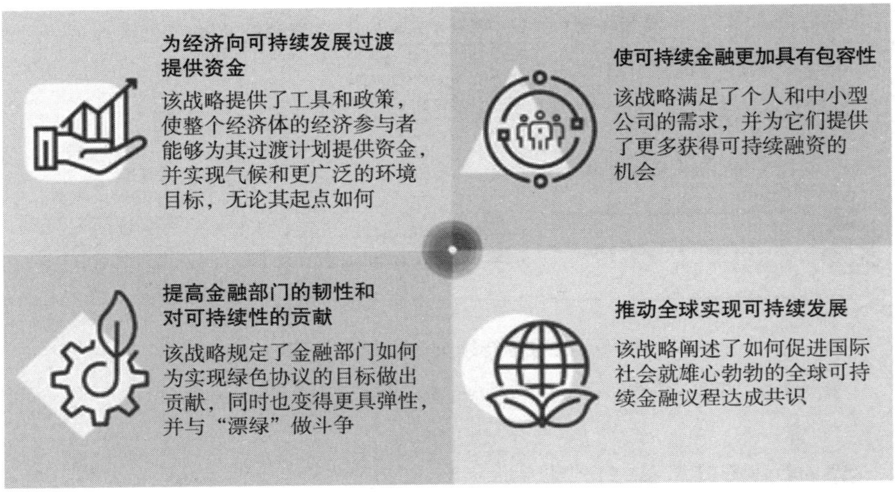

为经济向可持续发展过渡提供资金

该战略提供了工具和政策，使整个经济体的经济参与者能够为其过渡计划提供资金，并实现气候和更广泛的环境目标，无论其起点如何

使可持续金融更加具有包容性

该战略满足了个人和中小型公司的需求，并为它们提供了更多获得可持续融资的机会

提高金融部门的韧性和对可持续性的贡献

该战略规定了金融部门如何为实现绿色协议的目标做出贡献，同时也变得更具弹性，并与"漂绿"做斗争

推动全球实现可持续发展

该战略阐述了如何促进国际社会就雄心勃勃的全球可持续金融议程达成共识

图 4　欧盟《可持续经济转型融资战略》

资料来源：Strategy for Financing the Transition to a Sustainable Economy。

标和过渡规划的披露，明确投资者的受托责任和管理规则以反映金融部门对绿色交易目标的贡献，提高 ESG 评级的可靠性和可比性；在欧盟金融体系有序过渡上，欧盟委员会将监控"漂绿"风险，评估和审查主管当局现有的监管和执法工具包，制定完善的监测框架以衡量资本流动，加强所有相关公共机构之间的合作，举办可持续金融研究论坛。

四是推动全球实现可持续发展。在国际论坛上推动可持续发展共识的达成，推进和深化可持续金融国际平台的工作，支持中低收入国家获得发展可持续金融的机会。

可以看到，欧盟在绿色金融政策设计和制定过程中形成了完善的政策框架，并将绿色金融延伸到不同的领域和对象，动态调整其战略以适应外部环境的变化，并注意气候和环境目标的达成。概括而言，欧盟主要通过三大具体的政策基石来支持其可持续金融框架，分别为：①《欧盟分类法》；②针对金融机构和非金融机构的强制披露制度；③一套包括基准、标准和标签在内的投资工具（见图 5）。

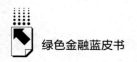

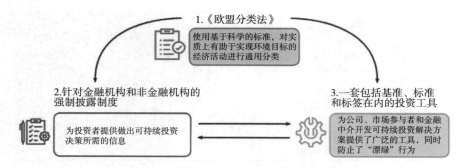

图5 欧盟可持续金融框架政策基石

资料来源：Strategy for Financing the Transition to a Sustainable Economy。

第一个政策基石是《欧盟分类法》。《欧盟分类法》提供了一个以科学为基础的、对环境目标有重大贡献的经济活动的通用分类系统，使不同类型的企业在可持续发展方面达成一致，进而防止"漂绿"行为的产生。该分类法已于2020年6月18日通过。

第二个政策基石是针对金融机构和非金融机构的强制披露制度。该制度能为投资者做出可持续投资决策提供信息。欧盟披露要求包括公司活动对环境和社会的影响，以及公司因可持续发展要求而面临的经营风险和财务风险。

第三个政策基石是一套包括基准、标准和标签在内的投资工具。该投资工具能使金融市场参与者的投资战略与欧盟的气候和环境目标保持一致。相关的气候和环境目标由《欧盟气候基准条例》[①] 设定，参考了欧盟气候过渡基准（EU Climate Transition Benchmarks）和欧盟巴黎协调基准（EU Paris-aligned Benchmarks）。在标准方面，欧盟委员会通过了一项关于欧洲绿色债

---

① European Commission. Regulation（EU）2019/2089 Amending Regulation（EU）2016/1011 as Regards EU Climate Transition Benchmarks，EU Paris-aligned Benchmarks and Sustainability-related Disclosures for Benchmarks［EB/OL］. https：//ec. europa. eu/info/business-economy-euro/banking-and-finance/sustainable-finance/eu-climate-benchmarks-and-benchmarks-esg-disclosures_ en.

券标准（EU Green Bond Standard）的立法提案，以指导企业和政府部门如何使用绿色债券在资本市场上筹集资金，并满足可持续性和透明性要求[1]。该欧洲绿色债券标准同时为发行人提供工具以证明其投资对象是符合《欧盟分类法》的合法绿色项目。购买绿色债券的投资者能够便捷地进行评估和比较，降低"漂绿"带来的风险。在标签工具上，欧盟将其生态标签（EU Eco-label）扩展到金融产品，为散户投资者提供一个可信、可靠和广泛认可的零售金融产品标签[2]。基于以上投资工具，2021年欧洲共发行了价值2650亿美元的绿色债券[3]。

从战略意图到行动方案再到政策工具，欧盟的绿色金融政策使政府部门能将气候和环境目标进行分解和落实，并做出反馈，为市场参与者开展可持续金融活动提供标准指引和激励工具，形成了公共部门和私营部门良好互动的环境。

除此之外，由欧盟各领域专家组成的平台和工作组为绿色金融的发展提供了技术指导和智力支持，包括可持续金融平台、可持续金融问题高级别专家组、可持续金融技术专家组和可持续金融成员国专家组。可持续金融平台是一个由私营部门和公共部门的57位专家组成的咨询机构，该平台就《欧盟分类法》的技术标准和可持续金融相关议题向委员会提供建议，监控和报告可持续投资情况[4]。可持续金融问题高级别专家组成立于2016年，由来自民间社会、金融部门、学术界的20名高级专家以及来自欧洲和国际机构的观察员组成，就如何引导公共和私人资本流向可持续投资领域向委员会提供建议，确定金融机构和监管机构应采取何种步骤以保护金融

---

① European Commission. European Green Bond Standard ［EB/OL］. https：//ec. europa. eu/info/business-economy-euro/banking-and-finance/sustainable-finance/european-green-bond-standard_ en.

② EU. Development of EU Eco-label Criteria for Retail Financial Products ［R］. 2021.

③ Statistita. Value of Green Bond Issuance in Selected European Countries in 2021 ［EB/OL］. https：//www. statista. com/statistics/1078071/green-bonds-issuance-value-europe/.

④ EU. Platform on Sustainable Finance ［EB/OL］. https：//ec. europa. eu/info/business-economy-euro/banking-and-finance/sustainable-finance/overview-sustainable-finance/platform-sustainable-finance_ en.

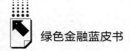

体系的稳定性①。可持续金融技术专家组的成员来自社会、学术界、商业和金融部门，自 2018 年 7 月至 2020 年 9 月，其协助欧盟委员会在制定可持续经济活动统一分类系统、欧盟绿色债券标准、低碳指数方法和气候相关披露指标方面开展工作②。可持续金融成员国专家组于 2018 年 4 月成立，聚集了来自欧盟成员国的金融市场和环境专家，旨在欧洲和国家层面协调可持续金融举措，协助欧盟委员会实施与可持续金融相关的法规和政策③。欧盟发展绿色金融聚集了各行业的专家力量并听取各方声音，协调相关利益方的行动并重视目标的实现，切实推动了绿色金融在欧洲的发展，为全球绿色金融的发展提供了可借鉴的经验。

除了一系列绿色金融政策措施以及专家团队和平台之外，欧盟碳排放权交易体系也是欧盟绿色金融发展政策体系的重要组成部分，并为世界其他国家和地区碳排放权交易体系的发展提供了经验。欧盟采用总量控制交易机制（Cap-and-Trade），设定欧盟碳市场温室气体排放上限，并通过拍卖和免费分配的方式来发放碳配额。欧盟碳排放权交易体系覆盖 27 个欧盟成员国以及挪威、冰岛和列支敦士登，而且与瑞士的碳市场相关联。欧盟碳排放权交易体系涵盖了欧洲经济区内电力部门、航空业和制造业约 40% 的排放量④。

在欧盟碳排放权交易体系的建设过程中，欧盟层面的政策和立法成为核心推动力。欧盟碳排放权交易体系是欧盟层面而非成员国层面的环境法案，其设立与发展也是在欧洲议会、欧盟委员会和欧洲理事会的共同推动下进行的。2003 年，欧洲议会和欧洲理事会就在欧盟内部建立温室气体排放配额交

---

① EU. High-Level Expert Group on Sustainable Finance ［EB/OL］. https：//ec. europa. eu/info/publications/sustainable-finance-high-level-expert-group_ en.

② EU. Technical Expert Group on Sustainable Finance ［EB/OL］. https：//ec. europa. eu/info/publications/sustainable-finance-technical-expert-group_ en.

③ EU. Member States Expert Group on Sustainable Finance ［EB/OL］. https：//ec. europa. eu/transparency/expert - groups - register/screen/expert - groups/consult？ do = groupDetail. groupDetail&groupID=3603.

④ EU. EU Emissions Trading System ［EB/OL］. https：//ec. europa. eu/clima/eu - action/eu - emissions-trading-system-eu-ets_ en.

易计划通过决议①。EU ETS 被视为重要的政策工具，以实现欧盟在《欧洲绿色新政》中提出的 2030 年前在 2005 年的水平上减少 55% 温室气体的目标②。

欧盟碳市场于 2005 年启动，共分为四个阶段（见表1）。第一阶段为试运行阶段，分配总量相对充裕。在接下来的三个阶段，碳配额趋紧，逐步提高减排的难度。在产业对象方面，第一阶段主要面向能源企业和大型工业企业，而在接下来的阶段中不断引入其他产业。第二阶段，将产业对象扩展到航空部门并加大了惩罚力度。第三阶段，逐步扩展产业对象并设定排放总量以每年 1.74% 的速度下降。第四阶段设定的目标为欧盟各成员国在 2030 年温室气体排放要比 2005 年低 43%③。2021 年，欧盟委员会提出将提高欧盟碳排放权交易体系的减排目标，即到 2030 年在 2005 年的水平上减少 61% 的温室气体排放量，该项决议尚处于审议中④。

表1　欧盟碳排放权交易体系的发展阶段

阶段	分配总量	分配方式	产业对象	处罚
第一阶段（2005~2007 年）	比 2005 年增加 8.3%	无偿	发电与工业部门	40 欧元/吨 CO_2
第二阶段（2008~2012 年）	比 2005 年减少 5.6%	无偿	扩展到航空部门	100 欧元/吨 CO_2
第三阶段（2013~2020 年）	比 2005 年减少 21%	竞标	扩展到化工、铝精炼部门	根据物价进行调整
第四阶段（2021~2030 年）	比 2005 年减少 43%	竞标	——	根据物价进行调整

资料来源：https://ec.europa.eu/clima/eu-action/eu-emissions-trading-system-eu-ets/development-eu-ets-2005-2020_en，中央财经大学绿色金融国际研究院整理。

① EU. Directive 2003/87/EC of the European Parliament and of the Council［EB/OL］. https://eur-lex.europa.eu/legal-content/EN/TXT/? uri=celex%3A32003L0087.
② EU. Revision for Phase 4（2021-2030）［EB/OL］. https://ec.europa.eu/clima/eu-action/eu-emissions-trading-system-eu-ets/revision-phase-4-2021-2030_en.
③ EU. EU ETS Handbook［Z］. 2015.
④ EU. Revision for Phase 4（2021-2030）［EB/OL］. https://ec.europa.eu/clima/eu-action/eu-emissions-trading-system-eu-ets/revision-phase-4-2021-2030_en.

经过不同阶段的发展，欧盟碳排放权交易体系不断完善，其交易的欧盟碳排放许可（European Union Allowances，EUA）的价格不断上涨。2021年底，EUA价格已突破60欧元/吨CO_2，并保持不断上涨的趋势（见图6）。

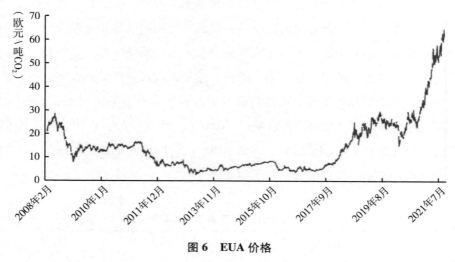

图6　EUA价格

资料来源：https：//en. wikipedia. org/wiki/European_ Union_ Emissions_ Trading_ System。

除此之外，欧盟碳排放权交易体系额外设立了创新基金和现代化基金以利用碳排放权拍卖所得收益，进而支持能源密集型工业部门和电力部门应对相关挑战，向低碳经济转型。

二　英法德

（一）英国

英国是世界上第一个引入具有法律约束力的减排目标的国家，也是首批承诺实现净零排放的国家[①]。作为绿色金融的先行者和倡议者，英国具有较

[①]　Department for Business，Energy & Industrial Strategy，Prime Minister's Office，10 Downing Street，The Rt Hon Kwasi Kwarteng MP，The Rt Hon Alok Sharma MP，and The Rt Hon Boris Johnson MP. UK Enshrines New Target in Law to Slash Emissions by 78% by 2035［N］. 2021.

完整的绿色金融体系和丰富的市场实践。

在顶层设计方面，2019 年 7 月，英国发布了《绿色金融战略》，旨在支持英国实施促进可持续和平衡增长的经济政策，落实现代化工业战略，并兑现在气候变化、环境和可持续发展方面做出的国内外承诺。《绿色金融战略》制定了两个目标，相对应的三项支撑政策分别为金融绿色化（Greening Finance）、绿色金融化（Financing Green）和把握机会（Capturing the Opportunity）（见图 7）。金融绿色化是指将气候和环境因素带来的金融风险和机会纳入主流金融决策，建立透明、责任明确、稳健一致的绿色金融市场框架；绿色金融化是指通过调动私人资本以支持英国实现碳减排、清洁增长、经济韧性等方面的目标；把握机会旨在确保英国抓住绿色金融带来的国内和国际商业机会，培养绿色金融能力，增强英国金融部门的竞争力，促进更多的公私合作，实现弹性和环境可持续发展相协调的系统性变革①。

经过两年的发展，英国政府兑现了《绿色金融战略》中的一系列承诺，包括实施气候相关财务信息披露工作组（TCFD）提出的强制信息披露和以市场为主导的自然相关财务信息披露，领导 G7 讨论制定可持续发展披露的全球标准，敦促金融监管机构关注气候议题，实施英国《绿色分类法》和发行绿色金边债券。2021 年，英国政府发布了《绿色金融：可持续融资路线图》，旨在体现英国政府关于绿色金融体系的长期抱负和制定"三步走"的细化行动方案，即：首先，缓解投资者和消费者的信息不对称问题；其次，将可持续性信息纳入商业和财务决策；最后，确保整个经济体的资金流向与英国的净零承诺等环境目标保持一致②。

2021 年发布的《绿色金融：可持续融资路线图》主要揭露了英国政府实施的第一阶段战略，面向可持续性披露要求。具体行动包括汇集针对商业部门、金融部门和投资产品的可持续发展报告要求，使可持续性信息从实体

---

① HM Treasury. Green Finance Strategy［R］. 2019.
② HM Treasury. Greening Finance：A Roadmap to Sustainable Investing［R］. 2021.

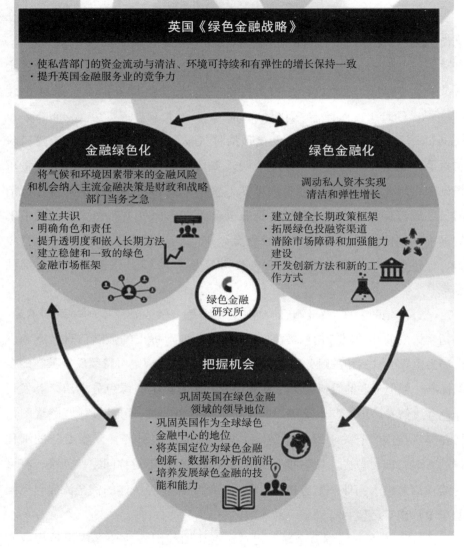

图7 英国《绿色金融战略》

资料来源：Green Finance Strategy，HM Government。

经济中的公司流向金融部门及其金融产品，帮助投资者和消费者做出决策。
到2022年，英国政府将评估第一阶段和第二阶段的绿色金融进展，制定第三阶段的绿色金融政策①。

除此之外，2019 年，英国还建立了绿色金融研究所（Green Finance Institution，GFI）以加强公共和私营部门在绿色金融方面的合作，支持绿色金融政策的制定。绿色金融研究所下属的绿色技术咨询小组（GTAG）在 2021 年 6 月就英国《绿色分类法》的实施向政府提出独立建议②。类似的绿色金融组织还有绿色金融与投资中心、绿色投资集团、绿色投资银行和金融行为监管局，从能力建设、风险监管等方面支持绿色金融政策的制定和实施（见表 2）。

表 2　英国绿色金融有关机构和职责

机构名称	职责
绿色金融研究所（GFI）	公共和私营部门在绿色金融方面合作的主要论坛，支持《绿色金融战略》，推动英国《绿色分类法》实施
绿色金融与投资中心（CGFI）	加速国际金融机构对气候和环境数据的分析和使用，缓解发展绿色金融带来的过渡风险
绿色投资集团（GIG）	投资新建绿色基础设施和开发新专案支持全球绿色经济增长
绿色投资银行（GIB）	通过绿色基础设施项目投资加速英国向更加绿色和繁荣的经济转型，并创建一个独立于政府的持久机构
金融行为监管局（FCA）	监管绿色金融相关市场活动

资料来源：根据公开数据收集和处理编制。

英国在绿色金融政策方面还注重与伙伴国搭建合作平台，通过英国加速气候转型合作伙伴计划（UK Partnering for Accelerated Climate Transitions，UK PACT）、繁荣基金（Prosperity Fund）和各种对话机制巩固其在绿色金融市场的前沿地位。例如，通过 UK PACT 项目，英国与墨西哥政府密切合作，以扩大国家和地方层面的绿色金融发展机会；通过繁荣基金，英国与印度政府和监管机构合作以加强金融市场监管，促进绿色金融工具创新以发展印度绿色金融市场；通过中英经济财金对话（Economic and Financial

---

① UK Government. Greening Finance：A Roadmap to Sustainable Investing ［R］. 2021.

② Green Finance Institute – The Green Technical Advisory Group. UK Green Taxonomy ［EB/OL］. https：//www. greenfinanceinstitute. co. uk/programmes/uk-green-taxonomy-gtag/.

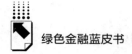

Dialogue，EFD)，中国和英国相互承认对方是在绿色金融融资、产品创新和思想领导力方面的主要合作伙伴。

英国针对具体的绿色金融产品也推出了不同的政策。在绿色债券方面，2021 年，英国根据国际资本市场协会（ICMA）的《绿色债券原则》制定了《英国政府绿色融资框架》，该绿色融资框架为符合英国政府金边计划和绿色零售储蓄债券融资条件的绿色项目提供了识别、选择、验证和报告等基本流程①。在绿色保险方面，英国采取自愿与强制相结合的模式对环境责任进行投保，其中强制要求企业为海洋石油污染风险和核反应堆事故责任进行投保②。在 ESG 披露方面，英国《公司法》要求所有英国上市公司在其年度董事会报告中报告温室气体排放、多样性和全球能源使用情况③，大型企业必须披露其年度能源使用情况和温室气体排放情况④。在碳市场方面，2020 年，英国政府颁布了《温室气体排放交易计划令》，计划在脱欧后重新建立本土的碳排放权交易体系⑤。

在绿色金融市场方面，英国多种绿色金融产品具有较大的市场规模。在绿色债券方面，2009 年，世界银行首次在伦敦证券交易所发行绿色债券⑥。2015 年，伦敦证券交易所推出绿色债券和可持续债券板块。截至2021 年底，英国绿色债券累计发行总额达到 491 亿美元，总体交易数量达 76 单，发行机构达 41 家⑦。在绿色贷款方面，目前英国大部分的银行向

① HM Treasury, United Kingdom Debt Management Office. UK Government Green Financing Framework [Z]. 2021.

② 中国金融学会绿色金融专业委员会. 绿色保险，国外是怎么做的？（欧洲篇）[EB/OL]. http：//www. greenfinance. org. cn/displaynews. php? id＝2701.

③ UK. The Companies Act 2006 (Strategic Report and Directors' Report) Regulations 2013 [EB/OL]. https：//assets. publishing. service. gov. uk/government/uploads/system/uploads/attachment _ data/file/ 206241/bis–13–889–companies–act–2006–draft–strategic–and–directors–report–regulations–2013. pdf.

④ UK. The Companies (Directors' Report) and Limited Liability Partnerships (Energy and Carbon Report) Regulations 2018 [EB/OL]. https：//www. legislation. gov. uk/uksi/2018/1155/contents/made.

⑤ Department for Business, Energy & Industry Strategy. Participating in the UK ETS [EB/OL]. https：//www. gov. uk/government/publications/participating–in–the–uk–ets/participating–in–the–uk–ets.

⑥ CBI. Green Bond Segments on Stock Exchanges [EB/OL]. https：//www. climatebonds. net/ green–bond–segments–stock–exchanges.

⑦ Climate Bond Initiative. CBI Database [EB/OL]. https：//www. climatebonds. net/market/data/.

市场提供绿色贷款项目①。关于国家层面的绿色贷款项目，2021 年 8 月，英国政府发放了第一笔国家支持的"绿色转型贷款"，为工程和能源咨询公司约翰·伍德集团（John Wood Group）提供支持，以扩大低碳产品和服务的规模②。在绿色保险方面，英国绿色保险市场上主要有可持续发展项目保险、环境责任保险以及自然相关类保险。其中比较有特色的是自然相关类保险，如英国历史悠久的洪水类自然灾害保险③。除此之外，创新类的绿色保险如降雨降雪险和绿色建筑险也在英国市场上推广发展④。在碳市场方面，英国于 2020 年底退出了欧盟碳排放权交易体系并发展了自己的碳排放权交易体系——英国碳排放权交易体系，其规划排放上限相比于欧盟碳排放权交易体系来说低 5%，预计每年将减少 4.2Mt 的碳排放以符合其净零目标⑤。

英国的绿色金融政策注重绿色金融的有序发展和信息透明性，其导向性明确并积极与相关利益方协调，促进了英国绿色金融的发展。得益于其作为领先金融中心的传统优势和能力，英国专注绿色创新与金融市场深度结合，推动绿色金融发展进入新的阶段。除此之外，英国通过一系列合作项目提升绿色金融能力，充分把握绿色金融发展的契机。

（二）法国

法国积极应对气候变化，努力把握绿色金融发展契机，力图提升自身在全球金融体系的地位。法国已经形成了较为完善的绿色金融政策体系，绿色金融市场较为活跃，企业做出自主减排承诺，民众对于发展可持续社会形成共识。

---

① The Global City. The UK: London for Sustainable Finance [EB/OL]. https://www.theglobalcity.uk/PositiveWebsite/media/research-downloads/CoL-2021-Sustainable-Finance-FINAL_ 1.pdf.

② Edie Newsroom. UK Government Issues First "Green Transition Loan" for Business [N]. 2021.

③ British Insurance Brokers' Association. Flood Insurance [EB/OL]. https://www.biba.org.uk/current-issues/flood-insurance/.

④ Naturesave Insurance. Green Home Insurance [EB/OL]. https://www.naturesave.co.uk/green-home-insurance/.

⑤ World Bank. Carbon Pricing Dashboard [EB/OL]. https://carbonpricingdashboard.worldbank.org/map_ data.

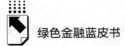

2017 年，法国生态转型与团结部和经济与财政部制定了《法国绿色金融战略》。该战略第一部分提出将气候相关风险纳入金融体系，从企业、投资者、金融监管机构等相关利益方的角度提高环境信息的透明性。第二部分提出，通过可持续倡议、公共机构重构和金融服务等引导私人资本流向低碳转型领域。第三部分提出规范公共金融部门的可持续目标，鼓励公共金融部门承担转型责任。第四部分提出加强法国绿色金融领导力，使绿色金融成为国家发展战略的重要组成部分①。

除了纲领性的文件，法国是世界上首批将绿色金融纳入法律范畴的国家之一，并不断推进关于环境信息披露的立法进程。如表 3 所示，法国政府在2001 年便颁布了《新经济规制法案》，启动强制性财务报告，要求上市公司披露其活动对环境和社会的影响②。2010 年，法国《综合环境政策与协商法》将环境信息披露规范对象从上市企业扩展到 500 人以上的大型企业，并扩大了社会、环境相关信息披露范围。同时，对资产管理公司的 ESG 信息披露做出要求。2012 年的《关于公司在社会和环境事务中的透明度义务法令》和 2017 年的《企业警戒责任法》进一步细化了企业环境信息披露的细节，要求更加严格。对于金融部门来说，2015 年《绿色增长能源转型法案》第 173 条明确要求上市公司、银行、信贷提供者、机构投资者提高气候变化相关风险的透明度，促使法国成为第一个对金融机构提出 ESG 信息披露要求的经济体。为了使环境信息披露得以贯彻落实，2018 年法国金融市场管理局成立了可持续战略与财务部门，对可持续金融业务进行监督。2019 年法国颁布《企业成长与转型法》，确定了法国金融市场管理局对金融机构 ESG 信息披露的监管职责③。

---

① Minister for the Ecological and Inclusive Transition & Minister of Economy and Finance. French Strategy for Green Finance [R]. 2017.

② Eurofound. New Economic Regulations Law Adopted [EB/OL]. https：//www. eurofound. europa. eu/publications/article/2001/new-economic-regulations-law-adopted.

③ L'Assemblée nationale. LOI n° 2019-486 du 22 mai 2019 relative à la croissance et la transformation des entreprises [EB/OL]. https：//www. legifrance. gouv. fr/loda/article_ lc/JORFARTI000038 496242/.

表 3　法国环境信息披露立法

年份	法规	内容	针对主体
2001	《新经济规制法案》	要求公司披露其活动的社会和环境后果，包括向空气中排放的温室气体	证券交易所上市企业
2010	《综合环境政策与协商法》	要求 500 人以上大型企业扩大社会、环境相关信息披露范围；对资产管理公司的 ESG 信息披露做出要求	500 人以上大型企业及资产管理公司
2012	《关于公司在社会和环境事务中的透明度义务的法令》	提供所有公司要求的信息清单，以及仅上市公司要求的附加信息清单，涵盖与社会、环境和可持续发展相关的 40 多个主题	所有公司
2015	《绿色增长能源转型法案》第 173 条	要求上市公司、银行、信贷提供者、机构投资者披露气候变化风险管理信息	多种金融机构
2017	《企业警戒责任法》	要求大型企业识别人权与环境方面的风险并采取措施，且需要将相关信息披露于年报中	大型企业
2019	《企业成长与转型法》	确定法国金融市场管理局对金融机构 ESG 信息披露的监管职责	法国金融市场管理局

资料来源：中央财经大学绿色金融国际研究院数据库。

　　在绿色投资方面，法国通过标签认证来规范绿色金融产品，发挥绿色分类目录的作用。2015 年，法国生态转型与团结部发布"气候能源和生态转型标签"以确保相关金融产品的透明性和环保性，并表明相关产品符合绿色投融资的要求①。2016 年，法国经济与财政部提出社会责任投资（Social Responsible Investment）标签，表明相关投资活动考虑了 ESG 因素②。同年，法国推出"绿色和可持续金融"（Green & Sustainable Finance）倡议以推动法国金融业的发展。2017 年，该项倡议被更名为"Finance for Tomorrow"。

---

① Green Finance Platform. France's Energy and Ecological Transition for Climate Label ［EB/OL］. https：//www. greenfinanceplatform. org/policies － and － regulations/frances － energy － and － ecological－transition－climate－label.

② Green Finance Platform. France's Socially Responsible Investment（SRI）Label ［EB/OL］. https：//www. greenfinanceplatform. org/policies－and－regulations/frances － socially － responsible － investment－sri－label.

截至 2020 年 6 月，共有 75 名成员参与了该项倡议[1]。

在碳定价机制方面，除了参与欧盟碳排放权交易体系，法国还制定了碳税的相关措施。2009 年 9 月，法国宣布将从 2010 年初起征收碳税，征收标准定为 17 欧元/吨 CO_2，同时将对每升汽油和柴油分别附加碳税 0.04 欧元和 0.045 欧元。但在实际运作中，法国的碳税政策贯彻得并不一致，出现了一定的反复。2009 年 12 月，法国宪法委员会宣布该项碳税法案无效。2013 年 7 月，法国政府再次对外宣布将于 2014 年开始征收碳税，税率为 7 欧元/吨 CO_2，拟逐年增加。2018 年，法国碳税税率达 44.6 欧元/吨 CO_2。但由于法国市民抗议，法国总统马克龙于 2018 年 12 月宣布，2019 年将不会按计划增加碳税，2020 年和 2021 年继续保持同一碳税税率[2]。2010~2021 年法国碳税税率具体见表 4。

表 4　法国碳税税率（2010~2021 年）

单位：欧元/吨 CO_2

年份	碳税税率	说明
2010	17	出现反复
2014	7	执行
2015	14.5	执行
2016	22	执行
2018	44.6	执行
2019	44.6	执行
2020	44.6	执行
2021	44.6	执行

资料来源：根据公开数据收集和处理编制。

在市场方面，法国预计在 2015~2030 年需要 3000 亿欧元的投资以实现其设定的生态和能源转型目标[3]。在具体市场实践中，法国绿色金融市场已

---

[1] Finance for Tomorrow. About Us ［EB/OL］. https：//financefortomorrow. com/en/about-us/.

[2] World Bank. Carbon Pricing Dashboard ［EB/OL］. https：//carbonpricingdashboard. worldbank. org/map_ data.

[3] Financer La Transition Bas-carbone En France：UN Défi à Notre Portée，Une Opportunité Pour L'économie ［R/OL］. https：//presse. ademe. fr/wp - content/uploads/2016/06/ADEME _ LALETTRE_ strategie_ 49. pdf.

具有一定的规模，并具有开创性的绿色金融产品和做法。在绿色债券方面，截至 2021 年底，法国累计发行价值达 1672 亿美元的绿色债券，成为欧洲第一大、世界第三大绿色债券发行国①。2017 年和 2021 年，法国经济与财政部先后发行了主权绿色债券②。在绿色贷款上，2014 年 12 月，法国推出了一项规模达 4.1 亿欧元的面向中小企业的绿色贷款计划，以及 7000 万欧元的担保和补贴贷款，用于能源和工业项目以及生态转型项目③。在绿色基金方面，2016 年，法国生态转型与团结部推出 Greenfin 认证标签，为投资基金提供了一套绿色标准，规范绿色基金发展，促进法国能源和生态转型目标的实现，并要求在投资组合中考虑 ESG 因素④。目前，共有 85 只基金获得了 Greenfin 认证，规模达 310 亿欧元⑤。

不同金融机构自主做出的可持续发展承诺也助推了法国绿色金融的发展。例如，法国公共金融机构致力于规范其业务，以实现《巴黎协定》的2°C 目标。2015 年，主要的法国银行承诺将限制对化石燃料尤其是煤炭的融资。2016 年，法国开发署（AFD）的气候融资占其业务的 52%，远高于世界上多边开发银行 19% 的平均水平。2017 年，法国开发署继续承诺其所有活动将与《巴黎协定》的目标保持一致⑥。

总体来看，法国通过立法、发起倡议和制定标签工具等一系列方式，引导私人资本参与，注重气候目标的实现，推动绿色金融的发展，巩固自身的绿色金融先锋角色。

---

① Climate Bond Initiative. CBI Database［EB/OL］. https：//www. climatebonds. net/market/data/.

② Agence France Trésor. Green OATs［EB/OL］. https：//www. aft. gouv. fr/en/green-oat.

③ Official Journal of the French Republic. Agreement of 10 December 2014 between the State and BPI-Groupe Relating to the Future Investment Program（Action："Financing Low-energy Companies：Green Loans"）［EB/OL］. https：//circulaire. legifrance. gouv. fr/jorf/id/JORFTEXT000029884304? init = true&page = 1&query = Cr%C3%A9dit+vert&searchField = ALL&tab_ selection=all.

④ French Ministry for Ecology and Inclusive Transition. Greenfin Label，Criteria Guidelines［EB/OL］. https：//www. ecologie. gouv. fr/sites/default/files/Label_ TEEC_ Criteria%20Guideli nes. pdf.

⑤ Ministry of Energy Transition. The Greenfin Label［EB/OL］. https：//www. ecologie. gouv. fr/label-greenfin.

⑥ Minister for the Ecological and Inclusive Transition & Minister of Economy and Finance. French Strategy for Green Finance［R］. 2017.

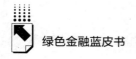

（三）德国

德国政府将可持续金融理解为：①公共部门和私营部门的金融市场参与者在做出决策时考虑与可持续发展相关的问题；②可持续金融中的"可持续"，不仅包括气候和环境保护方面，还包括经济和社会方面（如融合环境、社会和治理的ESG投资理念）；③可持续金融中的"金融"，则关注金融市场政策的可持续性①。从绿色金融进展来看，系统的绿色金融政策和广泛的绿色金融工具应用推动了德国绿色金融的发展。

2019年2月，德国可持续发展国务秘书委员会授权德国政府制定可持续金融战略，旨在使德国成为领先的可持续金融中心②。2021年5月，德国财政部，环境、自然保护、核安全与消费者保护部，经济事务和能源部共同发布了德国《可持续金融战略》。该战略提出了五大目标：①促进国际和欧洲层面的可持续金融发展；②抓住机遇，通过金融促进经济转型，巩固可持续发展的影响；③提升金融业的风险管理水平；④推动德国成为可持续金融中心；⑤将德国政府树立为发展可持续金融的榜样。该战略的26项措施见图8。

在加强国际与区域合作方面，德国在全球持续推动有关可持续金融的对话和交流。在2022年G7峰会期间，德国将可持续金融列为重要议题，持续推进欧洲可持续金融议程和《欧盟分类法》。除此之外，德国《可持续金融战略》还提出要加强可持续金融在多边开发银行中的作用，并提出了加强企业社会责任的相关措施。德国为提升环境信息透明度，在该战略中提出要加强企业的非财务信息披露，提高企业环境信息的可获得性，并为投资产品设置有关可持续信息的"红绿灯"标签，帮助投资者评价和使用企业的可持续信息。在有关环境的风险监管方面，《可持续金融战略》提出加强监管，支持实体行业和金融业提高对气候风险的管理能力，并持续发展ESG影响评估方法。为推动政府金融机构的可持续转型，该战略将推动德国复兴

---

① The Federal Government. German Sustainable Finance Strategy［R］. 2021.

② The Federal Government. German Sustainable Finance Strategy［R］. 2021.

在全球和欧洲层面促进可持续金融发展	
1	将可持续金融列为2022年G7峰会的一个重要议题	短期
2	促进全球对话	中期
3	加强发展合作中的可持续融资	中期
4	加强多边开发银行内部的可持续融资	短期
5	推进欧洲可持续金融议程	短期和中期
6	推动《欧盟分类法》持续发展	短期和中期
7	加强企业社会责任	短期
提高透明度	
8	加强企业的非财务信息披露	中期
9	设置投资产品的"红绿灯"标签	中期
10	加强对可持续性相关信息的使用	短期和中期
加强风险管理和监督	
11	加强监管	短期
12	支持房地产和金融部门提升气候相关风险管理水平	中期和长期
改进和实施ESG影响评估方法	
13	推动ESG影响评估方法持续发展	短期
融资转型	
14	继续将德国复兴信贷银行发展为转型银行	短期和中期
15	考虑到德国未来基金的可持续性	短期
16	在外贸融资中明确考虑可持续性	短期
17	在联邦信用担保中明确考虑可持续性	短期
资本市场中的德国政府	
18	建立绿色债券收益率曲线	短期
19	提高德国政府资本投资的可持续性和透明度	短期
加强培训和知识分享	
20	将可持续发展内容纳入专家能力测试、培训课程等,确保提出合理的建议	短期
21	更好地通知投资者	中期
22	加强基础研究和知识转让	中期
23	加强与各州和地方当局的对话	短期
24	制定指标,更好地衡量和分析德国作为可持续金融中心的发展	中期
为实施可持续金融战略创建高效结构	
25	成立政府部门间的可持续金融工作组	短期
26	成立可持续金融委员会	短期

图 8 德国《可持续金融战略》的 26 项措施

资料来源:German Sustainable Finance Strategy。

信贷银行(KfW)成为转型银行,将可持续性纳入德国未来基金的发展,并在外贸融资和联邦信用担保中明确考虑可持续性。为了助力资本市场的可持续发展，德国将建立绿色债券收益率曲线，提高德国政府资本投资的可持续性和透明度。在知识分享方面，该战略提出更好地通知投资者，加强基础研究和知识转让，加强与各州和地方当局的对话。除此之外，为确保得到必要的建议和客观的反馈，该战略提出将可持续发展内容纳入专家能力测试、培训课程中。为了使德国成为可持续金融中心，该战略提出制定指标以衡量和分析德国可持续金融的发展，包括组建政府部门间的可持续金融工作组和可持续金融委员会。

除了具有系统性和纲领性的《可持续金融战略》外，德国政府相关机构还在绿色债券、绿色保险和环境信息披露方面出台了相关政策。在绿色债券方面，德国财政部于2020年8月24日发布了《绿色债券框架》，以期充分撬动债券市场，助力实现经济社会可持续发展目标①。该框架对德国主权绿色债券的绿色项目遴选、募集资金用途与管理、信息披露、外部评估认证等内容进行了细致规定。未来德国将发行更多期限的绿色债券，建立绿色债券收益率曲线，并使之成为绿色欧元资本市场的基准②。

在绿色保险方面，德国主要通过强制责任保险与财务保证或担保来落实环境污染责任。德国政府1990年颁布并于2017年更新的《环境责任法》规定，存在重大环境责任风险的设施所有人必须采取一定的预防措施，包括与保险公司签订损害赔偿责任保险合同，或由州政府、联邦政府、金融机构提供财务保证或担保。如有违反，主管机关可以全部或部分禁止该设施运行，设施所有人还可能被处以有期徒刑或罚金③。

在环境信息披露方面，德国努力提高企业环境风险信息的透明度。德国政府计划主要在以下方面加强某些大公司和集团的非财务信息披露：①非财务报表的义务范围扩大到所有在会计上被视为大型实体的公司、有限合伙企

---

① Federal Ministry of Finance. Green Bond Framework［EB/OL］. https：//www. deutsche - finanzag entur. de/fileadmin/user_ upload/institutionelle-investoren/pdf/GreenBondFramework. pdf.

② The Federal Government. German Sustainable Finance Strategy［R］. 2021.

③ Federal Ministry of Justice & Federal Office of Justice. Environmental Liability Act［EB/OL］. https：//www. gesetze-im-internet. de/englisch_ umwelthg/englisch_ umwelthg. html.

业和大型集团的母公司，以及所有在欧盟受交易所监管的上市企业；②非财务报表必须包含在（合并）管理报告中，并且应作为一个单独的部分进行阐述；③非财务信息披露应该包括一定程度上环境对公司的可持续性影响或公司活动对可持续性相关方面的影响①。此外，德国努力使国内环境信息披露方面的政策（如非财务信息披露政策）与欧盟层面的政策相协调。德国倡导融合旧法规和新法规的要求，以避免重复或相互冲突的披露要求给企业带来负担。德国希望基于欧盟标准推动制定统一的可持续发展报告全球标准，并基于双重实质性方法涵盖可持续发展的所有方面，推动非财务报告的发展，使欧洲成为全球环境信息披露方面的"发动机"②。

德国的绿色金融市场十分活跃，出现了许多创新性的绿色金融工具应用并在市场上有不错的表现。在绿色债券方面，2021 年，德国 31 家发行主体合计发行 218 只绿色债券，发行规模约合 632 亿美元，同比增长 149%，德国成为欧洲第一大、全球第三大绿色债券发行国。截至 2021 年 12 月底，德国已累计发行 1571 亿美元的绿色债券③。

在绿色贷款方面，德国拥有大量支持绿色项目的计划，可为开创性环境项目进行融资。2020 年，德国政府为可再生能源领域发放了约为 11 亿欧元的出口信贷担保和 5600 万欧元的投资担保，其中大部分用于风能行业④。

在绿色保险方面，环境责任保险在德国有悠久的历史。早在 1965 年，德国保险市场上就有了环境保险产品，为环境灾害造成的人身伤害和财产损失提供保障⑤。德国绿色保险市场上有较为完整且成熟的产品，在绿色保险

---

① The Federal Government. German Sustainable Finance Strategy［R］. 2021.

② The Federal Government. German Sustainable Finance Strategy［R］. 2021.

③ CBI. Green Finance State of the Market－Germany［EB/OL］. https：//www. climatebonds. net/files/reports/germany_ gbsotm_ 201907_ update_ en. pdf.

④ The Federal Government. German Sustainable Finance Strategy［R］. 2021.

⑤ Valerie Fogleman, Stevens & Bolton LLP, Cardiff University School of Law and Politics. Improving Financial Security in the Context of the Environmental Liability Directive No. 07. 0203/2018/789239/SER/ENV. E. 4［R］. 2020.

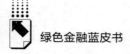

提供过程中，保险公司普遍有针对环境风险分析、风险转移、风险与损失预防的相关措施。而且德国部分保险公司已承诺到 2050 年实现投资组合的气候中和目标，并扩大开发有助于推动可再生能源发展和实现经济转型的保险产品。根据德国保险协会的观点，德国保险公司不再愿意承保那些会阻碍可持续发展的商业或工业风险[①]。

在碳市场方面，德国除了与所有欧盟成员国一样参与欧盟碳排放权交易体系，还在本国推出了针对特定行业——燃料行业的碳排放权交易体系，规定了监测、报告和核查义务。同时，德国议会要求从 2021 年起建立一个防止碳泄漏的系统——用于供热和运输燃料的国家排放交易系统，以对欧盟碳排放权交易体系进行补充[②]。

德国在涉及绿色金融的立法上注重国际标准与自身国情的结合，其《可持续金融战略》从透明度、风险管控、国际交流等方面积极融入国际上的普遍做法，同时考虑对本国的适用性。从绿色金融市场表现来看，德国主要使用绿色债券来支持绿色项目，其绿色债券发行规模居全球前列。德国发挥了其地处欧洲资本市场的优势，积极推动绿色债券等其他绿色金融工具的发展，以市场的真实表现为依据来辅助决策，实现政策的调整优化。

三　中日韩

（一）中国

中国的绿色金融快速发展，已形成完善的顶层设计、全面的细分政策、创新的地方试点和规模化的绿色金融市场。2016 年 8 月，包括中国人民银行、财政部、国家发改委、环境保护部、保监会、证监会、银监会在内的七

---

① Die Deutschen Versicherer. Sustainability Positioning of the German Insurance Association ［R］. 2021.

② ICAP. German National Emissions Trading System ［EB/OL］. https：//icapcarbonaction. com/en/ ets/german-national-emissions-trading-system.

部门联合发布了《关于构建绿色金融体系的指导意见》（以下简称《指导意见》），标志着中国成为全球首个建立了比较完善的绿色金融政策体系的经济体。在《指导意见》中，中国将绿色金融体系定义为通过绿色信贷、绿色债券、绿色股票指数和相关产品、绿色发展基金、绿色保险、碳金融等金融工具和相关政策支持经济向绿色化转型的制度安排，构建绿色金融体系的主要目的是动员和激励更多社会资本投入绿色产业，同时更有效地抑制污染性投资。《指导意见》为中国绿色金融发展提供了战略性的框架体系，推动了从中央到地方的持续政策创新，为其他绿色金融工具的发展奠定了基础。2015 年以来中国绿色金融政策框架见图 9。

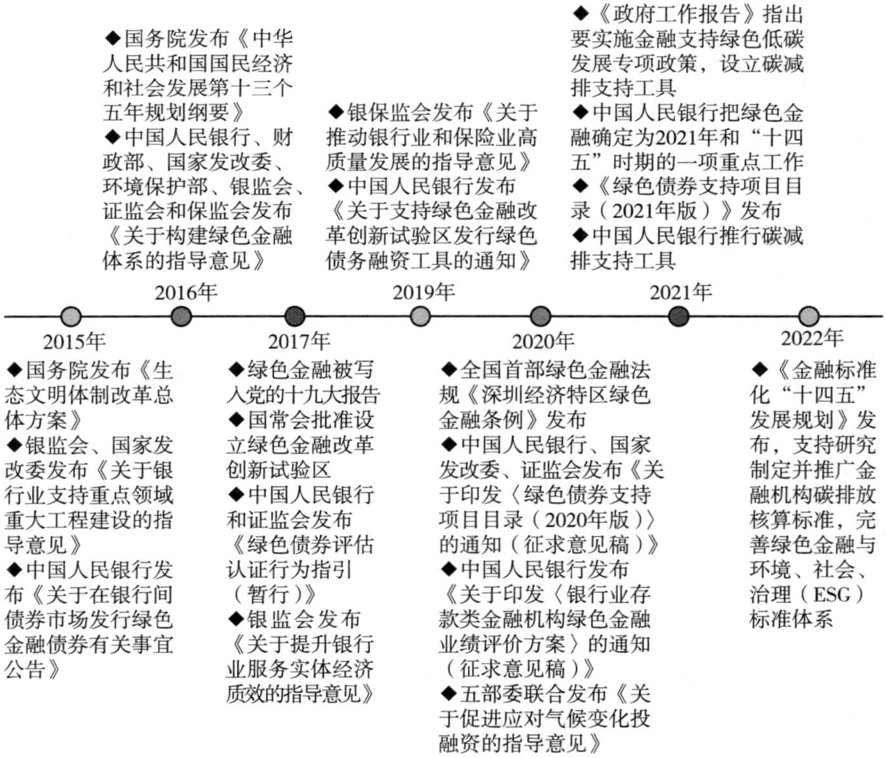

图 9　2015 年以来中国绿色金融政策框架

资料来源：根据公开数据收集和处理编制。

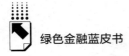

在绿色债券方面,中国人民银行、证监会、国家发改委、中国银行间市场协会等部门发布了多项绿色债券政策,涉及认定标准、发行流程、信息披露要求和激励措施等方面,具有较为完整的政策体系。中国绿色债券品种主要包括绿色金融债、绿色债务融资工具、绿色公司债、绿色资产证券化产品、绿色企业债,在分类标准、募集资金投向占比、信息披露上具有差异化的要求。中国主要绿色债券政策见表5。

表5 中国主要绿色债券政策(截至2021年)

发布时间	政策名称	发布机构	主要内容
2015年12月	《关于在银行间债券市场发行绿色金融债券有关事宜公告》	中国人民银行	明确绿色金融债的内涵、发行主体和发行条件,发布《绿色债券支持项目目录(2015年版)》
2015年12月	《绿色债券发行指引》	国家发改委办公厅	明确绿色企业债券的适用范围和重点、审核要求及相关政策
2016年3月	《关于开展绿色公司债券试点的通知》	上海证券交易所	推进交易所绿色债券试点,对绿色债券募集资金使用和信息披露提出要求
2016年4月	《关于开展绿色公司债券业务试点的通知》	深圳证券交易所	
2017年3月	《非金融企业绿色债务融资工具业务指引》	中国银行间市场交易商协会	鼓励将绿色债务融资工具应用于绿色项目,强化信息披露要求,建立信息披露制度
2017年12月	《绿色债券评估认证行为指引(暂行)》	中国人民银行、证监会	成立绿色债券标准委员会,绿色债券存续期需进行评估认证
2018年2月	《中国人民银行关于加强绿色金融债券存续期监督管理有关事宜的通知》	中国人民银行	加强对存续期绿色金融债券募集资金使用的监督核查、对信息披露的监测评价、对违规问题的督促整改
2021年3月	《关于明确碳中和债相关机制的通知》	中国银行间市场交易商协会	明确碳中和债的定义,对资金用途和管理、评估与遴选、存续期披露与管理等进行了规范
2021年4月	《绿色债券支持项目目录(2021年版)》	中国人民银行、国家发改委、证监会	细化和更新了绿色债券所支持的领域

资料来源:中央财经大学绿色金融国际研究院数据库。

在绿色信贷方面,2012年由银监会发布的《绿色信贷指引》和2016年发布的《关于构建绿色金融体系的指导意见》为中国的绿色信贷明确了发展方向。此后,中国绿色金融政策逐渐完善。2018 年,《中国人民银行关于建立绿色贷款专项统计制度的通知》指出,将保持与原银监会一致的绿色信贷行业统计分类标准,进一步明确绿色信贷数据统计和监测要求。中国人民银行分别于 2018 年和 2021 年发布的《银行业存款类金融机构绿色信贷业绩评价方案(试行)》和《银行业金融机构绿色金融评价方案》提出了绿色信贷业绩评价考核体系,促使银行业机构切实有效地开展绿色信贷业务,发挥绿色信贷工具支持经济绿色低碳转型的作用。

在绿色保险方面,关于环境责任保险,2007 年由国家环保总局和保监会发布的《关于环境污染责任保险工作的指导意见》明确了建立环境污染责任保险制度的原则、目标、规范程序、保障机制等。2013 年,环境保护部和保监会发布的《关于开展环境污染强制责任保险试点工作的指导意见》明确了环境污染强制责任保险的试点企业范围、保险条款和费率、投保程序等具体细节。2018 年,生态环境部审议并原则上通过了《环境污染强制责任保险管理办法(草案)》,进一步健全了环境污染强制责任保险制度。

在环境信息披露方面,2003 年,国家环保总局发布的《关于企业环境信息公开的公告》标志着中国着手开展环境信息披露工作。2008 年发布的《关于加强上市公司环境保护监督管理工作的指导意见》和 2014 年发布的《企业事业单位环境信息公开办法》分别对上市公司和企事业单位两类主体的环境信息披露做出了要求。除此之外,深圳证券交易所发布的《上市公司社会责任指引》和上海证券交易所发布的《上市公司环境信息披露指南》为上市公司自愿性的环境信息披露提出了意见。2021 年,生态环境部发布了《企业环境信息披露管理办法》,整合规范了这两类主体的环境信息披露责任,明确披露主体为重点排污单位、实施强制性清洁生产审核的企业、符合条件的上市公司和发债企业,并对披露内容、披露频次、披露要求做出了规定。

在中国绿色金融政策中,地方绿色金融改革创新试点相关政策是中国发展绿色金融的一大特色。地方绿色金融改革创新试点允许试验区大胆地、因地制宜地探索绿色金融政策,为创新性的绿色金融发展模式搭建了实验田。2017 年 6 月,国务院常务会议决定于 8 个地区建设绿色金融改革创新试验区。2019 年 11 月，国务院正式批复兰州新区设立绿色金融改革创新试验区。各试点地区根据自身特点和情况，推动绿色金融与当地产业特色相结合，因地制宜地出台不同政策，从绿色金融产品和服务创新、绿色金融数据建设与风险补偿机制构建等不同的角度实现创新性的发展。

中国规模化的绿色金融市场、创新性的绿色金融产品和服务不断促进金融资源流向绿色可持续发展领域。在绿色债券方面，2021 年，中国绿色债券发行规模达 6072.42 亿元，占全国债券发行规模的 0.98%；发行数量为484 只，占全国债券发行数量的 0.90%，募集的资金主要流向清洁能源产业和基础设施绿色升级领域。在绿色债券创新品种方面，中国证券交易所不断推出碳中和绿色公司债券和蓝色债券等新品种①。

在绿色信贷方面，截至 2021 年末，中国 21 家主要银行的绿色信贷余额达 15.1 万亿元，同比增长了 33%，占各项贷款的 10.6%。按照信贷资金占绿色项目总投资的比例测算，21 家主要银行的绿色信贷每年可支持节约标准煤超过 4 亿吨，减排二氧化碳当量超过 7 亿吨②。绿色信贷主要投向基础设施升级、清洁能源、绿色交通、生态环境等领域。而且，其结合不同产业的特点，创新性地开发了"绿色创新组合贷""绿色制造贷"等产品，丰富了绿色信贷的应用场景。

在绿色保险方面，据中国保险行业协会统计，2018~2020 年保险业累计提供了规模达 45.03 万亿元的绿色保险，支付赔款达 533.77 亿元③。另据中国保险资产管理业协会数据，截至 2021 年 8 月，保险资金实体投资项目中涉及绿色产业的债权投资计划登记（注册）规模达 10601.76 亿元，其中直接投资的重点领域为交通和能源领域，其规模分别达 3306.22 亿元和3211.05 亿元④。除此之外，农业巨灾险、气候类保险、森林保险等绿色保

---

① 2021 年中国绿色债券年报 [EB/OL]. http://iigf.cufe.edu.cn/info/1012/4673.htm.
② 银保监会. 截至 2021 年末国内 21 家主要银行绿色信贷余额达 15.1 万亿元 [N]. 中国金融新闻网. 2022.
③ 中国保险行业协会. 2020 中国保险业社会责任报告 [R]. 2022.
④ 肖扬. 2021 年保险资金"双碳"投资超万亿元　保险业唱好绿色发展主旋律 [N]. 中国金融新闻网. 2022.

险品种不断丰富，技术革新带来的新型绿色保险服务不断完善。

在绿色基金方面，据中国证券投资基金业协会统计，截至 2021 年第三季度末，绿色、可持续、ESG 等方向的公私募基金接近 1000 只，规模合计7900 多亿元，较上年底规模增长了 36%[①]。2018 年，财政部、生态环境部和上海市人民政府三方共同发起设立"国家绿色发展基金"，首期募资规模为 885 亿元，是中国生态环境领域第一只国家级投资基金[②]。

在碳排放权交易市场方面，2021 年 7 月，中国开启了针对发电行业的碳市场。截至 2021 年底，在 114 个交易日内，全国碳排放权交易市场通过挂牌协议交易碳配额超过 300 万吨，累计实现 14.5 亿元的成交额。如图 10 所示，在此期间，全国碳市场的碳排放权价格最高为 62.29 元/吨 CO_2，最低为 28.50元/吨 CO_2，大部分全国碳排放权价格维持在 40~60 元/吨 CO_2 的区间内[③]。

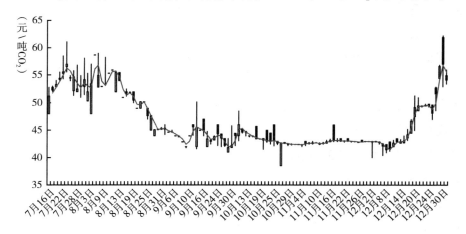

图 10　2021 年中国碳排放权价格

资料来源：根据公开数据收集和处理编制。

---

① 闫鹏. 中基协副秘书长黄丽萍：吸引更多资金尤其是长期资金进入绿色投资领域 [N]. 新华财经. 2021.
② 新华社. 国家绿色发展基金扬帆起航　传递中国坚定绿色发展信心 [EB/OL]. http：//www. gov. cn/xinwen/2020-07/17/content_ 5527772. htm.
③ 中华人民共和国生态环境部. 全国碳市场第一个履约周期顺利结束 [EB/OL]. https：//www. mee. gov. cn/ywgz/ydqhbh/wsqtkz/202112/t20211231_ 965906. shtml.

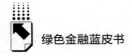

自上而下的体系化绿色金融政策建设和从中央到地方的绿色金融创新成为中国绿色金融高质量发展的引擎。在标准体系、工具设计和风险管控等多措并举下，中国持续提升金融业支持产业绿色低碳发展的能力，在顶层设计、政策实验和市场创新方面积累了大量发展经验。

（二）日本

目前日本没有针对绿色金融的纲领性框架文件或政策，而是在广泛的经济政策中涉及绿色金融，其中绿色金融相关政策文件主要由日本环境省、经济产业省和金融服务署制定发布。

日本关于绿色金融的工作始于 2009 年，日本中央环境理事会环境与金融专家委员会受命审议绿色金融的现状和未来方向。2010 年，该委员会在其最终报告《走向绿色金融：金融部门在建设低碳社会中的新角色》中呼吁建立一套环境金融行动原则。作为回应，日本金融机构自愿构建一个起草委员会，并由日本环境省担任其秘书处。2018 年，日本环境省发布了《ESG 金融高级别会议的建议——迈向成为 ESG 金融核心力量》，主要从 ESG 披露、绿色技术支持、ESG 投融资和区域绿色金融方面提出建议①。

2019 年，日本政府提交了其国家自主贡献实现方案——《巴黎协定下的长期战略》，并在其中阐述了日本在绿色金融方面将采取的政策措施。日本政府将促使企业和金融机构积极适应绿色转型，实现 ESG 金融主流化。通过披露活动来调动金融资源，推动 ESG 金融发展，促进研发投资和支持初创公司，支持降碳项目投资②。

2020 年，日本经济产业省出台了《气候创新金融战略 2020》（见图 11），详细分析了发展现状和可以采取的措施，指出了政府将重点支持与产业转型、绿色和创新相关的项目以实现碳中和，并大力支持企业和投融资机构按

---

① Morishita, M., Shimizu, N., Katori, T., et al. Japan EU Comparative Analysis on Sustainable Finance Policy ［R］. Institute for Global Environmental Strategies. 2020.

② The Government of Japan. The Long-term Strategy under the Paris Agreement ［R］. 2019.

照 TCFD 的标准进行环境信息披露，引导公共金融机构调整资金流向，加大 ESG 投资力度①。

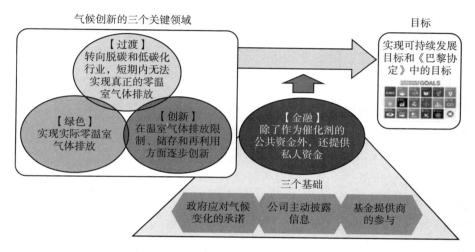

图 11　日本《气候创新金融战略 2020》

资料来源：Climate Innovation Finance Strategy 2020。

2021 年，日本经济产业省等多部门发布了《2050 年实现碳中和的绿色增长战略》，其中涉及日本政府在金融领域将要开展的工作。该战略拟运用一系列金融政策工具来动员 240 万亿日元的私人投资，以及吸引世界范围内3000 万亿日元的环境相关投资。具体政策工具如下：一是设立规模达 2 万亿日元的绿色创新基金（Green Innovation Fund），支持日本企业实现绿色创新；二是在税收制度方面，为调动民间投资，政府将制定促进碳中和投资和研发的税收制度；三是日本政府将针对金融市场制定有关信息披露和评估的标准，为实现低碳化或脱碳的创新技术融资提供便利②。

在绿色债券方面，日本环境省于 2017 年 3 月出台了《绿色债券指导》以及配套措施，以推动绿色债券市场发展。《绿色债券指导》旨在为发行人、投

①　Ministry of Economy，Trade and Industry. Climate Innovation Finance Strategy 2020 ［R］. 2020.

②　Ministry of Economy. Green Growth Strategy through Achieving Carbon Neutrality in 2050 ［R］. 2021.

资者和市场参与者提供指导，建立绿色债券的可信度，减轻发行人的成本和负担，协助利益相关方在绿色债券方面做出决策，从而促进绿色债券在日本的发行。配套措施包括建立绿色债券发行促进平台，以传播知识并提供技术援助和资金支持①。2020 年，《绿色债券指导》根据国际资本市场协会（ICMA）绿色债券原则的发展进行了更新②。在绿色贷款方面，2020 年，日本环境省推出了《绿色贷款指南》，为借贷方和其他市场参与者提供了针对日本绿色贷款市场的具体方法和说明性示例，保持绿色贷款对环境影响的可信率，降低借款人的成本和文书工作量，从而促进日本对绿色贷款和可持续发展挂钩贷款的利用③。在环境信息披露方面，2019 年，日本环境信息和企业价值委员会与环境可持续公司评估委员会分别为投资者编制了报告《利用环境信息评估企业价值》④ 和指导文件《评估环境可持续公司的观点》⑤。日本环境省和经济产业省还根据 TCFD 的建议，编制了《根据TCFD 建议进行情景分析的实用指南》⑥ 和《符合 TCFD 建议的气候风险/机会评估和情景分析支持计划》⑦。2020 年，日本交易所集团和东京证券交易所共同出版了《ESG 披露实用手册》，提出了 ESG 披露要求并进行了方法指导⑧。

除此之外，日本还针对区域层面出台了绿色金融政策。2019 年，日本提出"ESG 区域金融促进计划"，旨在确定具有赢利潜力的区域绿色项目，并辅

---

① Morishita, M., Shimizu, N., Katori, T., et al. Japan EU Comparative Analysis on Sustainable Finance Policy [R]. Institute for Global Environmental Strategies. 2020.

② Ministry of Environment. Green Bond Guidelines 2020 [R]. 2020.

③ Ministry of Environment. Green Loan and Sustainability Linked Loan Guidelines 2020 [R]. 2020.

④ 日本环境省. 環境情報を企業価値評価に活用するための考え方に関する報告書 [EB/OL]. https://www.env.go.jp/content/900497391.pdf.

⑤ 日本环境省.「環境サステナブル企業」についての評価軸と評価の視点 [EB/OL]. https://www.env.go.jp/content/900497110.pdf.

⑥ 日本环境省全球变暖对策课. TCFDを活用した経営戦略立案のススメ [EB/OL]. https://www.env.go.jp/content/900495922.pdf.

⑦ 日本环境省. 脱炭素経営による企業価値向上促進プログラムについて [EB/OL]. https://www.env.go.jp/press/105656.html.

⑧ Japan Exchange Group. Practical Handbook for ESG Disclosure [EB/OL]. https://www.jpx.co.jp/english/corporate/sustainability/esg-investment/handbook/index.html.

助相关企业和金融机构评估 ESG 投融资过程①。相配套的"ESG 区域金融利息补贴计划"将提供享受优惠利率的绿色贷款产品，以促进区域绿色金融发展②。

近年来，日本绿色金融市场规模不断增长，绿色债券、绿色贷款等相关绿色金融产品不断推出。

在绿色债券方面，2014 年，日本开发银行发行了第一只绿色债券，此后日本绿色债券发行规模不断扩大③。2020 年，绿色债券的发行主体主要有金融机构、政府机构和非金融机构，其市场份额分别为 32%、29% 和 26%④。截至 2021 年，日本绿色债券累计发行金额达 377 亿美元，总体交易数量为 276 单，发行机构数量为 129 家⑤。2022 年 5 月，日本预计发行价值为 20 万亿日元的绿色转型债券，以进一步为实现碳中和提供融资⑥。

在绿色贷款方面，2017 年日本发行了第一笔绿色贷款，募集的资金主要流向可再生能源和绿色建筑领域，并且绿色贷款规模逐年上涨。如图 12 所示，截至 2022 年 6 月，日本绿色金融门户记录的绿色贷款总发行规模为 1782.8 亿日元⑦。

在绿色基金方面，日本 ESG 基金的热度远高于亚洲其他国家。彭博数据显示，日本占亚洲 ESG 交易基金资产的 80%。晨星研究数据显示，日本 2021 年第三季度的可持续资金净流入增长了 30%⑧。除此之外，日本公有基

---

① ESG 地域金融促进事业 [EB/OL]. http：//greenfinanceportal. env. go. jp/esg/promotion_program. html.

② 環境金融の拡大に向けた利子補給事業 [EB/OL]. http：//greenfinanceportal. env. go. jp/esg/interest_ subsidies. html.

③ Green Finance Portal. History of the Development of the Green Bond, etc. in Japan [EB/OL]. http：//greenfinanceportal. env. go. jp/en/bond/overview/history. html.

④ Climate Bonds Initiative. Green Finance State of the Market-Japan 2020 [R]. 2021.

⑤ Climate Bonds Initiative. Climate Bond Database [EB/OL]. https：//www. climatebonds. net/market/data/#country-map.

⑥ Japan Lays Out Plan to Issue $ 157 bln in "Green Transition" Bonds [N]. Reuters.

⑦ Ministry of Environment-Green Finance Portal. Expectations for Lending of Green Loans in Japan [EB/OL]. http：//greenfinanceportal. env. go. jp/en/loan/issuance_ data/market_ status. html.

⑧ AFM Editorial Office. Fund Craze in Japan's Enhanced ESG Market：Selected Equity Funds [J]. Asia Fund Managers. 2021.

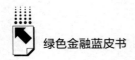

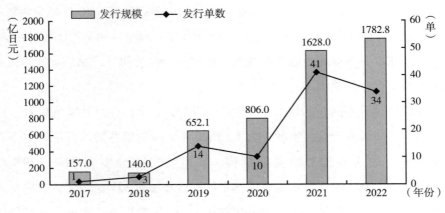

图 12　日本绿色贷款发行规模

注：2022 年数据为截至当年 6 月的数据。

资料来源：http：// greenfinanceportal. env. go. jp／en/loan/issuance_ data/market_ status. html。

金对于促进 ESG 投资发挥了重要作用。成立于 2006 年的日本政府养老投资基金于 2017 年决定采用 ESG 投资策略，投资 FTSE Blossom Japan Index 和 MSCI Japan ESG Select Leaders Index[1]。

在碳定价机制方面，2012 年 10 月，日本环境省开始征收碳税，初始税率为 289 日元/吨 CO_2，并计划在三年半的时间里逐步提高税率。而在碳市场上，日本先后成立了东京碳排放权交易系统和埼玉碳排放权交易系统，两个碳排放权交易系统互相衔接。2019 年，埼玉碳排放权交易系统实现了比基准年排放量低 31%的排放量[2]，东京碳排放权交易系统在 2015~2019 年的第二个合规期内，覆盖设施的总体排放量与基准年排放量相比减少了 27%，超额完成该期间设定的 15%~17%的目标[3]。除此之外，日本政府还制定了一个与碳排放权交易系统相配套的碳额度交易机制，已实现碳减排的公司可

---

[1]　Government Pension Investment Fund. GPIF Selected ESG Indices ［R］. 2017.

[2]　International Carbon Action Partnership. Japan - Saitama Target Setting Emissions Trading System ［EB/OL］. https：//icapcarbonaction. com/en/ets/japan - saitama - target - setting - emissions - trading-system.

[3]　International Carbon Action Partnership. Japan - Tokyo Cap - and - Trade Program ［EB/OL］. https：//icapcarbonaction. com/en/ets/japan-tokyo-cap-and-trade-program.

以将经过第三方认证的数据提交给经济产业省、环境省或农林渔业省，从而获得碳配额用于拍卖或协商交易①。

　　总体来说，在绿色金融政策上，日本各政府机构出台了多项绿色金融规范和指导文件，为相关金融机构发行绿色金融产品提供便利，并强调转型金融的重要性。而在绿色金融市场上，日本政府非常重视财政政策和公有基金的撬动作用，鼓励并引导民间投资和外资进入绿色金融领域。

（三）韩国

　　韩国金融服务委员会将绿色金融定义为将投资从高碳产业转向生态友好型企业、可持续项目和绿色产业，其需要公共和私营部门共同努力并建立相关目标框架②。在政府主导下，韩国建立了多个线上系统以推动绿色金融知识和产品普及、绿色认证以及环境信息共享。在绿色金融市场方面，韩国形成了完整的绿色金融产品体系，并不断进行产品创新。同时，韩国在碳市场建设方面具有丰富经验。

　　目前韩国并未公布成文的针对绿色金融的政策文件，而是将发展绿色金融的有关内容内嵌于更为广泛的绿色增长和低碳发展的政策文件中（见表6）。2009 年初，韩国政府成立了总统直属机关——绿色增长委员会。同年，该绿色增长委员会制定了《绿色增长国家战略及五年计划（2009~2013）》，专门阐释了绿色增长投资方案③。2010 年，韩国颁布《低碳绿色增长基本法》，其中第 28 条涉及绿色金融，"韩国政府应采取金融措施支持低碳绿色增长，包括为绿色经济和绿色产业提供资金支持，开发支持低碳、绿色增长的新金融产品，鼓励私人投资于低碳、绿色增长基础设施建设项目，完善企业绿色管理相关信息公开制度，扩大对绿色管理企业的财务支持以及建立碳市

---

① J-Credit Scheme [EB/OL]. https：//japancredit.go.jp/english/pdf/credit_english_001_41.pdf.

② Financial Services Commission. Green Finance [EB/OL]. https：//www.fsc.go.kr/eng/po060101.

③ Presidential Commission on Green Growth, Republic of Korea. Road to Our Future：Green Growth, National Strategy and the Five-Year Plan（2009-2013）[R]. 2009.

场并刺激交易"①。此后，韩国在《绿色增长国家战略及五年计划（2014～2018）》中提出，扩大针对绿色产业的金融政策，建立以技术为中心的金融基础设施；在《绿色增长国家战略及五年计划（2019～2023）》中承诺将提供5万亿韩元用于扩大绿色设备投资。2020年，韩国颁布《绿色新政》，提出将利用绿色贷款工具，设立绿色基金，支持可再生能源领域和节能建筑领域的发展②。2020年底，韩国政府发布《2050年国家碳中和战略》，其中单独列出了绿色金融战略，具体措施包括宣传绿色金融、建立绿色金融分类体系、通过TCFD更好地获取ESG信息和加强绿色金融基础建设。

表6 韩国绿色增长和低碳发展政策中有关绿色金融的内容

年份	政策名称	绿色金融相关内容
2009	《绿色增长国家战略及五年计划（2009～2013）》	引入碳排放权交易体系 提供绿色贷款 建立绿色金融基础设施
2010	《低碳绿色增长基本法》	为绿色经济和绿色产业提供财政支持 开发支持低碳、绿色增长的新金融产品 鼓励私人投资低碳绿色增长基础设施建设项目 建立碳市场
2014	《绿色增长国家战略及五年计划（2014～2018）》	扩大针对绿色产业的绿色金融政策，建立以技术为中心的金融基础设施
2019	《绿色增长国家战略及五年计划（2019～2023）》	加强绿色金融基础设施建设，3年内将提供5万亿韩元用于扩大绿色设备投资
2020	《绿色新政》	对居民提供可再生能源贷款、节能建筑贷款等方面的绿色金融消费产品，设立2150亿韩元公私联合基金助力绿色企业发展，引入1.9万亿韩元贷款用于绿色事业
2020	《2050年国家碳中和战略》	宣传绿色金融、建立绿色金融分类体系、通过TCFD更好地获取ESG信息和加强绿色金融基础建设

资料来源：根据公开数据收集和处理编制。

---

① South Korea's Framework Act on Low Carbon Green Growth［EB/OL］. https：//www. climate-laws. org/geographies/south-korea/laws/framework-act-on-low-carbon-green-growth-regulated-by-enforcement-decree-of-the-framework-act-on-low-carbon-green-growth.

② Ministry of Economy and Finance, Republic of Korea. Korean New Deal［R］. 2020.

在绿色债券方面，2020年6月，韩国交易所推出了一个平台，以促进绿色债券、社会债券和可持续债券的发展。2020年12月，韩国环境部、韩国金融服务委员会、韩国环境产业技术院和韩国交易所发布了《绿色债券指南》，对绿色债券相关定义及发行要求做出了规定，指出募集的资金主要用于气候变化减缓、气候变化适应、自然资源保护、生物多样性保护、污染防治等领域。除此之外，《绿色债券指南》还对外部机构提出了审查流程，为市场参与者在韩国的绿色债券发行、评估和投资提供了一定标准①。

在绿色贷款方面，面向消费端，韩国于2020年出台的《绿色新政》指出，将面向居民提供再生能源贷款、节能建筑贷款等绿色金融消费产品②。面向生产端，韩国环境部设立了国有环境基金，为环境产业提供低息贷款服务。拟申请公司通过申请具体国有环境基金项目获得绿色贷款，各基金受理单位根据不同贷款目的对贷款范围、贷款期限和贷款上限做出差异化处理③。2022年，该绿色贷款申请平台提供了5只国有环境基金（见表7）。

表7　2022年韩国国有环境基金支持的绿色贷款项目

国有环境基金	面向领域	支持项目
设施安装基金	环境产业	未来环保产业促进贷款
成长型基金	环境产业	未来环保产业促进贷款
污染防治基金	绿色转型	未来环保产业助推融资
温室气体减排基金	气候变化	环保设施投资
细粉尘设施基金	清洁空气	清洁空气转换设施贷款

资料来源：https：//www.konetic.or.kr/loan/user/main/Main.do。

---

① KRX. About SRI Bonds [EB/OL]. https：//sribond.krx.co.kr/en/01/01010000/SRI01010000.jsp.
② Ministry of Economy and Finance, Republic of Korea. Korean New Deal [R]. 2020.
③ Deokkyo Oh, Sang-Hyup Kim. Green Finance in the Republic of Korea：Barriers and Solutions [R]. Asian Development Bank Institute. 2018.

在绿色保险方面，2016 年，韩国出台了《环境污染损害赔偿责任与救济法》，强制性要求环境污染风险达标企业全部投保环境责任保险。2021 年 5 月，韩国环境部对相关条款做出更新，将自付的环境责任保险费率从 0.5%降到 0.1%，扩大保费折扣优惠并延长索赔期限。

在环境信息披露方面，2021 年，韩国金融服务委员会和相关机构提出将支持 TCFD 获取 ESG 信息，加强气候相关财务信息披露①。除此之外，韩国环境产业技术院建立了环境信息公开系统，以提高企业的环境管理意识，促进企业与国民在环境领域的沟通，建设全国范围内的环境管理基础设施，为金融机构的绿色信贷和绿色投资活动提供经过验证的环境信息。环境信息公开对象机构将在每年 6 月底前登记上一年度的环境信息，通过环境产业技术院的验证程序，并于当年 12 月向公众公开。截至 2021 年，韩国政府机构和企事业等共计 1500 家单位在该环境信息公开系统进行披露②。

在碳市场方面，2010 年《低碳绿色增长基本法》提出建立韩国碳市场。2012 年韩国通过了《温室气体排放限额分配与交易法》及其执行法令，对温室气体配额分配与交易、被监管企业正当权益保护和违法行为都做了较为充分的规定，从立法层面保障了韩国碳排放权交易系统的运行。2015 年，韩国碳排放权交易系统启动，共设定了三个履约期，分别为 2015～2017 年、2018～2020 年、2021～2025 年。在第三个履约期，其涵盖了 684 个最大的排放主体，排放量约占韩国温室气体排放量的 73.5%③。

韩国的绿色金融市场规模不断扩大，绿色金融创新不断涌现，已形成相对完整的绿色金融产品体系。在绿色债券方面，截至 2021 年底，韩国累计

① Financial Services Comission. Financial Authorities and Relevant Institutions Declare Support for TCFD and Its Recommendations［EB/OL］. https：//www. fsc. go. kr/eng/pr010101/75957.

② ENV-INFO System［EB/OL］. https：//www. env-info. kr/member/guide/purprse. do.

③ ICAP. Korea Emissions Trading Scheme［EB/OL］. https://icapcarbonaction. com/en/ets/korea-emissions-trading-scheme.

有 29 家机构发行了价值为 220 亿美元的绿色债券①。在绿色信贷方面，韩国绿色金融市场充分利用资源，创新推出了以绿色项目认证、绿色流动资金、政府补贴等为基础的绿色贷款产品②。在绿色保险方面，2016 年 7 月，韩国推出了环境责任保险。截至 2017 年，共有 13589 家中小企业和单位投保，保费收入约为 700 亿韩元。2018 年 6 月，韩国环境部宣布，由政府全部或部分出资建立绿色保险专业承保机构，并受政府严格监督，强化预警管理和风险监测③。截至 2020 年底，韩国已有 14102 个营业场所投保了环境责任保险，覆盖率达到 97.5%④。在碳市场方面，韩国碳配额的价格从 2015 年开始交易后整体呈上升趋势（见图 13）。2015 年初，韩国碳配额的价格为 8640 韩元/吨 CO_2。2019 年 12 月，价格推高至 40900 韩元/吨 CO_2 的峰值。到 2020 年 5 月，韩国碳配额的价格徘徊在 40000 韩元/吨 CO_2 左右。在韩国碳市场中，碳配额价格走高的背后既有碳排放权价值不断上升的因素，也有拍卖机制和市场交易商的引入等机制设计的因素。韩国计划推出碳排放权衍生品，预计这将为碳市场带来更多的流动性，碳定价效率将进一步提高。

韩国将绿色金融政策内嵌于绿色发展整体政策中，并颁布一系列针对绿色金融产品的政策，为韩国的绿色金融市场发展奠定了基础。韩国绿色金融市场中创新性的绿色债券、绿色信贷和绿色保险产品从个人和企业层面助推了绿色金融市场的发展，碳市场的建设积累了相关政策经验。

① Climate Bonds Initiative. Climate Bond Database ［EB/OL］. https://www.climatebonds.net/market/data/#country-map.
② 王兴帅，王波. 绿色金融发展创新：韩国实践经验与启示 ［J］. 生态经济. 2019（5）.
③ 王兴帅，王波. 绿色金融发展创新：韩国实践经验与启示 ［J］. 生态经济. 2019（5）.
④ 환경책임보험，혜택은 늘고 기업 부담은 줄인다 ［EB/OL］. https://newspim.com/news/view/20210505000011.

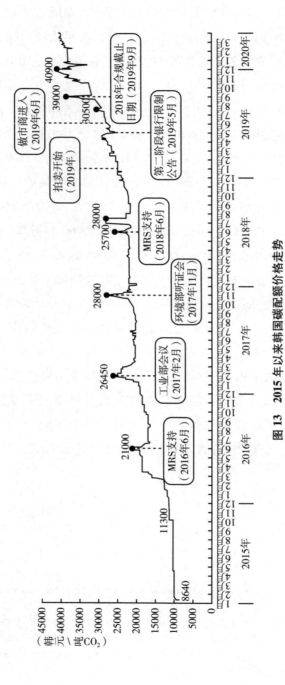

图 13　2015 年以来韩国碳配额价格走势

资料来源：Carbon Market Business Brief Korea（IETA）。

四　其他国家和地区

（一）美国

美国的绿色金融发展具有自下而上的特征，主要是市场主体在驱动绿色金融发展。在联邦层面，美国并没有出台纲领性的绿色金融政策文件，甚至与整体气候相关的政策也随着总统的变更有很大的不确定性。在州层面，美国部分州如加利福尼亚州在绿色金融政策方面做出了积极的探索。

美国联邦层面关于绿色金融的政策集中在环境责任和环境信息披露方面。受拉夫运河事件的影响，1980 年，美国国会通过《综合环境响应补偿及责任法》，因其设置了数额巨大的超级基金，又被称为《超级基金法》。该法案提出了贷款银行需对债务企业造成的环境污染负责，要求银行主动参与并管理企业生产经营活动对环境的影响。该法案进行了数次修订和补充，提高了环境责任要求并采取了财税激励措施。1986 年，《超级基金修正案与再授权法》出台，增加了大企业环境税；1997 年，《纳税人减税法》出台，对私人投资污染治理进行税收激励；2009 年，《恢复和再投资法》出台，美国环保署向超级基金拨款 6 亿美元用于污染治理①。

在环境信息披露方面，1934 年，美国《证券法》第 101 条、第 103 条和第 303 条规定上市公司需要披露重要信息，包括环境负债信息、遵守环境法规和其他法规导致的成本上升信息等。1993 年，美国证券交易委员会颁布了《92 号财务告示》，要求上市公司及时并准确披露现存或潜在环境责任，对于不按照要求披露或披露信息严重虚假的公司，将处以 50 万美元以上的罚款，还会通过新闻媒体对其违法行为进行曝光。同时，美国证监会与美国环保署合作，及时交换信息，对存在环境问题的上市公司进行相应的制裁②。

---

① 卢边静子．美国《超级基金法》与绿色金融［J］．中国金融．2018（8）．
② 碳排放权交易网．美国上市公司强制 ESG 信息披露制度的基本情况［EB/OL］．http：// www.tanpaifang.com/cdp/201603/0651173_ 5.html.

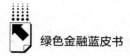

除此之外，美国于 1990 年出台的《清洁空气法修正案》鼓励采用基于市场的原则开展总量控制与排污权交易，并对交易制度做出了规定。美国还设立了环境金融中心、环境金融顾问委员会以及环境金融中心网络，以推进绿色金融法律和政策的执行（见表 8）。

表 8　美国环境金融平台

名称	定位
环境金融中心（CEF）	旨在为州级地方政府和私营部门在环境融资成本管理和绿色项目管理方面提供创造性、技术性支持，并在有关环境金融的制度和政策选择上给予建议及评价
环境金融顾问委员会（EFAB）	为金融行业提供环境金融工具指引，指导金融机构的行动
环境金融中心网络（EFCN）	提供环境金融领域的培训教育、环境金融管理以及环境金融技术支持

资料来源：根据公开数据收集和处理编制。

美国各州根据自身的具体情况制定了大量的地方性政策，以下以加利福尼亚州的气候政策及环境投资倡议和计划为例介绍其地方绿色金融的发展。

美国加利福尼亚州致力于州层面气候政策的制定。2006 年，加利福尼亚州议会颁布了《加利福尼亚州全球变暖解决方案法》，成为美国首个从法律上对二氧化碳减排目标进行约束的州。在大气污染防治、绿色建筑、新能源利用方面，加利福尼亚州政府分别发布了《强制装置法》《加利福尼亚州建筑标准》《加利福尼亚公共设施法》，引导不同行业应对气候变化，也促使美国金融机构推出了相应的绿色金融产品和服务。2010 年，加利福尼亚州政府发布了《温室气体总量控制与交易计划》，成为美国首个利用碳排放权交易系统的州①。加利福尼亚州还推出了一系列环境投资倡议和计划，以鼓励私人资本投资环境友好型产业（见表 9）。

---

① 李美洲，胥爱欢，邓伟平．美国州政府支持绿色金融发展的主要做法及对我国的启示［J］．西南金融．2017（3）．

表9　加利福尼亚州的环境投资倡议和计划

名称	内容	年份
加州太阳能计划	发起14万多笔退税,金额18.3亿美元	2006~2015
混合动力零排放卡车和公共汽车代金券激励项目	发行超过1.8万张代金券,金额5500万美元	2009~2015
替代和可再生能源以及燃料和车辆技术计划	超过800个项目,耗资600万美元	2009~2015
州水资源效率提升计划	129个具体项目,投资860万美元	2014
投资者拥有的公用事业能效计划	计划投资超过18亿美元(作为长期能效战略计划的一部分)	2010~2012
清洁汽车返利项目	返利超过10万笔,金额2.2亿美元	2010~2015
提案39——能效和太阳能发电计划	涉及2000多个站点,金额4.03亿美元	2013~2015
加州气候信贷计划	为超过1200万个公用事业客户节省8.22亿美元	2014
低碳交通运营计划	95个项目,金额2400万美元	2014~2015
新太阳能家庭伙伴关系	发起19000多笔退税,金额1.34亿美元	2015

资料来源: https://wedocs. unep. org/bitstream/handle/20. 500. 11822/9828/ - The _ state _ of _ sustainable_ finance_ in_ the_ United_ States - 2016The_ State_ of_ Sustainable_ Finance_ in_ the_ US. pdf. pdf? sequence = 3&amp%3BisAllowed = 。

依托发达的金融体系,美国的绿色金融市场蓬勃发展,绿色金融创新产品层出不穷。

在绿色债券方面,根据CBI数据,美国是全球第一大绿色债券发行国。截至2021年,美国共有457家发行主体,累计发行绿色债券5399单,发行量达3039亿美元,占全球绿色债券市场的1/5,2020~2021年增长率为62.8%[①]。其中,最大的交易品种为美国房利美的绿色抵押支持证券,占总发行量的39%,而绿色市政债券是美国绿色债券市场不可忽视的发行主体之一,其发行量占绿色债券发行总量的23%[②]。

在绿色信贷方面,美国商业银行提供了多种绿色信贷产品(见表10)。而

[①] CBI. Climate Bond Database [EB/OL]. https://www. climatebonds. net/market/data/#country - map.

[②] CBI. Sustainable Finance Soars in North America [N]. 2021.

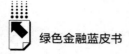

且，康涅狄格州、纽约州、加利福尼亚州、罗得岛州、马里兰州、夏威夷州等接连成立绿色银行，广泛参与绿色融资计划，为绿色项目提供资金支持①。

表 10   美国部分绿色信贷产品种类

产品类别	机构名称	产品方案
住房抵押贷款	房利美	帮助贷款人购买节能型住房及使用公共交通
商业建筑贷款	美国富国银行	为建筑提供首次抵押贷款,为 LEED 认证的商业建筑提供再次融资
房屋净值贷款	新能源银行	一站式的太阳能融资安排
运输贷款	美洲银行	为小型运输企业提供贷款,鼓励使用节油技术
存款	太平洋岸边银行	全额保险的存款,用于借贷给本地节能公司

资料来源：https：//www. unepfi. org/fileadmin/documents/greenprods_ cn. pdf。

在绿色保险方面，美国主要针对有毒物质和废弃物处理企业可能引发的损害赔偿责任实行强制保险制度，并且还规定了工程承包商、分包商和咨询设计者都需要投保相应的环境污染责任保险才能取得工程合同②。目前美国约有 40 家保险公司提供环境污染责任保险产品，年保费总额超过 20 亿美元③。2020 年，加利福尼亚州保险部门发布了气候智能型保险产品数据库，为消费者和企业提供了 400 多种绿色保险产品的信息④。

在可持续基金方面，美国可持续基金近年来不断增长（见图 14）。2021年，美国新发可持续基金 121 只，累计可持续基金数量已达 534 只，其代表

---

① NREL. U. S. Green Bank Institutions ［EB/OL］. https：//www. nrel. gov/state – local – tribal/basics–green–banks. html.

② Deloitte. 绿色保险的发展与建议 ［EB/OL］. https：//www2. deloitte. com/cn/zh/pages/risk/articles/environmental–social–and–governance–18. html.

③ Spring 2021 McGriff Market Update：Environmental ［EB/OL］. https：//www. mcgriff. com/resources/white–papers/spring–2021–mcgriff–market–update–environmental. html.

④ California Department of Insurance. Commissioner Lara Launches First – ever Database of Green Insurance Products ［EB/OL］. http：//www. insurance. ca. gov/0400–news/0100–press–releases/2020/release065–2020. cfm.

了超过 3500 亿美元的资产①。根据 2021 年晨星数据，美国是全球第二大可持续基金市场，总规模达到 3570 亿美元，占全球总额的 13%②。

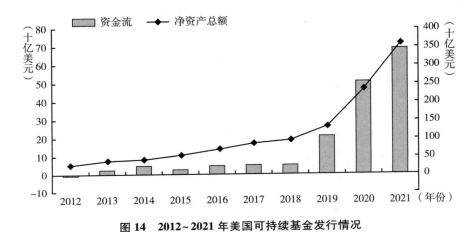

图 14 2012~2021 年美国可持续基金发行情况

资料来源：https：//www.morningstar.com/articles/1080300/sustainable-funds-landscape-highlights-and-observations。

受政治体制影响，美国并未对气候变化的议题有一致的政策方针，纲领性的绿色金融政策欠缺，仅有部分针对环境污染责任的立法和地方州政府的绿色金融政策。而美国的绿色金融市场则较为活跃，各类绿色金融产品的开发与创新提供了丰富的投资选择，也降低了绿色项目的融资成本，提升了项目融资的可获得性。

（二）东盟

东南亚国家联盟（Association of Southeast Asian Nations），简称东盟

---

① Morningstar. Sustainable Funds Landscape - Highlights and Observations［EB/OL］. https：//www.morningstar.com/articles/1080300/sustainable-funds-landscape-highlights-and-observations.

② Morningstar. Sustainable Funds Landscape - Highlights and Observations［EB/OL］. https：//www.morningstar.com/articles/1080300/sustainable-funds-landscape-highlights-and-observations.

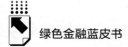
（ASEAN），是一个包括印度尼西亚、马来西亚、菲律宾、泰国、新加坡、文莱、柬埔寨、老挝、缅甸和越南的东南亚区域国家的政府间国际组织①。该地区人口不断增长，城市化进程加快，以农业和渔业为代表的经济产业对环境具有高度敏感性，因而易受到环境冲击的影响，而且东南亚地区中沿海区域广泛，易受到海平面上升、热带气旋和海水入侵的影响。如果不能正确处理气候变化对东南亚地区的影响，将导致该地区出现一系列经济和社会问题②。据测算，到 2100 年，东南亚气候变化造成的影响会减少该地区 11% 以上的 GDP。而且，该地区每年约有 20000 人死于与燃煤发电站有关的空气污染。近年来，相关的年度医疗费用总计为 2800 亿美元③。为了增加东盟国家应对气候的韧性，维持该地区经济的长期繁荣稳定，东盟国家需要大量的绿色投资来实现自身的可持续发展。据估计，2016~2030 年，东盟对额外绿色投资的需求估计为 3 万亿美元。这代表着一个新的东盟绿色投资市场规模是 2016 年全球绿色债券市场的 37 倍④。

2017 年，东盟资本市场论坛（ASEAN Capital Market Forum，ACMF）推出了符合国际资本市场协会绿色债券原则的东盟绿色债券标准。次年，东盟资本市场论坛推出了东盟社会债券标准和东盟可持续债券标准，推动了东盟区域相关绿色金融产品的发行。

2019 年 4 月，东盟基础设施基金和东盟成员国提出设立东盟催化绿色融资机制（ASEAN Catalytic Green Finance Facility，ACGF）的倡议，致力于加速东南亚的绿色基础设施投资。目前 ACGF 是东盟成员国中唯一专注于开发和扩大气候项目的区域性绿色金融倡议，其主要为绿色基础设施项目提供贷款和必要的技术援助。迄今为止，ACGF 已承诺为 9 个项目提供约 5 亿美

---

① About ASEAN [EB/OL]. https：//asean.org/about-us/.
② DBS & UN Environment Inquiry. Green Finance Opportunities in ASEAN [R]. 2017.
③ DBS & UN Environment Inquiry. Green Finance Opportunities in ASEAN [R]. 2017.
④ DBS & UN Environment Inquiry. Green Finance Opportunities in ASEAN [R]. 2017.

元的支持，总投资组合近 30 亿美元①。

2021 年，东盟分类法委员会发布了第一版《东盟可持续分类方案》（ASEAN Taxonomy for Sustainable Finance），以提供适用于所有东盟成员国经济活动定性评估的基础框架，并配有指标和阈值的附加标准，进一步限定和衡量了合格的绿色活动及投资。《东盟可持续分类方案》被认为是一个多层次框架，既考虑了东盟成员国之间的差异，又包括了气候变化和适应、保护健康的生态系统和生物多样性、促进资源恢复和向循环经济过渡等普遍的环境目标，并鼓励信息披露以确保透明度。《东盟可持续分类方案》将成为东盟财长和央行行长今后讨论的重点，以实现将该分类标准作为不同地区的通用标准，就经济活动与金融工具的标签进行沟通和协调②。

国际金融公司（IFC）、亚洲开发银行（ADB）、亚洲基础设施投资银行（AIIB）和世界银行（WB）等开发性金融机构发挥了东盟绿色金融市场促进者的作用。2018 年 6 月和 8 月，国际金融公司分别以菲律宾比索和印度尼西亚卢比发行绿色债券，吸引世界投资者关注东盟地区的可持续发展。2019 年，AC 能源金融国际有限公司（AC Energy Finance International Limited）发行了首只在东南亚公开上市的经气候债券倡议组织认证的以基础设施为重点的绿色债券。国际金融公司承诺向该绿色债券投资 7500 万美元，吸引了国际和菲律宾投资者的兴趣，为亚太地区的可再生能源项目开辟了更多融资渠道③。

东盟绿色金融市场也在不断扩大。2020 年，东盟绿色债券、社会债券、可持续债券等绿色金融产品的发行规模达 121 亿美元，相比 2019 年增长了 5.2%（见图 15）。新加坡是东盟区域可持续金融市场的领导者，总发行量约为 50 亿美元。泰国、新加坡、印度尼西亚等东盟国家也发行了不同规模的绿色金融产品。

---

① Asian Development Bank. ASEAN Catalytic Green Finance Facility 2019 – 2020. 2021. https：//www. adb. org/sites/default/files/institutional – document/670821/asean – catalytic – green – financefacility-2019-2020. pdf.

② ASEAN Taxonomy Board. ASEAN Taxonomy for Sustainable Finance［R］. 2021.

③ IFC. IFC Invests in AC Energy Green Bonds to Support Renewable Energy Investments in the Asia Pacific Region［EB/OL］. https：//pressroom. ifc. org/all/pages/PressDetail. aspx？ID＝17602.

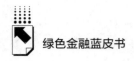

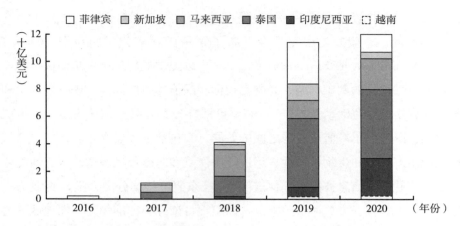

图 15　2016~2020 年东盟绿色债券、社会债券和可持续债券发行规模

资料来源：https：//www. climatebonds. net/files/reports/asean-sotm-2020. pdf。

（三）小岛屿发展中国家和最不发达国家

"小岛屿发展中国家"（Small Island Developing States，SIDS）在 1992 年联合国环境与发展会议上被正式确认为一个特殊的环境和发展区域。它们之间形成了三个地区性合作体，分别是加勒比共同体（Caribbean Community）、太平洋岛国论坛（Pacific Islands Forum）以及印度洋委员会（Indian Ocean Commission）。根据联合国经济及社会理事会的定义，"最不发达国家"（Least Developed Countries，LDC）指的是"面临可持续性发展结构性障碍的低收入国家"。目前，共有 47 个最不发达国家，其中包括刚果（金）、中非等 33 个非洲国家，基里巴斯、所罗门群岛、图瓦卢和瓦努阿图 4 个太平洋岛国，缅甸、老挝、尼泊尔等 9 个亚洲国家，以及加勒比海地区的海地。

小岛屿发展中国家和最不发达国家几乎不对气候变化承担任何责任，但它们的地理、社会经济和气候状况使其特别容易受到气候变化的影响，气候变化将直接威胁当地居民的生产与生活，而有限的机构治理能力和资金缺口进一步削弱了该地区应对气候变化的能力。

根据 COP22 提出的路线图，发达国家承诺在 2014～2020 年将气候变化适应资金翻一番，加大对发展中国家尤其是小岛屿发展中国家和最不发达国家的支持力度。在具体气候变化适应资金上，绿色气候基金（GCF）、最不发达国家基金（LDCF）、世界银行气候投资基金下气候适应力试点计划（PPCR）和适应基金（AF）为主要的资金提供方。然而，发达国家对这些气候基金的贡献并未与其承诺相符。

2003～2019 年，38 个小岛屿发展中国家从气候基金获得了 17.27 亿美元的资金支持，批准项目达 255 个（见图 16）。自 2015 年以来，绿色气候基金一直是小岛屿发展中国家的最大捐助者。2019 年，小岛屿发展中国家的项目获批 1.1 亿美元，其中约 60% 由绿色气候基金规划，其负责小岛屿发展中国家的 11 个最大项目[①]。

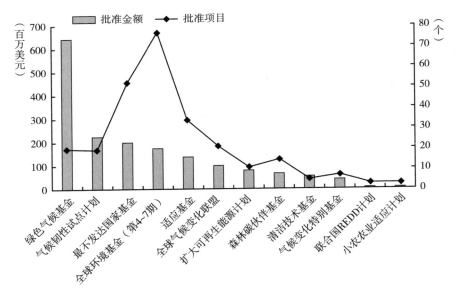

图 16　2003～2019 年支持小岛屿发展中国家的气候基金来源

资料来源：https：//climatefundsupdate. org/wp－content/uploads/2020/03/CFF12－2019－ENG－DIGITAL. pdf。

---

① Climate Funds Update. Climate Finance Shadow Report 2020 ［R］. 2020.

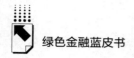

针对最不发达国家，由全球环境基金管理的最不发达国家基金在 2020 年为 14 个新项目批准了 8200 万美元的资金支持①。截至 2020 年 11 月 15 日，该基金共出资 17 亿美元，资助了 310 多个项目和 53 项扶持活动，超过 5000 万人受益，同时该基金还致力于气候韧性建设②。

尽管小岛屿发展中国家和最不发达国家得到了国际气候资金的资助，但其数额不足以满足这些国家应对气候变化的需要。如何利用好当前气候投融资资源，进一步扩大对这些经济发展落后、环境和气候风险极高的国家的资金支持，保障当地居民的基本生存和生活水平，是绿色金融领域亟须解决的难题之一。

① Climate Funds Update. Climate Finance Thematic Briefing：Adaptation Finance ［R］. 2020. https：//climatefundsupdate. org/wp-content/uploads/2020/03/CFF12-2019-ENG-DIGITAL. pdf.
② GEF. Least Developed Countries Fund ［EB/OL］. https：//www. thegef. org/what-we-do/topics/least-developed-countries-fund-ldcf.

国际合作篇

International Cooperation Reports

B.3
全球绿色金融国际合作机制

赵 鑫　毛 倩*

摘　要： 当前全球绿色金融国际合作机制日趋完善，金融监管部门参与的
国际绿色金融平台、金融机构支持的国际绿色金融倡议、全球性
和区域性的绿色金融合作网络、绿色金融学术研究网络等不同国
际合作模式与机制不断发展。世界各国在全球各多边合作框架下
开展绿色金融合作，国家之间也涌现了许多极具创新性的双边合
作模式。这些绿色金融国际合作对于增强全球可持续发展意识、
弥补绿色投融资缺口、形成绿色金融专业知识具有重要意义。然
而，当前绿色金融国际合作仍面临以下挑战：缺乏共同的标准；
发展中国家的诉求难以达成；能力建设不能满足需求；受国际政
治不确定因素影响。未来需要促进绿色金融标准协同，督促发达
国家兑现承诺，开展学术研究和技术援助，深入推进绿色金融国

---

* 赵鑫，中央财经大学绿色金融国际研究院助理研究员，研究方向为可持续金融；毛倩，中央
财经大学绿色金融国际研究院国际合作部主任、研究员，研究方向为可持续金融、生物多样
性金融、蓝色金融。

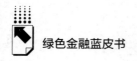

际合作，以促进全球绿色金融实现高质量发展。

关键词： 绿色金融　国际合作　双多边组织　气候融资

一　绿色金融国际合作平台和倡议

从全球到区域的绿色金融国际合作与学术研究网络在不同层面推动了绿色金融发展。全球性绿色金融合作平台和倡议通过集合公共和私营部门的力量，凝聚绿色发展共识。区域性绿色金融合作网络在区域发展水平和特色的基础上，推动区域经济、社会和环境协同发展。与此同时，全球性的绿色金融学术研究网络则为绿色金融的发展提供智力支持。

（一）全球性绿色金融合作平台

1.金融监管部门参与的国际绿色金融平台

二十国集团（G20）框架下发起的 G20 可持续金融工作组、央行与监管机构绿色金融网络、财政部长气候行动联盟、可持续银行和金融网络、可持续金融国际平台等国际多边绿色金融合作平台对全球绿色金融标准制定、气候环境风险管理、绿色金融共识达成、知识共享和能力建设做出了重要的贡献（见表1）。

表1　国际主流多边绿色金融平台

名称	成立年份	发起者	定位	成果
G20 绿色金融研究小组/G20 可持续金融研究小组/G20 可持续金融工作组	2016	中国、英国	推动绿色金融主流化	《G20 绿色金融综合报告》（2016~2018 年每年发布）《2021 年 G20 可持续金融综合报告》《2021 年 G20 可持续金融路线图》

名称	成立年份	发起者	定位	成果
央行与监管机构绿色金融网络	2017	德国、墨西哥、英国、法国、荷兰、瑞典、新加坡和中国的中央银行与金融监管机构	促进金融体系在环境可持续发展的更广泛背景下管理风险，实现绿色和低碳投资	可持续金融市场、绿色金融发展、绿色金融数据建设、央行和监管机构的气候风险分析以及央行气候风险披露等方面的报告
财政部长气候行动联盟	2019	26 个国家的政府部门	帮助世界各国调动和调整实施国家气候行动计划所需的资金，采取一定的财政战略和措施，将气候风险和脆弱性纳入成员国的经济规划中	新冠肺炎疫情后绿色复苏、国家自主贡献和长期战略、气候和环境相关风险管理、动员私人资本应对气候变化等方面的研究报告
可持续银行网络/可持续银行和金融网络	2012	新兴市场的金融监管机构、中央银行、财政部、环境部和行业协会	加强金融机构对 ESG 因素的风险管理以及促使资本流向减缓和适应气候变化等具有积极环境和社会影响的活动	绿色债券市场建设、可持续金融发展等方面的报告
可持续金融国际平台	2019	欧盟、阿根廷、加拿大、智利、中国、印度、肯尼亚和摩洛哥有关当局	为负责制定可持续金融监管措施的决策者之间提供一个多边对话论坛，以帮助投资者识别和抓住真正有助于实现气候和环境目标的可持续投资机会	《2021 年度报告》《ESG 披露报告》《可持续金融共同分类目录》

资料来源：根据公开数据收集和处理编制。

（1）G20 框架下的绿色金融国际合作

2016 年，由中国担任主席国的 G20 峰会首次将"绿色金融"纳入议题。在峰会期间，中国人民银行和英格兰银行共同倡导成立了 G20 绿色金融研究小组，并于当年 7 月发布了《2016 年 G20 绿色金融综合报告》，识别绿色金融挑战，达成国际社会发展绿色金融的共识，推动绿色金融主流化进程①。

2017 年，在德国担任主席国的 G20 峰会上，G20 绿色金融研究小组提交并发布了《2017 年 G20 绿色金融综合报告》，提出了开展环境风险分析和改善公共环境数据可得性与有效性的倡议，鼓励金融机构增加对由环境因素造成的金融风险的认识，发挥金融机构支持绿色产业发展的作用②。

2018 年，在阿根廷担任主席国的 G20 峰会上，G20 绿色金融研究小组更名为 G20 可持续金融研究小组（G20 Sustainable Finance Study Group，G20 SFSG）。G20 可持续金融研究小组在 G20 峰会上提出了三个主要研究议题，即可持续资产证券化、发展可持续私募股权（PE）和风险投资（VC）、运用金融科技发展可持续金融③。经过努力，该研究小组将 2016～2018 年连续三年完成的《G20 绿色金融综合报告》有关政策建议纳入 G20 峰会成果，推动形成了绿色金融的国际共识。除此之外，该研究小组的工作促使多个国家开始制定本国的绿色金融政策，开展绿色债券、绿色信贷等绿色金融工具的实践。然而，由于部分 G20 成员在应对气候变化等相关议题上出现意见分歧，2019 年和 2020 年，绿色金融议题并未出现在这两届 G20 峰会上。

2021 年，G20 峰会主席国意大利主持召开了首次 G20 财长与央行行长会议，同意恢复设立 G20 可持续金融研究小组，并将其升级为"G20 可持续金融工作组"（G20 Sustainable Finance Working Group，G20 SFWG），邀请中国人民银行和美国财政部担任共同主席。该工作组在 G20 峰会期间发布了《2021 年 G20 可持续金融综合报告》和《2021 年 G20 可持续金融路线图》。其中，《2021 年 G20 可持续金融综合报告》提出了投资活动需要与可持续发展目标保持一致，持续改进可持续性报告和披露，并建议加强国际金融机构在支持《巴黎协定》及联合国开发计划署 2030 年可持续发展目标方面的作用④。

① G20 Green Finance Study Group. G20 Green Finance Synthesis Report ［R］. 2016.
② 中国人民银行.《2017 年 G20 绿色金融综合报告》发布 ［EB/OL］. http：//www. pbc. gov. cn/goujisi/144449/144464/3344238/index. html.
③ 中国人民银行. G20 可持续金融研究小组 2018 年第一次小组会召开 ［EB/OL］. http：//www. pbc. gov. cn/goutongjiaoliu/113456/113469/3487066/index. html.
④ G20 Sustainable Finance Working Group. 2021 Synthesis Report ［R］. 2021.

《2021 年 G20 可持续金融路线图》聚焦五个方面，分别为：发挥市场端的作用，促使投资活动朝可持续方向转型；加强对可持续性风险、机会和影响的信息披露；评估和管理气候与其他可持续性风险；发挥国际金融机构、公共资本和激励性措施的作用；解决跨领域问题。而且，针对各聚焦领域提出了 19 项措施以及相关国际组织的行动时间表①。G20 框架下可持续金融工作组的成果从投资活动、风险管理、信息披露、能力建设等方面引领了全球绿色金融的发展，对推动绿色金融主流化发挥了重要作用。

（2）央行与监管机构绿色金融网络

2017 年 12 月，德国、墨西哥、英国、法国、荷兰、瑞典、新加坡和中国的中央银行和金融监管机构发起成立了央行与监管机构绿色金融网络（Network for Greening the Financial System，NGFS）。央行与监管机构绿色金融网络旨在帮助加强实现《巴黎协定》目标所需的全球响应，并促进金融体系在环境可持续发展的更广泛背景下管理风险，实现绿色和低碳投资。

2021 年，央行与监管机构绿色金融网络发布了可持续金融市场、绿色金融发展、绿色金融数据建设、央行和监管机构的气候风险分析以及央行气候风险披露等方面的报告。在 2021 年联合国气候变化大会召开之际，央行与监管机构绿色金融网络重申会为实现《巴黎协定》的目标做出贡献，从提高金融体系对气候相关风险和环境风险的抵御能力以及鼓励支持向可持续经济转型的资金融通两方面做出努力②。截至 2022 年 4 月 13 日，央行与监管机构绿色金融网络共有 114 名成员和 18 家观察员机构，并拓展设立了五个工作组，分别为监管工作组、宏观金融工作组、规模化绿色金融工作组、数据工作组和研究工作组③。

（3）财政部长气候行动联盟

2019 年 4 月，来自智利、芬兰等 26 个国家的政府部门发起成立了财政

---

① G20 Sustainable Finance Working Group. 2021 Sustainable Finance Roadmap［R］. 2021.

② NGFS. NGFS Glasgow Declaration ［EB/OL］. https：//www.ngfs.net/sites/default/files/ngfs glasgowdeclaration.pdf.

③ NGFS. Governance ［EB/OL］. https：//www.ngfs.net/en/page-sommaire/governance.

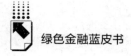

部长气候行动联盟（The Coalition of Finance Ministers for Climate Action，CFMCA），拟发挥世界各国财政部长应对气候变化挑战的独特能力，帮助世界各国调动和调整实施国家气候行动计划所需的资金，采取一定的财政战略和措施，将气候风险和脆弱性纳入成员国的经济规划中。该联盟目前由芬兰和印度尼西亚的财政部长担任主席，世界银行和国际货币基金组织担任秘书处①。

该联盟在成立大会上发布了《赫尔辛基原则》（Helsinki Principles），强调通过财政政策和公共政策来应对气候变化。该原则包括与《巴黎协定》一致的政策和做法，主张进行知识和经验分享以促进气候行动，采取碳定价措施，在宏观经济政策中考虑气候变化因素，积极实现国家自主贡献目标②。2019年12月，财政部长气候行动联盟正式启动了"圣地亚哥行动计划"（Santiago Action Plan），列出了该联盟2020年的工作计划并识别出《赫尔辛基原则》下的关键行动，以促使成员单位积极形成应对气候变化的共识，推动应对气候变化行动的主流化进程③。自推出以来，来自70多个国家的财政部长签署了《赫尔辛基原则》。

从2020年起，财政部长气候行动联盟除了公布每年的工作报告和计划外，还在新冠肺炎疫情发生后的绿色复苏、国家自主贡献和长期战略、气候和环境相关风险管理、动员私人资本应对气候变化等方面发布相关研究报告。2022年，该联盟发布的报告《通过经济和财政政策与实践推动气候行动》明确了财政部门所面临的气候变化及相应的应对措施④；报告《财政部与自然相关的风险和潜在政策行动概述》论述了与自然相关的风险的特征

---

① CFCA. About Us [EB/OL]. https：//www. financeministersforclimate. org/about-us.

② Helsinki Principles [EB/OL]. https：//www. financeministersforclimate. org/helsinki-principles.

③ The Coalition of Finance Ministers for Climate Action. Overview of the Santiago Action Plan for 2020 [R]. 2019.

④ The Coalition of Finance Ministers for Climate Action. Driving Climate Action through Economic and Fiscal Policy and Practice [R]. 2022.

和财政部门可采取的行动①。

（4）可持续银行和金融网络

2012 年，可持续银行网络（Sustainable Banking Network，SBN）由新兴市场的金融监管机构、中央银行、财政部、环境部和行业协会组成，致力于推动可持续金融发展。可持续银行网络将目标受众定位为新兴市场的银行业监管者与行业协会，旨在加强金融机构对 ESG 因素的风险管理以及促使资本流向减缓和适应气候变化等具有积极环境和社会影响的活动。2020 年，可持续银行网络更名为"可持续银行和金融网络"（Sustainable Banking and Finance Network，SBFN）。2021 年，可持续银行和金融网络新增亚美尼亚、厄瓜多尔、危地马拉、哈萨克斯坦、拉丁美洲、马尔代夫和南非 7 个国家和地区的共 10 家成员单位②。至此，可持续银行和金融网络由代表 62 个国家的 72 家成员单位组成，成员的银行资产总规模达 43 万亿美元，占新兴市场银行总资产的 86%③。

可持续银行和金融网络针对新兴经济体的绿色金融能力建设和全球绿色金融政策国别进展开展工作。可持续银行和金融网络面向新兴经济体提出建立绿色债券市场以促进绿色金融发展④，面向低收入国家提出把握可持续金融发展机会以应对贫困、气候变化和其他挑战⑤。在全球绿色金融政策国别进展上，2021 年 10 月，可持续银行和金融网络发布了第三轮全球进展报告，通过环境风险管理、金融可持续性和 ESG 整合三方面对 43 个参与报告成员国的可持续金融政策进行评价。根据其评价结果，其中 10 个成员国处于准备阶段，30 个成员国处于实施阶段，仅中国、哥伦比亚和印度尼西亚处于成熟阶段（见图 1）。

---

① The Coalition of Finance Ministers for Climate Action. An Overview of Nature－related Risks and Potential Policy Actions for Ministries of Finance：Bending The Curve of Nature Loss［R］. 2022.

② SBFN. Membership［EB/OL］. https：//www.sbfnetwork.org/membership/.

③ SBFN. About SBFN［EB/OL］. https：//www.sbfnetwork.org/about－sbf－network/.

④ SBN. Creating Green Bond Markets-Insights，Innovations，and Tools from Emerging Markets［R］. 2018.

⑤ SBFN. Necessary Ambition：How Low－income Countries are Adopting Sustainable Finance to Address Poverty，Climate Change，and Other Urgent Challenges［R］. 2020.

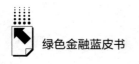

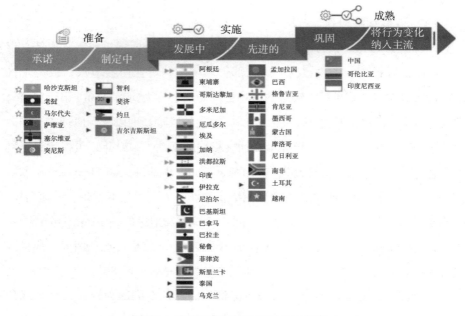

图1　SBFN 成员国的绿色金融进展

资料来源：Global Progress Report of the Sustainable Banking and Finance Network。

（5）可持续金融国际平台

2019 年 10 月 18 日，欧盟联合阿根廷、加拿大、智利、中国、印度、肯尼亚和摩洛哥共同发起成立了可持续金融国际平台（International Platform on Sustainable Finance，IPSF）。此后，中华人民共和国香港特别行政区、印度尼西亚、日本、马来西亚、新西兰、挪威、塞内加尔、新加坡、瑞士和英国也加入了可持续金融国际平台。目前，可持续金融国际平台的 18 个成员共同代表了全球 55% 的温室气体排放量、50% 的全球人口和 55% 的全球 GDP（见图 2）。

可持续金融国际平台为负责制定可持续金融监管措施的决策者之间提供了一个多边对话论坛，以帮助投资者识别和抓住真正有助于实现气候和环境目标的可持续投资机会。通过可持续金融国际平台，成员可以交流信息，比较不同的可持续金融政策和举措的效果，识别可持续金融发展的阻碍和机

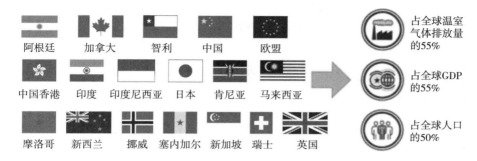

图 2 可持续金融国际平台成员

资料来源: https://finance.ec.europa.eu/sustainable – finance/international – platform – sustainable-finance_ en。

会。2020 年 10 月，可持续金融国际平台发布了其第一份公开报告。该报告总结了可持续金融倡议的全球趋势，比较了现有绿色金融举措，并概述了各国正在筹备的可持续金融计划[①]。

2021 年，可持续金融国际平台在 COP26 期间发布了《2021 年度报告》、《ESG 披露报告》和中欧合作完成的《可持续金融共同分类目录》。其中，《2021 年度报告》阐释了可持续金融国际平台在方法学比较和可持续信息披露方面的工作，明确了可持续金融的发展现状和挑战[②]。《ESG 披露报告》就当前 ESG 披露要素进行阐释，明确了当前发展状况和发展趋势[③]。根据中国和欧盟的分类法比较分析，可持续金融国际平台发布了《可持续金融共同分类目录》，对标准、目标、领域、使用方法和可改进方向进行了阐述。该共同分类目录对于推动中欧区域绿色投融资合作、引导跨境气候投融资活动、降低跨境交易的绿色认证成本具有重要意义[④]。

① IPSF. International Platform on Sustainable Finance Annual Report 2020 ［R］. 2020.
② IPSF. International Platform on Sustainable Finance Annual Report 2021 ［R］. 2021.
③ IPSF. International Platform on Sustainable Finance Report on ESG Disclosure ［R］. 2021.
④ IPSF. IPSF Common Ground Taxonomy Instruction Report ［R］. 2021.

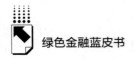

2.金融机构支持的国际绿色金融倡议

赤道原则、责任投资原则、负责任银行原则、可持续保险原则、可持续证券交易所倡议、气候相关财务信息披露倡议、自然相关财务信息披露倡议等国际绿色金融倡议针对不同金融机构，在推动绿色金融市场发展的同时，提升了金融机构引导相关绿色产业实现可持续发展的作用（见表2）。

表2　国际主流绿色金融倡议

倡议	年份	面向的金融机构	关注重点
赤道原则	2003	银行	融资中的环境和社会风险的评估基准
责任投资原则	2006	投资类金融机构	整合 ESG 因素到投资分析和决策过程中
负责任银行原则	2019	银行	银行战略和实践需符合可持续发展目标和《巴黎协定》愿景
可持续保险原则	2012	保险公司	保险业应对环境、社会及治理风险与机会
可持续证券交易所倡议	2009	证券交易所	交易所如何与相关利益方合作来改善 ESG 表现并鼓励发展可持续投资
气候相关财务信息披露倡议	2015	银行、投资管理公司、保险公司等	披露与气候相关的信息
自然相关财务信息披露倡议	2020	金融机构、监管机构、智库等	将与自然相关的风险和机遇纳入企业管理

资料来源：根据公开数据收集和处理编制。

（1）赤道原则

2003 年 6 月，花旗银行、巴克莱银行、荷兰银行等 10 家银行基于国际金融公司的《环境和社会政策框架》提出了第一版赤道原则（Equator

Principles，EPs）。赤道原则是面向金融机构建立的一套通用风险管理框架，用于在融资过程中确定、评估和管理项目的环境和社会风险①。此后，赤道原则分别在 2006 年、2013 年和 2020 年进行了更新。在 2020 年的第四版中，赤道原则包括 10 项，即审查和分类、环境和社会评估、适用的环境和社会标准、环境和社会管理体系与环境保护行动方案、利益相关者的参与、申诉机制、独立审查、契约签订、独立监测、报告和透明度（见图 3）。而且，赤道原则提出，其适用于全球所有行业，并针对项目融资、项目融资咨询、与项目有关的贷款、过渡性贷款、再贷款和收购。

图 3　10 项赤道原则

资料来源：https：//equator-principles.com/about-the-equator-principles/。

赤道原则根据金融产品类型、国家发展水平和项目类型提出差异化的要求。赤道原则是一个项目环境和社会风险管理的金融行业标准，通过对社会负责任的方式来规范金融行业的投融资活动，尽可能避免对环境和生态系统造成负面影响。赤道原则是首个将社会和环境评估纳入金融体系的倡议，受到广泛认可，迄今有 38 个国家的 134 家金融机构正式采用了赤道原则②。

---

① Equator Principles. About the Equator Principles［EB/OL］. https：//equator-principles.com/about-the-equator-principles/.

② Equator Principles. Equator Principles Financial Institutions［EB/OL］. https：//equator-principles.com/members-reporting/.

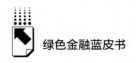
赤道原则是自愿性遵守原则，虽然有报告披露要求，但由于缺乏监督，因此面临一些挑战。联合国环境规划署（UNEP）和国际治理创新中心（CIGI）的报告指出，金融机构采纳赤道原则主要是出于声誉收益和风险管理需求，对项目融资活动和机构的影响不大①。

（2）责任投资原则

2005 年初，时任联合国秘书长科菲·安南邀请了一批机构投资者参与制定责任投资原则。2006 年 4 月，责任投资原则（Principles for Responsible Investment，PRI）在纽约证券交易所发布。责任投资原则是与联合国环境规划署金融倡议和联合国全球契约共同合作的投资者倡议。责任投资原则由全球资产拥有者、资产管理者和资产服务提供者组成，致力于"了解环境、社会和治理（ESG）因素对投资的影响以及支持签署成员单位将 ESG 因素纳入其投资和经营决策中"②。

责任投资原则提出了六项要求，即整合 ESG 因素到投资分析和决策过程中、将 ESG 议题纳入管理、跟踪 ESG 披露、在投资行业中接受并实践责任投资原则、合作促进责任投资原则的实践、在财务报告中披露责任投资原则的践行情况③。

2016 年，《负责任投资蓝图》发布，提出"将引导责任投资者追求长期价值，解决投资者经营所面临的不可持续问题，构建可持续性全球金融体系"，并提出了监督机制和问责流程，规范了签署方的责任投资行动。截至 2021 年 3 月 31 日，责任投资原则有 3826 名签署者，所管理的集体资产超过 121 万亿美元④。

---

① UNEP. The Equator Principles: Do They Make Banks More Sustainable? [R]. 2016. https://www. banktrack. org/download/the_ equator_ principles_ do_ they_ make_ banks_ more_ sustainable/160201_ the_ equator_ principles_ do_ they_ make_ banks_ more_ sustainable_ 2016the_ equator_ principles_ do_ they_ make_ banks_ more_ sustainable. pdf.

② UN PRI. About the PRI [EB/OL]. https://www. unpri. org/about-us/about-the-pri.

③ UN PRI. An Introduction to Responsible Investment [EB/OL]. https://www. unpri. org/investment-tools/an-introduction-to-responsible-investment.

④ UN PRI. Principles for Responsible Investment Annual Report 2021 [R]. 2021.

（3）联合国环境规划署金融倡议提出的负责任银行原则和可持续保险原则

联合国环境规划署金融倡议（United Nations Environment Programme Finance Initiative，UNEP FI）发起于 1992 年的里约热内卢地球峰会，是联合国环境规划署与全球金融部门之间建立的伙伴关系，旨在促进整个金融系统采取行动以实现经济的可持续发展。联合国环境规划署金融倡议针对银行业和保险业，提出了两项有关可持续金融的原则，分别为负责任银行原则（Principles for Responsible Banking，PRB）和可持续保险原则（Principles for Sustainable Insurance，PSI）。

2019 年，创始银行与联合国发起成立的负责任银行原则旨在确保签署银行的战略和实践符合可持续发展目标以及《巴黎协定》愿景。负责任银行原则包括 6 项，签署银行需要承诺在战略、投资组合与交易层面将这 6 项原则嵌入所有业务领域（见图 4）。签署银行需要识别其金融产品和服务对社会、经济和环境的显著影响，设定可衡量的目标，采取措施并公开报告实施进展。截至 2021 年，共有 130 多家银行签署了负责任银行原则，成员银行的总资产达 84 万亿美元，约占全球银行业资产的 45%[①]。

2012 年，联合国可持续发展大会期间启动的"全球保险业应对环境、社会及治理风险与机会"合作框架提出了可持续保险原则。该原则旨在"使保险业更好地管理环境、社会和治理风险，最终使保险业受到信任，并在实现健康、安全、有弹性和可持续发展的社会方面发挥其全部作用"。可持续保险原则包括决策过程、客户和业务合作伙伴关系维护、相关利益方及定期公开披露 4 个方面的原则，并相应提出了可采取的行动[②]。全球 200 多家组织采用了可持续保险原则，其中包括占全球保费总额 25% 以上的保险公司，管理着 14 万亿美元的资产[③]。

[①] UNEP FI. Signatories - PRB［EB/OL］. https：//www. unepfi. org/banking/bankingprinciples/prbsignatories/#_ ftn1.

[②] The UNEP FI Principles for Sustainable Insurance. The Principles［EB/OL］. https：//www. unepfi. org/psi/the-principles/.

[③] About the UNEP FI Principles for Sustainable Insurance Initiative. The Principles［EB/OL］. https：//www. unepfi. org/psi/vision-purpose/.

原则1： 一致性	原则2： 影响与目标设定	原则3： 客户与顾客
我们将根据可持续发展目标、《巴黎协定》及相关国家和区域框架中的表述，调整我们的商业战略，以符合并促进个人需求和社会目标	我们将不断增加我们的积极影响，同时减少我们的活动、产品和服务对人和环境的负面影响，并管理其风险。为此，我们将制定并公布能够产生最大影响的目标	我们将与我们的客户和顾客负责任地合作，鼓励可持续的做法，并使经济活动能够为今世后代创造共同繁荣
原则4： 利益相关者	原则5： 治理与文化	原则6： 透明度和问责制
我们将积极负责地与利益相关者协商、接触、合作，以实现社会目标	我们将通过有效的治理和负责任的银行文化来履行我们对这些原则的承诺	我们将定期审查我们个人和集体执行这些原则的情况，并对我们的积极和消极影响以及我们对社会目标的贡献保持透明和负责

图 4　负责任银行原则

资料来源：https：//www.unepfi.org/banking/more-about-the-principles/。

（4）可持续证券交易所倡议

2009 年，可持续证券交易所倡议（Sustainable Stock Exchange Initiative，SSE Initiative）由联合国秘书长潘基文在纽约市发起。可持续证券交易所倡议旨在提供一个全球平台，以探索交易所如何与投资者、发行机构、监管机构、政策制定者及相关国际组织合作，来改善 ESG 表现并鼓励发展可持续投资。可持续证券交易所倡议的内容包括：进行基于证据的政策分析；举办论坛，促进多方利益相关者达成共识；提供技术援助和咨询服务。除此之外，可持续证券交易所倡议还通过搭建数据库，来跟踪证券交易所的可持续活动。目前，该倡议包括全球 116 家证券交易所，共 61091 家上市企业①。根据其 2021 年报告，全球证券交易所的可持续活动持续增加（见图 5）。

（5）气候相关财务信息披露倡议

2015 年 12 月，金融稳定委员会（FSB）创建了气候相关财务信息披露工作组（Task Force on Climate-related Financial Disclosure，TCFD），旨在就公司如何自愿且一致地披露气候相关财务信息提出建议，以支持投资者、贷方和

① SSE Initiative. About the SSE Initiative [EB/OL]. https：//sseinitiative.org/about/.

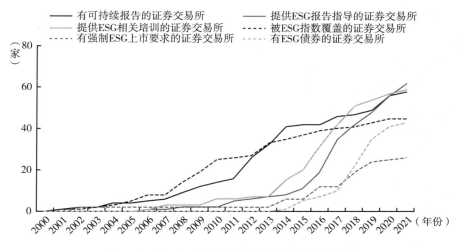

图5 2000～2021年全球证券交易所可持续活动

资料来源：SSE Results and Impact Report 2021。

保险承保人对气候变化相关的风险进行适当评估和定价。2017年，气候相关财务信息披露工作组发布了《气候相关财务信息披露工作组建议报告》，确立了治理、战略、风险管理、指标和目标四大信息披露核心因素[①]。从2018年开始，气候相关财务信息披露工作组每年连续更新《现状报告》以跟踪承诺单位践行气候变化相关信息披露的情况。根据2021年《现状报告》，全球共有2600多家机构和单位加入气候相关财务信息披露工作组[②]。而除了市场机构的不断参与，TCFD的气候相关报告要求也被编入公共部门的政策和法规中，如巴西、欧盟、中国香港、日本、新西兰、新加坡、瑞士和英国已宣布要求其相关组织按照气候相关财务信息披露工作组的建议进行报告。

（6）自然相关财务信息披露倡议

2020年7月，自然相关财务信息披露工作组（Task Force on Nature-

① TCFD. Recommendations of the Task Force on Climate-related Financial Disclosure [EB/OL]. https：//assets. bbhub. io/company/sites/60/2020/10/TCFD-Supporting-Companies-28-June-2017-FINAL. pdf.

② TCFD. 2021 Status Report [EB/OL]. https：//assets. bbhub. io/company/sites/60/2021/07/2021-TCFD-Status_ Report. pdf.

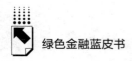

related Financial Disclosure，TNFD）宣布成立，该工作组由 34 名成员组成，其代表了规模达 19.4 万亿美元的金融机构、非金融机构和其他企业。自然相关财务信息披露工作组旨在提供信息，使金融机构等能够将与自然相关的风险和机遇纳入其战略规划、风险管理和资产配置决策，为相关组织提供风险管理和披露的框架以报告和应对不断变化的自然相关风险，支持全球金融资源从对自然不利的领域转向对自然有利的领域。自然相关财务信息披露工作组提出与自然保护相关的 7 项原则：市场可用性、基于科学、与自然相关的风险、目的驱动、综合与适应性、气候与自然的关系以及全球包容性①。

（二）区域性绿色金融合作网络

除了全球性的绿色金融合作平台和倡议之外，区域性的绿色金融合作网络也不断涌现。其中，比较有代表性的包括绿色"一带一路"合作倡议和平台、东盟催化绿色融资机制、拉丁美洲和加勒比地区绿色金融平台、非洲绿色金融联盟等。这些区域性绿色金融合作网络在推动经济、政治和地缘关联度高的国家和地区开展合作方面有突出优势，能更好地推动符合区域发展目标的绿色金融创新，促进区域协同发展。

1. 绿色"一带一路"合作倡议和平台

2017 年 5 月，中国环保部、外交部、国家发改委、商务部联合发布了《关于推进绿色"一带一路"建设的指导意见》，以提高"一带一路"沿线国家的环保能力和区域可持续发展水平，助力沿线各国实现 2030 年可持续发展目标。2022 年 3 月，国家发改委等四部门联合发布的《关于推进共建"一带一路"绿色发展的意见》提出，到 2030 年共建"一带一路"绿色发展格局基本形成，明确了"一带一路"绿色发展的重点领域、境外项目、支撑保障体系和政策措施。在政策的不断推动下，"一带一路"绿色投资原则被提出，"一带一路"绿色发展国际联盟成立，"一带

---

① About TNFD［EB/OL］. https：//tnfd. global/about/#principles.

一路"银行间常态化合作机制设立，促进了共建"一带一路"国家和地区实现可持续发展。

2018年11月，在伦敦举行的中英绿色金融工作组第三次会议上，中国金融学会绿色金融专业委员会和"伦敦金融城绿色金融倡议"共同提出"一带一路"绿色投资原则（Green Investment Principle，GIP）。该原则聚焦战略、运营和创新三个层面，内容包括公司治理、战略制定、风险管理、对外沟通、绿色金融工具、绿色供应链，要求签署方将这些原则纳入企业战略和决策过程，并定期向GIP秘书处报告①。2019~2020年，"环境和气候风险评估""环境和气候信息披露""绿色金融产品创新"三个工作组先后成立，工作组建立了"一带一路"绿色项目库并撰写年度进展报告。到2021年8月，GIP成员扩大到来自全球14个国家和地区的40个签署方②。

2017年5月，中国国家主席习近平在"一带一路"国际合作高峰论坛开幕式演讲中提出建立"一带一路"绿色发展国际联盟。2019年4月，中华人民共和国生态环境部与中外合作伙伴共同发起成立了"一带一路"绿色发展国际联盟（BRI International Green Development Coalition，BRIGC），定位于开放、包容、自愿的国际合作网络，旨在将绿色发展理念融入"一带一路"建设，进一步凝聚国际共识，促进共建"一带一路"国家和地区落实联合国2030年可持续发展议程。2020年12月，该合作联盟成立了"一带一路"绿色发展国际研究院，旨在建立国际化团队，打造"一带一路"绿色发展领域的高端国际智库，聚焦绿色发展指引、绿色发展案例、碳定价机制、生物多样性，为"一带一路"绿色发展国际联盟提供全方位支撑，推动"一带一路"绿色发展，实现开放包容的国际合作③。

①　GIP. About GIP［EB/OL］. https：//gipbr. net/SIC. aspx？id＝170&m＝2.

②　GIP. Green Investment Principles Members［EB/OL］. https：//gipbr. net/Membership. aspx？type＝12&m＝3.

③　"一带一路"绿色发展国际联盟. 联盟介绍［EB/OL］. http：//www. brigc. net/gywm/lmjs/202007/t20200726_ 102077. html.

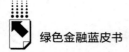

2017 年，中国工商银行倡导成立了"一带一路"银行间常态化合作机制（Belt and Road Bankers Roundtable，BRBR），并于 2019 年与欧洲复兴开发银行、法国东方汇理银行和日本瑞穗银行等机制成员共同发布了"一带一路"绿色金融（投资）指数。该指数以 79 个国家为研究对象，从全球 100 多个指标中选出 17 个关键指标，最终形成具有高灵敏度和高区分度的指数。该指数通过衡量各国绿色经济表现（环境效率、环境治理等）和绿色发展能力（融资能力、政策及技术支持能力），帮助各国政策制定者和各类投资人量化分析"一带一路"投资过程中的绿色投资机会与环境挑战，引导资金流向绿色领域①。

随着中国政策的不断推进，"一带一路"绿色投资原则的影响日益扩大，"一带一路"绿色发展国际联盟和"一带一路"银行间常态化合作机制提供的合作平台体现了中国发展绿色"一带一路"的雄心和国际社会对绿色发展的共识。

2. 东盟催化绿色融资机制

2018 年，东盟催化绿色融资机制（ASEAN Catalytic Green Finance Facility，ACGF）由东盟基础设施基金（ASEAN Infrastructure Fund，AIF）设立，于 2019 年 4 月正式启动。东盟催化绿色融资机制是一个致力于促进东南亚地区绿色基础设施投资的区域合作机制，以支持东盟成员国政府建设符合环境可持续和气候目标的基础设施项目，引导公共和私人资金流向东南亚地区的绿色产业。

东盟催化绿色融资机制为东盟成员国政府提供技术援助，以帮助其识别和运行商业上可行的可再生能源、可持续城市交通、供水和卫生、废物管理和气候适应型农业等绿色基础设施项目，并从联合融资伙伴处获得规模超过 10 亿美元的贷款用于支付前期投资成本。这种"技术援助+贷款支持"的模式降低了绿色基础设施项目的投资风险，使其对私人资本投资者更具吸引

---

① 中国工商银行带路绿色指数课题组 ."一带一路"绿色金融（投资）指数研究［R］. 2019.

力。除了项目准备和融资支持外，东盟催化绿色融资机制还提供知识服务和培训计划，以加强环境监管并提升东盟各国政府扩大绿色基础设施投资的制度能力①。

东盟催化绿色融资机制由 10 个东盟成员国的财政部和亚洲开发银行参与，亚洲开发银行作为管理机构负责该机制的运行。截至 2020 年 2 月，亚洲开发银行、法国开发署、东盟基础设施基金、欧洲投资银行、欧盟、德国复兴信贷银行和韩国政府作为联合融资合作伙伴已承诺提供 14.2 亿美元的主权贷款和 1310 万美元的技术援助②。

基于东盟催化绿色融资机制，2018 年和 2019 年，东盟国家开发了多个具有气候变化适应力和环境可持续性的基础设施项目。但受新冠肺炎疫情影响，东盟国家政府将资源和重心转移到经济复苏、医疗保健和社会保障方面，难以对绿色基础设施项目给予充分的资金支持。而且，东盟国家政府开始对依赖化石燃料的企业进行补贴，部分国家甚至取消了环境法规以加速经济复苏③。

为了延续疫情发生前绿色基础设施项目成果，利用好经济复苏和可持续发展的协同效应，2021 年，在东盟催化绿色融资机制下创立了东盟绿色恢复平台（ASEAN Green Recovery Platform），以拓展东盟催化绿色融资机制现有的融资和知识伙伴关系，加大对东南亚气候变化适应、环境可持续基础设施项目的支持力度。绿色气候基金，英国外交、联邦和发展办公室，欧盟，意大利国家银行已承诺提供总额为 6.65 亿美元的资金支持。该平台将提供技术援助，支持绿色和可持续债券的发展，为绿色项目提供高度优惠的融资④。

---

① ADB. ASEAN Catalytic Green Finance Facility（ACGF）［EB/OL］. https：//www.adb.org/what-we-do/funds/asean-catalytic-green-finance-facility/overview.

② ADB. ACGF：Cofinancing ［EB/OL］. https：//www.adb.org/what－we－do/funds/asean-catalytic-green-finance-facility/cofinancing.

③ ADB. Q&A：Anouj Mehta on the ASEAN Green Recovery Platform ［EB/OL］. https://www.adb.org/news/features/qa-anouj-mehta-asean-green-recovery-platform.

④ ACGD & ADB. ASEAN Green Recovery Platform ［R］. 2021.

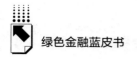

3. 拉丁美洲和加勒比地区绿色金融平台

2016 年，拉丁美洲和加勒比地区绿色金融平台（Green Finance for Latin America and the Caribbean，GFL）由美洲开发银行与拉丁美洲开发金融机构协会合作开发成立，是一个为国家开发银行、私营金融机构和金融市场参与者提供绿色金融信息和知识、促进可持续金融发展的平台。2020 年，拉丁美洲和加勒比地区绿色金融平台扩大了其项目领域，共提出涉及生态经济、蓝色经济、碳市场、气候风险、ESG、可持续能源的金融机制、绿色债券等方面的 12 项可持续发展倡议，协助发行绿色债券并提供技术支持和对话机会①。截至 2022 年 7 月，拉丁美洲和加勒比地区绿色金融平台共开展 269 个项目，绿色金融，绿色、社会和主题债券，可持续能源金融机制为主要项目领域（见图 6），在地理位置上，多数项目开展于墨西哥、哥伦比亚和巴西②。

2021 年，美洲开发银行推出了绿色债券透明度平台（Green Bond Transparency Platform，GBTP），以提高拉丁美洲和加勒比地区绿色债券市场的信息披露质量，为拉丁美洲和加勒比地区的发行人、外部审查者和投资者提供可比性和透明度工具。绿色债券透明度平台使用区块链技术跟踪绿色债券信息，使投资者能够分析债券的投资收益和环境绩效③。

4. 非洲绿色金融联盟

2021 年，非洲绿色金融联盟（Africa Green Finance Coalition，AGFC）的构想在格拉斯哥举行的联合国气候变化大会上被提出，旨在聚集非洲国家的资源，通过分享学习的方式，促进绿色资本流向非洲大陆④。

非洲绿色金融联盟的核心是一个学习交流网络，使联盟成员能够从其他成员的经验中学习并不断完善，以帮助联盟成员制定气候法案、绿

---

① About GFL［EB/OL］. https：//greenfinancelac. org/about-us/.
② GFL. Projects Map［EB/OL］. https：//greenfinancelac. org/projects-map/.
③ GFL. Projects Map［EB/OL］. https：//greenfinancelac. org/projects-map/.
④ Creation of Africa Green Finance Coalition Hailed as "Groundbreaking" Moment for Funding of Continent's Green Transition［EB/OL］. https：//www. cosse. africa/sd - africa - welcomes - the - africa-green-finance-coalition/.

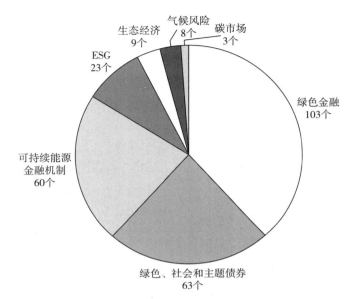

图6　拉丁美洲和加勒比地区绿色金融平台项目分布（截至 2022 年 7 月）

资料来源：https：//www.greenbondtransparency.com/support/resources/fs-gbtp-eng.pdf。

色债券指南、财政激励措施等。除此之外，非洲绿色金融联盟还构想了同行评审机制，使联盟成员对其必要的改革承诺负责，增强非洲绿色金融联盟的权威性和信誉，使其成为非洲获得公平份额气候融资的有力倡导者，确保非洲在有关绿色金融规则和报告标准的全球讨论中拥有发言权①。

　　为推动非洲绿色金融联盟的建立运行，肯尼亚财政部在 FSD 非洲公司（Financial Sector Deepening Africa）的支持下，明确了平台概念，并对 15 个非洲国家的绿色金融政策、立法和监管进行了基础研究，奠定了与其他非洲合作伙伴的讨论基础，为 2022 年 11 月在埃及举行的 COP27 上启动非洲绿色金融联盟做准备。非洲绿色金融联盟作为一个由非洲人主导、由非洲人管

---

① Africa Green Finance Coalition：Seizing the Opportunity that Green Investment Provides ［EB/OL］. https：//climatechampions.unfccc.int/africa-green-finance-coalition-seizing-the-opportunity-that-green-investment-provides/.

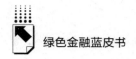

理的机构，释放了一个明显的信号，表明非洲大陆将积极应对气候变化问题
并努力抓住绿色发展机遇①。

（三）绿色金融学术研究网络

1. 全球可持续金融与投资研究联盟

2017 年，全球可持续金融与投资研究联盟（The Global Research Alliance
for Sustainable Finance and Investment，GRASFI，也译为"可持续金融国际研
究联盟"）由中央财经大学、清华大学、牛津大学、剑桥大学、耶鲁大学、
哥伦比亚大学、加州大学伯克利分校等研究型大学发起成立，目前共有 28
个成员高校。该学术联盟通过组织关于可持续金融和投资的年度国际学术会
议等方式，为从事可持续金融和投资的研究人员开展学术交流提供平台，并
培养未来可持续金融学者，最终助力实现可持续发展②。

该学术联盟的年会轮流在欧、美、亚（澳）洲的成员高校之间举办，
2018~2020 年的年会分别由马斯特里赫特大学（荷兰）、牛津大学（英国）、
哥伦比亚大学（美国）举办，目前已成为国际上主要的绿色金融主题学术
会议。2021 年 9 月 1~3 日，中央财经大学绿色金融国际研究院主办了全球
可持续金融与投资研究联盟第四届学术年会，这是首次在亚洲新兴经济体举
办的全球可持续金融与投资研究联盟学术年会③。

2. 可持续金融政策洞察、研究和交流国际网络

2019 年，可持续金融政策洞察、研究和交流国际网络（International
Network for Sustainable Financial Policy Insights，Research，and Exchange，
INSPIRE）成立，它是一个旨在对气候环境相关风险进行金融监管和促进绿

① Africa Green Finance Coalition：Seizing the Opportunity that Green Investment Provides［EB/OL］.
https：//climatechampions. unfccc. int/africa-green-finance-coalition-seizing-the-opportunity-
that-green-investment-provides/.

② Global Research Alliance for Sustainable Finance and Investment. About GRASFI［EB/OL］.
https：//sustainablefinancealliance. org/#about.

③ IIGF. 可持续金融国际研究联盟（GRASFI）第四届学术年会顺利闭幕［EB/OL］. http：//
iigf. cufe. edu. cn/info/1017/4158. htm.

色金融发展的全球性研究网络。该学术研究网络由气候工作基金会
（Climate Works Foundation）和伦敦政治经济学院格兰瑟姆气候变化与环境
研究所（Grantham Research Institute on Climate Change）共同设立，作为央
行与监管机构绿色金融网络的指定利益相关方开展了多项学术研究项目并交
流分享了研究成果。自 2019 年以来，可持续金融政策洞察、研究和交流国
际网络已经发布了 4 次研究项目的公开征集，并委托 30 多个研究项目，涵
盖了中央银行和金融监管的主要方面。目前，可持续金融政策洞察、研究和
交流国际网络分别与央行与监管机构绿色金融网络、绿色金融平台（Green
Finance Platform）合作，开展了以"生物多样性和金融稳定"及"可持续
金融政策有效性"为主题的联合研究项目[①]。

二　绿色金融双边合作机制

（一）绿色金融双边合作机构

双边绿色金融国际合作是国家间共同促进绿色金融发展的重要途径，但
目前绿色金融双边合作缺乏完善的机制与平台，主要通过各国开发性金融机
构和政府机构来进行。目前，以英国、法国、德国、日本、美国等为代表的
发达国家与以巴西、巴基斯坦、印度、中国、墨西哥、菲律宾、印度尼西亚
等为代表的发展中国家的合作是双边合作的主要形式。

国际上较为知名的绿色金融双边合作机构包括英国国际发展部
（DFID）、法国开发署（AFD）、德国复兴信贷银行（KfW）等。在当前绿色
金融领域的国际双边合作机制尚未成熟的前提下，部分国家的代表机构积极
地推动多层次、多领域的双边合作，是绿色金融国际合作中不可忽视的力
量。下文以英国、法国、德国的双边合作机构为例，阐述双边绿色金融国际
合作模式。

---

① INSPIRE. About ［EB/OL］. https：//www. inspiregreenfinance. org/about/.

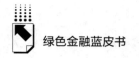
（二）双边绿色金融国际合作模式

1. 繁荣基金、绿色金融倡议和英国加速气候转型合作伙伴关系

依托繁荣基金（Prosperity Fund）、绿色金融倡议（Green Finance Initiative）、英国加速气候转型合作伙伴关系（UK Partnering for Accelerated Climate Transitions，UK PACT），英国积极地与中国、印度、巴西、哥伦比亚和墨西哥等发展中国家开展绿色金融领域的双边合作。繁荣基金成立于 2015 年，旨在促进伙伴国家的系统性变革。该繁荣基金已于 2021 年 3 月底关闭，英国外交、联邦和发展办公室接替其工作并改名为繁荣计划（Prosperity Programming)①。绿色金融倡议于 2016 年由伦敦金融城公司（City of London Corporation）发起，旨在支持可持续基础设施项目建设②。英国加速气候转型合作伙伴关系由英国外交、联邦和发展办公室与商业、能源和工业战略部共同管理和资助，致力于加速伙伴国家向低碳发展转型。该合作计划已承诺提供 5700 万英镑的资助③。

在中英合作方面，在第九次和第十次中英经济财金对话上，中国和英国相互承认对方是在绿色金融融资、产品创新和思想领导力方面的主要合作伙伴。在第十次中英经济财金对话上，由伦敦金融城绿色金融倡议和中国金融学会绿色金融专业委员会发起的中英绿色金融中心得到两国政府的正式认可。2016 年，中英绿色金融工作组成立，旨在加强 ESG 投资、绿色资产证券化和绿色标准等方面的合作。该工作组制定了一系列绿色投资原则并确保其稳妥地实施，以促进可持续基础设施投资。除此之外，中英绿色金融工作组还协商建立伦敦-北京绿色技术投资门户，在绿色和清洁技术方面开展合作。UK PACT 加强了中国和英国在气候风险披露、绿色"一带一路"投资

---

① UK Government. Prosperity Programming: Former Prosperity Fund Programmes ［EB/OL］. https：//www. gov. uk/government/collections/cross-government-prosperity-fund-programmes.

② City of London. City Launches Initiative to Make London the World Leader in Green Finance ［EB/OL］. https：//news. cityoflondon. gov. uk/city-launches-initiative-to-make-london-the—world-leader-in-green-finance/.

③ About UK PACT ［EB/OL］. https：//www. ukpact. co. uk/about.

等方面的合作。

在英印合作方面，繁荣基金计划与印度政府和监管机构合作，帮助印度发展绿色金融市场，具体措施包括加强金融市场监管、促进绿色金融工具和分类的创新以及动员绿色金融投融资活动。其中，1.2 亿英镑的繁荣资金将被用于支持绿色增长股权基金，以吸引私营部门投资绿色基础设施项目。除此之外，英国还将支持印度绿色债券的发行，例如，伦敦证券交易所发行了第一批价值 3 亿美元的绿色"马萨拉"债券①。

在英巴合作方面，通过伦敦金融城绿色金融倡议，英国已与巴西可持续市场发展委员会建立伙伴关系。英国与巴西通过经济和金融对话就绿色金融开展合作，其中巴西的繁荣基金计划通过调动私人资金并支持政府资源的有效分配来将私人投资用于可持续基础设施。

2. 法国开发署

法国开发署积极发挥了绿色金融国际合作机构的资金援助和能力培养作用。2017 年 11 月，法国开发署公布了气候与发展战略，承诺其投资项目将百分百地与《巴黎协定》目标相兼容。目前，法国开发署将 50% 以上的资金投入与气候相关的官方发展援助项目中。2017~2019 年，法国开发署的气候项目投资额近 150 亿欧元。2019 年，法国开发署对气候项目的投资达到 61 亿欧元，占其当年资金投入的 55%，且呈逐年增长态势，非洲国家是主要受资助方。2017~2019 年，法国开发署在非洲的气候融资总额达到 54 亿欧元，集中于气候适应项目。除了积极投资项目以应对气候变化外，法国开发署还公布了《2020 非洲可再生能源倡议》（Africa Renewable Energy Initiative for 2020），计划通过法国环境与能源控制署（ADEME），利用技术与资金，投资非洲的可再生能源开发利用项目。

3. 德国复兴信贷银行和德国国际合作组织

德国复兴信贷银行和德国国际合作组织（GIZ）积极地与南非、中国、

---

① IFC News. IFC Issues First Green Masala Bond ［EB/OL］. https：//www. ifc. org/wps/wcm/connect/news_ ext_ content/ifc_ external_ corporate_ site/news＋and＋events/news/ifc＋issues＋first＋green＋masala＋bond＋on＋london＋stock＋exchange.

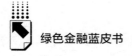

巴西等国家开展绿色金融双边合作。

德国复兴信贷银行作为德国政策性银行正积极发展成变革性开发银行，以实现可持续发展和碳中和目标①。2020 年，德国复兴信贷银行承诺在环境和气候领域投资 44 亿欧元，其支持的新项目将在伙伴国家每年减少近 840 万吨二氧化碳。2020 年，德国复兴信贷银行下的德国投资公司（DEG）在非洲和亚洲地区投入 5.08 亿欧元开展气候和环境保护项目，如为肯尼亚、约旦和柬埔寨的太阳能园区提供资金②。除此之外，德国复兴信贷银行还为拉丁美洲绿色债券基金提供了初始资金，以促进当地的绿色金融产品开发和投资③。

德国国际合作组织主要接受德国经济合作与发展部等德国政府部门的委托，是一家致力于推动国际合作的服务型企业。2014~2021 年，受德国经济合作与发展部委托，德国国际合作机构开展"新兴市场可持续对话"全球项目，致力于与新兴经济体国家开展可持续领域的国际合作。在德国-巴西合作方面，自 2018 年起，德国国际合作组织作为德方的执行机构，与巴西经济部开展了绿色和可持续金融项目，在绿色金融市场规则和债券领域开展密切的技术合作，为绿色金融市场的发展奠定了良好的基础④。在中国-德国合作方面，自 2015 年起，德国国际合作组织与中国在绿色金融和可持续金融领域开展能力建设和知识传播方面的合作。在能力建设方面，德国国际合作组织与自然资本金融联盟（NCFA）联手中国工商银行开展了干旱压力测试的试点工作，利用风险建模帮助银行量化和评估干旱事件对贷款组合的影响，促进将环境因素纳入信贷决策⑤。在知识传播方面，2020 年，德国国

① The Federal Government. German Sustainable Finance Strategy［R］. 2021.
② KfW. Commitments for Developing Countries and Emerging Economies Hit Record High Once Again in 2020［EB/OL］. https：//www. kfw. de/About－KfW/Newsroom/Latest－News/Pressemitteilungen－Details＿ 648896. html.
③ KfW. Launch of Green Bonds in Latin America［EB/OL］. https：//www. kfw － entwic klungsbank. de/About－us/News/News－Details＿ 680576. html.
④ GIZ. Green and Sustainable Finance Project［R］. 2020.
⑤ 中国工商银行. 水风险视角下商业银行信用风险管理研究——以干旱风险对商业银行信用风险的压力测试研究为例［R］. 2018.

际合作组织与中央财经大学绿色金融国际研究院合作开展可持续金融校园课程试点，为可持续金融专业人才的培养积蓄力量①。

三 绿色金融多边合作机制

（一）绿色金融多边合作机构

国际多边组织、多边气候基金和多边开发银行通过增加气候投融资和开展技术援助等形式来支持绿色金融领域的国际合作。不同组织在绿色金融领域的共同工作凝聚了国际社会对气候变化的认识，在一定程度上加强了发达国家对发展中国家的气候资金支持，以缩小差距和减少不平等现象。本部分聚焦在绿色金融领域比较活跃的多边组织及其相关工作成果。

1. 国际多边组织

（1）联合国

联合国是支持应对气候问题和推动可持续发展的关键机构，在促进绿色金融发展工作上扮演着不可或缺的角色。联合国通过发起和支持一系列议程和倡议，推动国际社会认识到应对气候危机的紧迫性和实现可持续发展的必要性。2015 年，联合国发布《2030 年可持续发展议程》，提出了 17 项可持续发展目标，为全球绿色金融活动提供了锚定目标，包括应对气候变化、保护海洋和森林等。联合国组织中多个主体参与了可持续目标的实现，其中在绿色金融合作方面，《联合国气候变化框架公约》秘书处、联合国环境规划署、联合国开发计划署、联合国经济和社会事务部为其代表性机构（见表 3）。

---

① IIGF. GIZ & IIGF 可持续金融系列校园课程第一讲在中央财经大学举行 ［EB/OL］. http：// iigf. cufe. edu. cn/info/1017/3643. htm.

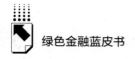
表3　支持可持续金融合作的联合国机构

实体名称	支持可持续发展目标的行动
《联合国气候变化框架公约》秘书处	管理根据《巴黎协定》建立的国家自主贡献登记册等
联合国环境规划署	致力于支持世界向低碳、可持续的未来过渡
联合国开发计划署	在近170个国家和地区开展工作，帮助实现可持续发展目标
联合国经济和社会事务部	其下属部门与世界各地的利益相关者接洽，评估并监测可持续发展目标

资料来源：https://www.un.org/zh/our-work/support-sustainable-development-and-climate-action。

①《联合国气候变化框架公约》秘书处。1992年，《联合国气候变化框架公约》秘书处成立，其是一个支持全球应对气候变化的联合国实体组织，旨在支持《联合国气候变化框架公约》得到遵守，并促进《京都议定书》和《巴黎协定》的实施。具体行动包括：协助分析和审查缔约方报告的气候变化信息以及《京都议定书》的执行情况；管理根据《巴黎协定》建立的国家自主贡献登记册；每年组织和支持2~4次谈判会议。其中最重要的谈判会议是每年举行的缔约方大会（Conference of the Parties，COP），2021年COP参会人员达25000人，是联合国规模最大的年度会议。在绿色金融国际合作方面，《联合国气候变化框架公约》秘书处组织设立了金融常务委员会，开展长期融资项目，创建和运行金融机制，搭建气候金融数据门户网站，以此推动绿色金融国际合作。

②联合国环境规划署。1972年，联合国环境规划署成立，旨在监测环境状况、辅助政策制定以应对世界环境挑战。1990年，联合国环境规划署开展与金融行业的合作。1992年5月，在联合国可持续发展大会前夕，包括德意志银行、国民威斯敏斯特银行、加拿大皇家银行和西太平洋银行在内的多家银行制定了联合国环境规划署银行业倡议。1995年，联合国环境规划署与多家保险和再保险公司以及养老基金合作，做出联合国环境规划署保险业环境承诺。2003年，将银行业和保险业的两项倡议合并形成联合国环

境规划署金融倡议。2012 年和 2019 年，联合国环境规划署金融倡议分别针对保险公司、银行提出可持续保险原则和负责任银行原则①。联合国环境规划署针对不同类型的金融行业发起相关倡议，推动了全球银行业、保险业和投资管理行业的可持续转型。

③联合国开发计划署。1966 年，联合国开发计划署在联合国大会上成立。作为联合国致力于国际发展的机构，联合国开发计划署聚焦可持续发展、民主与和平建设、气候和抗灾能力方面，帮助 170 个国家和地区制定政策，培养领导技能、合作能力和机构能力以实现可持续发展目标②。2019 年 4 月，联合国开发计划署建立了可持续金融枢纽（Sustainable Finance Hub，SFH），通过汇集联合国开发计划署在可持续发展融资上的经验和专业知识，提供了一整套方法和工具，使政府、私营部门和国际金融机构能够加速可持续性融资活动③。2030 年，联合国开发计划署开展了可持续发展目标预算项目，旨在帮助相关国家政府将可持续发展目标纳入国家预算。

④联合国经济和社会事务部。1948 年，联合国经济和社会事务部成立。联合国经济和社会事务部以可持续发展目标为基础，提供广泛的产品分析服务、政策建议和技术援助，将经济、社会和环境领域的全球承诺转化为国家政策和行动，监测所承诺目标的实现④。在绿色金融合作方面，联合国经济和社会事务部为解决可持续发展资金不足的问题建立了可持续发展筹资办公室，推进可持续发展筹资活动，帮助会员国填补可持续发展的资金缺口。

（2）经济合作与发展组织

经济合作与发展组织是一个政府间国际经济组织，致力于建立国际标准，为一系列社会、经济和环境挑战寻找解决方案，具体行动包括改善经济

---

① UNEP FI. History ［EB/OL］. https：//www. unepfi. org/about/background/.
② UNDP. About Us ［EB/OL］. https：//www. undp. org/about-us.
③ UNDP. UNDP Sustainable Finance Hub ［EB/OL］. https：//sdgfinance. undp. org/about.
④ UN DESA. About Us ［EB/OL］. https：//www. un. org/en/desa/about-us.

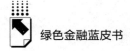

表现、创造就业机会、促进教育、打击国际逃税等①。经济合作与发展组织通过创立绿色金融和投资中心、搭建中小企业可持续发展融资平台以及开展ESG投资研究来促进绿色金融国际合作。

2016年，经济合作与发展组织建立了绿色金融与投资中心，通过制定有效的绿色金融和投资政策，帮助相关主体向绿色、低排放和气候变化适应型经济转型，使私营部门、政府、监管机构、学术界和民间能够进行知识分享和交流活动。在2021年COP26期间，经济合作与发展组织建立了中小企业可持续融资平台，为中小企业有关可持续融资的知识共享、数据分析以及政策对话提供了一个交流平台，加速中小企业和金融机构实现绿色转型。除此之外，经济合作与发展组织还对与ESG投资相关的评级、发展阶段、气候转型等开展研究工作。

2. 多边气候基金

多边气候基金支持世界各国采用低碳转型和气候适应型发展模式。多边气候基金能够试验应对气候变化的相关技术方法，提供资金支持以使这些技术方法落地，并引导绿色资金流向发展中国家和新兴经济体。因此，多边气候基金的运行也部分体现了发达国家在《联合国气候变化框架公约》下履行支持发展中国家减缓和适应气候变化的承诺。目前，共有20多个多边气候基金，分为气候变化减缓、气候变化适应、减少毁林和森林退化所致排放以及多目标共4种类型（见表4），总承诺金额达431.84亿美元，总批准金额达283.80亿美元②。

表4　多边气候基金

类型	名称
气候变化减缓	清洁技术基金
	市场准备伙伴关系
	扩大可再生能源计划
	全球能源效率和可再生能源基金

---

① OECD. About ［EB/OL］. https：//www.oecd.org/about/.

② Climate Funds Update. Data Dashboard ［EB/OL］. https：//climatefundsupdate.org/data - dashboard/.

续表

类型	名称
气候变化适应	小农农业适应计划
	适应基金
	最不发达国家基金
	千年发展目标成就基金
	气候韧性试点计划
	气候变化特别基金
减少毁林和森林退化所致排放	亚马逊基金
	面向可持续森林的生物碳基金倡议
	中非森林金融倡议
	刚果盆地森林基金
	森林碳伙伴基金
	森林投资项目
	联合国 REDD 计划
多目标	全球环境基金
	全球气候变化联盟
	绿色气候基金
	印度尼西亚气候变化信托基金

资料来源：Climate Funds Update-Data Dashboard。

从多边气候基金的资金流情况来看，根据 2022 年 1 月数据，位列前三的出资国分别为英国、德国和日本，分别向多边气候基金提供了 62.45 亿美元、44.99 亿美元和 40.80 亿美元的资金支持，占比分别为 18%、13%、12%，印度、巴西、印度尼西亚是受多边气候基金资助的前三名国家，占比分别为 6.18%、4.93% 和 3.56%[①]。多边气候基金出资国家和地区以及主要受资助国家和地区分别如图 7 和图 8 所示。

在多边气候基金中，按照承诺金额和批准金额，位列前三的分别为绿色气候基金、清洁技术基金和全球环境基金（见图 9）。

绿色气候基金于 2010 年根据《坎昆协议》成立，作为全球气候架构内

---

① Climate Funds Update. Data Dashboard ［EB/OL］. https：//climatefundsupdate.org/data - dashboard/.

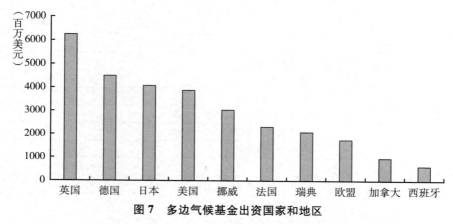

图7 多边气候基金出资国家和地区

资料来源：中央财经大学绿色金融国际研究院根据 Climate Funds Update 数据整理。

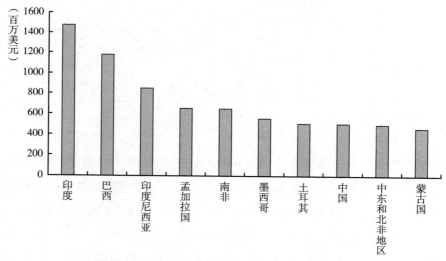

图8 多边气候基金主要受资助国家和地区

资料来源：中央财经大学绿色金融国际研究院根据 Climate Funds Update 数据整理。

发展中国家的专用融资工具，服务于《联合国气候变化框架公约》和《巴黎协定》的多边资金机制。绿色气候基金是世界上最大的气候基金，专注于帮助发展中国家实现低排放和气候适应型发展。绿色气候基金是《联合国气候变化框架公约》金融机制的运营实体并服务于《巴黎协定》，也是由

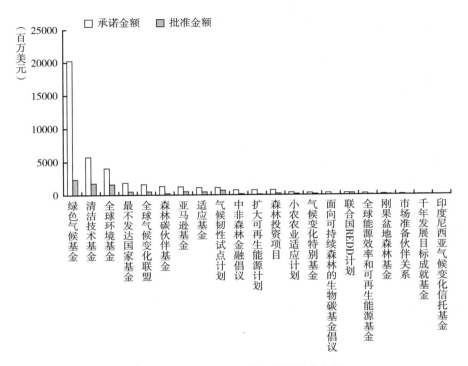

图9 多边气候基金承诺金额和批准金额

资料来源：中央财经大学绿色金融国际研究院根据 Climate Funds Update 数据整理。

韩国主办的合法独立机构。自 2012 年 8 月举行第一次会议以来，24 名绿色气候基金董事会成员拥有发达国家和发展中国家的平等代表权[①]。

清洁技术基金是气候投资基金框架下的多方捐助信托基金之一，旨在推动低碳技术的发展，促进新兴经济体的减排，提升能源利用效率，促进可再生能源的利用[②]。

全球环境基金成立于 1992 年联合国可持续发展大会前夕，旨在协助保

---

① Climate Funds Update. Green Climate Fund ［EB/OL］. https：//climatefundsupdate.org/the-funds/green-climate-fund/.

② Climate Funds Update. Global Environment Facility ［EB/OL］. https：//climatefundsupdate.org/the-funds/global-environment-facility-gef/.

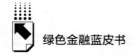

护全球环境并促进可持续发展。该基金支持多项多边环境协定的实施，同时服务于《联合国气候变化框架公约》和《巴黎协定》的多边资金机制，是历史最为悠久的公共气候变化基金。全球环境基金还管理《联合国气候变化公约框架》下设立的多个基金，包括最不发达国家基金和气候变化特别基金[①]。

3. 多边开发银行

以世界银行为代表的全球性多边开发银行与以欧洲投资银行、亚洲开发银行、加勒比开发银行和非洲开发银行为代表的区域性多边开发银行（见表5），通过中长期愿景、绿色项目直接投资、投融资机制创新、标准和原则制定等方面，从资金到技术推动全球和区域绿色金融合作，为绿色金融的发展夯实基础。

多边开发银行凭借其长期稳定的资金来源、优惠便利措施、专业知识和技术援助、公私资本运作方面的优势，推动了从国际到区域不同层面的绿色金融合作，在减缓和适应气候变化、促进全球可持续发展上发挥着至关重要的作用。

（二）多边绿色金融国际合作模式

如前所述，各国际多边合作组织在推动绿色金融国际合作中扮演着重要的角色，它们通过多样的合作模式和机制为全球绿色金融发展创造了更有利的条件。例如，联合国组织在发起倡议、设立融资机制、搭建平台和推动绿色金融对话方面起到突出作用；经合组织在推动相关领域的研究和对话、促进绿色金融知识分享和能力建设方面表现优异；多边气候基金发挥其气候资金融通机制的作用并支持绿色技术落地。本部分将分机构重点介绍上述多边合作组织推动绿色金融合作的模式。

---

① Climate Funds Update. Glean Technology Fund [EB/OL]. https：//climatefundsupdate. org/the-funds/clean-technology-fund/.

表5　气候领域多边开发银行

类型	机构	相关项目
全球性	世界银行	清洁技术项目 可持续能源项目 碳金融项目 气候变化应对项目
区域性	欧洲投资银行	气候行动项目
	亚洲开发银行	减缓气候变化项目 适应气候变化项目 清洁能源计划 人人享有能源倡议 水融资计划 贫困与环境计划
	加勒比开发银行	灾害风险管理和气候变化应对项目
	非洲开发银行	气候变化应对项目

资料来源：Multilateral and Bilateral Funding Sources。

1. 国际多边组织合作模式

(1) 联合国

①《联合国气候变化框架公约》秘书处。根据《联合国气候变化框架公约》和《京都议定书》，发达国家缔约方应提供资金支持以协助发展中国家缔约方达成对气候变化的贡献，向那些资金不足和易受气候影响的国家提供财政援助。为此，《联合国气候变化框架公约》秘书处建立了一个向发展中国家缔约方提供资金的金融机制。《联合国气候变化框架公约》秘书处作为协调机构，协助缔约方大会建立了金融常务委员会，运作长期融资项目，支持缔约方大会组织讨论气候金融相关议题，辅助创设和运作气候基金，搭建气候金融门户网站以提供气候金融相关信息，推动气候金融目标的实现和绿色金融国际合作的开展。

在2010年COP16期间，缔约方决定成立金融常务委员会，以协助缔约方大会协调金融机制的相关工作。金融常务委员会的具体职能包括：从一致性和协调性上提高气候融资的交付质量；优化《联合国气候变化框架公约》的金融机制；为气候项目筹集资金；衡量、报告和核实向发展中国家缔约方提供的资金支持。该金融常务委员会还准备了两年一次的气候资金流动情况评估，确定发展中国家的融资需求，以及组织论坛等①。在2015年的COP21期间，缔约方决定金融常务委员会也应为《巴黎协定》服务。

在2011年COP17期间，《联合国气候变化框架公约》秘书处启动了长期融资项目，该项目在COP19期间结束。该项目的成果是规划了2014~2020年的长期气候融资活动，包括发达国家缔约方每两年提交一次其在2014~2020年扩大气候融资的战略方法②。2021年9月，经济合作与发展组织发布的报告显示，"2019年发达国家为发展中国家提供和调动的气候资金总额为796亿美元，比2018年的783亿美元增长2%"，并未完成其每年向发展中国家提供1000亿美元的融资目标③。

自1994年《联合国气候变化框架公约》生效以来，全球环境基金一直作为该公约下金融机制的运营实体，接收气候融资资金、决定资金投向和管理气候项目。除此之外，缔约方还设立了4个特别基金：气候变化特别基金、最不发达国家基金、绿色气候基金和适应基金。其中，在2010年COP16期间成立的绿色气候基金也被指定为金融机制的运营实体④。

《联合国气候变化框架公约》秘书处还创设和运行了气候金融门户网站，协助缔约方跟踪《联合国气候变化框架公约》的金融机制，反映气候投融资进展和气候项目的开展情况⑤。

②联合国环境规划署。联合国环境规划署发起的联合国环境规划署金融倡议作为金融业的联合国网络，引导金融系统采取行动使经济发展与环境可

---

① UNFCCC. Standing Committee on Finance [EB/OL]. https://cop23. unfccc. int/SCF.
② 长期融资项目建立的背景是2010年的《坎昆协议》要求发达国家缔约方承诺在有意义的缓解行动和实施透明度的背景下，实现到2020年每年共同筹集1000亿美元来满足发展中国家的需求。
③ OECD. Statement from OECD Secretary-General Mathias Cormann on Climate Finance in 2019 [EB/OL]. https://www. oecd. org/newsroom/statement-from-oecd-secretary-general-mathias-cormann-on-climate-finance-in-2019. htm.
④ UNFCCC. Introduction to Climate Finance [EB/OL]. https://unfccc. int/topics/climate-finance/the-big-picture/introduction-to-climate-finance.
⑤ UNFCCC. UNFCCC Climate Finance Data Portal [EB/OL]. https://unfccc. int/climatefinance? home.

持续发展相协同，推动了全球金融机构在绿色金融领域的国际合作。联合国环境规划署金融倡议提出负责任银行原则和可持续保险原则，通过制定原则并进行监督的模式，在金融机构自愿的基础上应用可持续框架，帮助金融机构制定实用指南和行业规范，辅助其金融业务向可持续转型，从行业角度开展绿色金融国际合作。除此之外，联合国环境规划署先后推出了"净零资产所有者联盟"、"净零银行联盟"和"净零保险联盟"，帮助金融机构成员使其投资组合的影响与科学的温室气体排放路径保持一致，致力于实现净零目标①。

③联合国开发计划署。除了建立可持续金融枢纽引导公共资金和私人资本流向可持续发展领域，联合国开发计划署还建立了综合国家融资框架（Integrated National Financing Frameworks，INFF），在国家层面为实现可持续发展协调融资活动，协助绿色金融政策制定和市场建设②。

2020 年，综合国家融资框架协助印度尼西亚制定融资战略以支持其中期发展计划和可持续发展目标，辅助印度尼西亚建立了监测框架，跟踪公共财政的投资使用情况。综合国家融资框架还为印度尼西亚探索发行了创新绿色融资工具，如全球首只主权绿色伊斯兰债券③。

联合国开发计划署协助中国开发了一套包括评估和披露标准在内的分类系统——《可持续发展投融资支持项目目录（中国）》④。2021 年 6 月，联合国开发计划署启动了生物多样性金融（中国）项目，旨在将金融资源从有损生物多样性的领域重新分配到对其有益的领域，缩小生物多样性的融资缺口。

④联合国经济和社会事务部。联合国经济和社会事务部成立了可持续发展筹资办公室，协助联合国经济及社会理事会和联合国大会监督可持续发展筹资进程。可持续发展筹资问题分别于 2002 年在墨西哥蒙特雷、2008 年在

① UNEP FI. About Us［EB/OL］. https：//www.unepfi.org/about/.
② About INFFs［EB/OL］. https：//inff.org/about.
③ INFF. Indonesia［EB/OL］. https：//inff.org/country/indonesia.
④ UNDP. 可持续发展投融资支持项目目录（中国）技术报告（2020 版）［R］. 2020.

卡塔尔多哈和2015年在埃塞俄比亚亚的斯亚贝巴举行的相关会议上得到讨论和商议，2015年《亚的斯亚贝巴议程》确立，将实现可持续发展目标的所有手段纳入一个全面的筹资框架中，使全球资金流动、政策制定与可持续发展保持一致。

《亚的斯亚贝巴议程》规划的具体行动中涉及公共资源、私营企业和金融实体、国际发展合作、国际贸易、债务可持续性、系统性问题、知识能力建设等领域。经济合作与发展组织每年发布的《可持续发展筹资报告》（Financing for Sustainable Development Report）的国际发展合作部分，跟踪了官方发展援助的资金流向和分布，总结了公共融资工具的使用，评估了当前可持续发展的筹资状况①。

（2）经济合作与发展组织

经济合作与发展组织主要通过建立绿色金融平台、搭建数据平台、开展绿色金融相关研究等模式来促进绿色金融国际合作。

在建立绿色金融平台方面，经济合作与发展组织发起成立绿色金融和投资中心，除了提供有关绿色金融和投资的政策指导与分析外，还组织具有影响力的论坛活动来促进私营部门、政府、监管机构、学术界和民间的知识交流与经验分享。2021年第八届经济合作与发展组织绿色金融与投资论坛围绕"绿色金融的落实时代：驱动环境影响"这一主题，探讨了将绿色金融纳入主流所需采用的经济政策，将资金引导至净零排放或接近零排放的投资领域和高排放行业的渐进式脱碳活动。该届论坛共吸引了来自141个国家的1800多名参与者②。除此之外，经济合作与发展组织的中小企业可持续发展融资平台通过组织每月平台成员会议、首席执行官/高级指导委员会季度会议和年度会议，定期收集合作伙伴有关中小企业可持续发展和绿色融资的最新进展，为中小企业提供信息以制定和实施绿色转

---

① OECD. Global Outlook on Financing for Sustainable Development 2019 [EB/OL]. https://www.oecd-ilibrary.org/sites/00250169-zh/index.html？itemId=/content/component/00250169-zh.

② OECD. Forum on Green Finance and Investments [EB/OL]. https://oecd-events.org/green-finance.

型战略①。

在搭建数据平台方面，经济合作与发展组织通过收集数据、建立统计衡量框架以及分析各种发展融资主题，建立了官方发展援助数据库，推进了可持续发展融资相关研究。2019年，27.2%的双边官方发展援助有气候目标，其规模达330亿美元②。而在受援助方上，大部分气候相关官方发展援助资金流向了亚洲和非洲（见图10）。

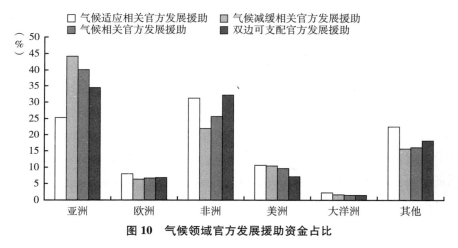

图10　气候领域官方发展援助资金占比

资料来源：Climate-related Official Development Assistance（ODA）：A Snapshot。

在开展绿色金融相关研究方面，经济合作与发展组织主要围绕 ESG 投资开展研究，主要研究课题为可持续和有韧性的金融、ESG 投资发展、ESG 投资与气候转型等。其中，《ESG 评级和气候转型：评估"E"支柱分数和指标的一致性》旨在报告 ESG 评级公司的基础数据和指标，研究其与气候

---

① OECD. OECD Platform on Financing SMEs for Sustainability［EB/OL］. https：//www. oecd. org/cfe/smes/financing-smes-sustainability. htm.

② OECD. Climate-related Official Development Assistance（ODA）：A Snapshot［R］. 2019. https：//www. oecd. org/dac/financing - sustainable - development/development - finance - data/climate - related-official-development-assistance-2019. pdf.

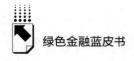

倡议框架的一致性①。

2. 多边气候基金合作模式

（1）绿色气候基金

绿色气候基金以发展中国家为目标对象，通过"广泛的合作网络+降低投资风险以大规模筹资+管理气候风险"的模式促进气候资金的有效使用，在技术落地、资金使用和能力建设方面开展绿色金融国际合作。

绿色气候基金成立了一个由 200 多个实体和交付合作伙伴组成的网络，包括商业银行、国际发展性金融机构、股权基金机构、联合国机构和民间社会组织。通过该合作网络，绿色气候基金能直接与发展中国家合作进行项目开发和实施。在金融资本运作方面，绿色气候基金通过赠款、优惠债务、担保或股权工具的形式获得资金，并利用混合融资与私人投资来促进发展中国家的气候行动。灵活的资金结构和运作能够起到降低投资风险和扩大资金规模的作用，支持了绿色项目的落地并培育了相关绿色金融市场。在气候风险管理方面，通过自建的一套投资、风险和结果管理框架并利用合作网络伙伴的风险管理能力，绿色气候基金可以接受更高的风险来支持早期的项目开发以及技术和金融创新。除此之外，绿色气候基金还成立了内部的尽职调查体系，规范了绿色气候基金的运作②。

2015 年，绿色气候基金正式开始运作。2019 年，捐助方为第一个增资期（GCF-1，2020~2023 年）认捐超过 98 亿美元。截至 2022 年，绿色气候基金已开发 200 个合作项目，承诺资助金额达 108 亿美元，预计项目开展后将减少 21 亿吨二氧化碳当量③。

（2）清洁技术基金

清洁技术基金通过"挖掘具有温室气体减排潜力的低碳技术+资金支持

---

① OECD. ESG Ratings and Climate Transition： An Assessment of the Alignment of E Pillar Scores and Metrics ［R］. 2022. https：//www. oecd-ilibrary. org/finance-and-investment/esg-ratings-and-climate-transition_ 2fa21143-en.

② About GCF ［EB/OL］. https：//www. greenclimate. fund/about#key-features.

③ GCF ［EB/OL］. https：//www. greenclimate. fund/.

技术落地"的模式促进发展中国家转型，从减排技术的角度促进绿色金融国际合作。

清洁技术基金的资金来源于世界银行、美洲开发银行、非洲开发银行、欧洲复兴开发银行和亚洲开发银行等多边开发银行。清洁技术基金同时面向公共部门和私营部门①。对于公共部门，清洁技术基金将集合多边开发银行评估感兴趣国家的投资潜力，多边开发银行在潜在受援国的领导下制定投资计划，清洁技术基金将审查投资计划并授权指定的多边开发银行继续开发和准备个别投资业务。对于私营部门，清洁技术基金接受以项目提案的形式获取资金支持②。

目前清洁技术基金资助了 19 个国家计划和一个包含 90 多个单独项目的区域计划。清洁技术基金已向智利、南非和摩洛哥等国家提供了 9 亿美元开展聚光太阳能项目。在土耳其，欧洲复兴开发银行和气候投资基金通过清洁技术基金投资了 1.25 亿美元以扩大可再生能源生产。现阶段，清洁技术基金规模达 53 亿美元，其中约占 85% 的资金被批准用于可再生能源、能源效率和清洁交通领域，并将额外获得 490 亿美元的联合融资，预计每年将减少近 6100 万吨温室气体排放③。

（3）全球环境基金

全球环境基金依托联合国组织内部运作，主要通过"接受资助申请+审批项目"的模式决定资助形式和规模，协调联合国的多个部门管理和审查项目，落实《联合国气候变化框架公约》下的金融机制，开展绿色金融国际合作。

收到捐助国提供的资金后，全球环境基金理事会将审查并批准 18 家全球环境基金机构实施和管理项目，帮助发展中国家和需实现经济转型的国家实现国际环境公约和协定的目标。其中 18 家全球环境基金机构由 8 家国际

---

① GIF. Clean Technologies [EB/OL]. https：//www.climateinvestmentfunds.org/topics/clean-technologies.

② Climate Funds Update. Clean Technology Fund [EB/OL]. https：//climatefundsupdate.org/the-funds/clean-technology-fund/.

③ GIF. Clean Technologies [EB/OL]. https：//www.climateinvestmentfunds.org/topics/clean-technologies.

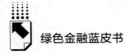

开发性银行、4家联合国组织、4家国际组织和2家基金机构组成。自成立起，全球环境基金共提供超过220亿美元的赠款及混合融资，为5200多个项目和计划筹集了额外的1200亿美元联合融资。

全球环境基金自1994年开启了每四年一期的计划增资期（见图11）。第7个计划增资期（2018~2022年）的累计认捐额为41亿美元，其中以气候变化活动为重点的资金规模约为8.02亿美元。自成立以来，全球环境基金已收到的捐款来自40个捐助国，包括英国、美国、瑞士等发达国家以及中国、巴西和土耳其等发展中国家。

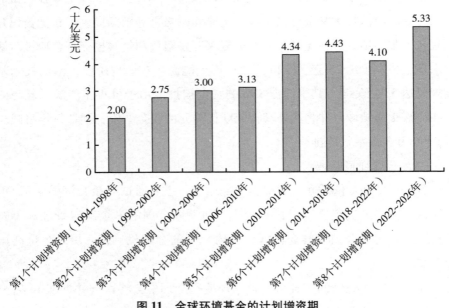

图11 全球环境基金的计划增资期

资料来源：全球环境基金官网，https：//www. thegef. org/who-we-are。

四 国际合作挑战与展望

多个全球性和区域性的绿色金融平台和倡议，以及双边、多边机构合作推动了绿色金融的发展进程。然而，面对日益紧迫的气候变化和环境议题，绿色金融的国际合作仍然面临诸多挑战，主要表现在缺乏共同的标准、发展中国家的诉求难以达成、能力建设不能满足需求、受国际政治不确定因素影响等方面。因此，应促进绿色金融标准协同，督促发达国家兑现承诺，开展学术研究和技术援助，深入推进绿色金融国际合作。

（一）绿色金融国际合作挑战

1. 缺乏共同的标准

国际统一的绿色金融标准可为国际绿色投融资活动提供一套通用的项目国际合作语言，既是界定和规范绿色金融业务的必要依据，也是帮助市场参与者识别绿色资产的重要参考。由于各经济体的发展阶段不同，在全球气候变化上，各主体的责任和角色不同，绿色金融在全球标准统一上仍存在协调困难。目前，具有一定国际认可度的绿色金融标准主要聚焦绿色债券和环境信息披露方面。

在绿色债券标准方面，主要有国际金融机构发布的绿色债券原则和国家政府机构发布的针对国内的绿色债券标准。由国际资本市场协会发布的绿色债券原则和由气候债券倡议组织发布的气候债券原则提供了自愿性质的国际通用绿色债券相关发行标准，但其支持项目范围和详细程度并不一致。就国家政府机构发行的绿色债券标准而言，欧洲绿色债券标准的关注重点在于气候变化减缓和气候变化适应，而中国的绿色债券指引和目录的关注领域在于节能、污染防治、资源节约与循环利用、清洁交通、清洁能源以及生态保护和适应气候变化等。就环境信息披露标准而言，气候相关财务信息披露工作组、金融稳定委员会、全球报告倡议组织等机构提供了原则性和框架性的可持续披露标准，不同的信息披露标准影响了商业性金融机构的环境信息披露。除此之外，绿色金融标准的详细程度、约束范围、权威性和适用性具有明显的差异。这些众多不一致的绿色金融标准增加了绿色金融国际合作的沟通成本和壁垒，也造成了绿色资本跨国流动的困难，在一定程度上阻碍了绿色金融国际合作进程。

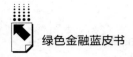

2. 发展中国家的诉求难以达成

全球绿色金融国际合作面临的一大挑战是如何满足发展中国家的气候投融资需求。发展中国家特别是小岛屿发展中国家和最不发达国家的地理位置受气候变化影响明显，而经济条件和管理水平等因素限制了其应对气候变化的能力，其减缓和适应气候变化在很大程度上依赖国际双边和多边机构提供的气候资金。尽管发达国家承诺到 2025 年每年共同向发展中国家提供和动员 1000 亿美元的公共和私人气候资金，但 2019 年发达国家为发展中国家提供和动员的气候资金总额仅为 796 亿美元（见图 12），与其承诺的目标仍存在不小的差距。对最不发达国家的气候融资在 2019 年有较大的增长，但对小岛屿发展中国家的融资则有所下降①。而且，最不发达国家和小岛屿发展中国家接受的大部分是贷款和其他非赠款工具，这进一步加剧了其债务负担②。这体现了发达国家并未完全兑现承诺支持发展中国家应对气候变化问题，同时也体现了发展中国家缺乏在国际社会共同发声的窗口，难以呼吁或督促发达国家兑现承诺。

3. 能力建设不能满足需求

当前绿色金融国际合作就政策设计、环境信息披露方法、气候风险应对、数据平台搭建等开展能力建设，但当前绿色金融能力建设仍不能满足需求。例如，绿色金融能力存在区域不平衡，现有的绿色金融能力共建项目主要由经济基础较好或具有完善资本市场的经济体主导，缺乏对发展中国家绿色金融和气候变化应对能力建设需求的关注。除此之外，随着绿色金融的不断发展，生物多样性保护和能源行业转型的需求受到关注，近年来生物多样性金融和转型金融的提出和快速发展反映了当前社会经济转型过程中遇到的问题，更需要绿色金融国际合作来满足可持续转型过程中的多样化需求。

---

① OECD. Statement from OECD Secretary-General Mathias Cormann on Climate Finance in 2019 [EB/OL]. https：//www.oecd.org/newsroom/statement-from-oecd-secretary-general-mathias-cormann-on-climate-finance-in-2019.htm.

② OXFAM. Climate Finance Shadow Report 2020 [R]. 2020.

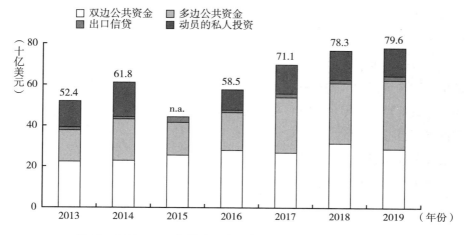

图 12　2013～2019 年发达国家向发展中国家提供的气候资金

资料来源：OECD，https：//www.oecd.org/newsroom/statement-from-oecd-secretary-general-mathias-cormann-on-climate-finance-in-2019.htm。

4. 受国际政治不确定因素影响

发展绿色金融已成为国际社会的共识，然而，受政治等外部因素影响，绿色金融国际合作受阻。例如，受美国政党之间不同执政倾向影响，美国对发展绿色金融甚至更为广泛的应对气候变化的态度存在反复，其政策导向并不一致，使其难以影响伙伴国家开展绿色金融合作。受俄乌冲突影响，国际社会意识形态的割裂加剧，增加了国家之间合作活动的正常开展。新冠肺炎疫情等国际公共卫生事件威胁着人类的健康，各国采取的防疫措施减少了国家间人员的流动，国际来往受到影响。近年来国际议题的涌现使各国将精力转向民生问题，难以保持对可持续发展的一致贯彻，政治和公共事件等外部客观环境因素减缓了绿色金融国际合作进程。

（二）绿色金融国际合作展望

1. 促进绿色金融标准协同

因为各国的经济社会发展水平不同，对气候变化所承担的责任有异，实现绿色金融国际合作仍需要各方积极努力。实践证明，在尊重国家和地区经

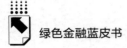
济差异和发展重点的基础上，积极推动区域绿色金融标准的协调具有可操作性。2021 年，《可持续金融共同分类目录报告——减缓气候变化》包括中欧绿色与可持续金融目录共同认可的、对减缓气候变化有显著贡献的经济活动清单。2021 年 7 月，东南亚国家联盟也推出了《东盟可持续分类方案》，推动东盟成员国发展绿色金融和有序转型。除此之外，中英气候与环境信息披露试点项目通过实践并不断梳理成功经验，推动国际标准的讨论与制定。这些实践是推动绿色金融区域标准协调统一的有益探索，也为跨区域绿色金融合作提供了示范和参考。长期来看，探索区域乃至全球层面绿色金融标准的协同，对于加强国际绿色资本流动，尤其对于发展中国家吸引国际投资具有重要意义。

2. 督促发达国家兑现承诺

目前受气候变化影响的发展中国家需要形成联盟以扩大国际社会的关注，督促发达国家履行其承诺。深受气候变化影响的小岛屿发展中国家和最不发达国家缺乏自主发声的渠道，难以监督发达国家履行责任，从而造成更为严重的环境和社会问题。因此需要认识到，气候变化问题不是靠单一国家力量便能解决的，在国际合作中不能落下任何国家主体，发展中国家需要发出更多声音，督促发达国家兑现承诺，共同实现绿色金融所支持的可持续转型与低碳发展愿景。

3. 开展学术研究和技术援助

针对当前绿色金融区域发展不平衡的状况，需要开展学术研究和技术援助。开展学术研究活动可依托学术研究网络，关注到地域性特征并对欠发达地区进行研究，切实体现绿色金融合作的公平性。在新兴话题方面，对生物多样性金融和转型金融开展研究也是促进绿色金融发展的途径之一。除此之外，加大对发展中国家的技术援助可以帮助其建立绿色金融市场，培育相关人才，将绿色金融国际合作成果应用到更广泛的场景中。

4. 深入推进绿色金融国际合作

绿色金融国际合作需要国家间形成共识来抵御政治动荡和公共事件等外部因素的影响。可以看到，绿色金融国际合作在 2020～2021 年持续不断增加。2021 年，加入绿色金融国际合作平台和主流倡议的机构不断增加，以绿色债券为代表的绿色金融市场规模持续扩大，双边、多边机制持续运作。种种迹象表明，国际政治等外部因素会阻碍绿色金融的发展进程，但国际合作将更快速和更广泛地做出反应，以提升全球绿色金融发展的韧性和稳健性，助推全球绿色金融深化发展。

B.4
多边开发性金融机构绿色金融实践

毛倩 李辰昕 刘慧心*

摘　要： 近年来，多边开发银行的气候融资承诺额逐年增加。同时，多边开发银行在绿色金融国际合作中的重要性日益凸显。2020年，八大多边开发银行承诺提供的气候融资总额达660.45亿美元。虽然当前国际气候资金缺口仍然巨大，但多边开发银行正努力朝各自设定的更高的气候融资目标迈进。相比于其他金融机构，多边开发银行的优势在于：投资项目具有长期性和稳定性；投融资具有反周期性和优惠性；拥有与贷款相配套的技术援助；具有撬动私人资本的高效性。未来，多边开发银行应基于上述特点，进一步丰富和发展绿色战略，并推动与之合作的商业金融机构和其他主体的绿色发展。具体而言，多边开发性金融可以进一步推进绿色金融标准的协调统一，加大撬动私人资本的力度，完善和推广环境社会风险管理体系，并积极推动全球经济复苏的进程。

关键词： 绿色金融　多边开发银行　国际合作　气候投融资

一　多边开发性金融机构概述

在国际合作中，多边开发性金融机构、双边开发性金融机构、国家开发

---

* 毛倩，中央财经大学绿色金融国际研究院国际合作部主任、研究员，研究方向为可持续金融、生物多样性金融、蓝色金融；李辰昕，中央财经大学绿色金融国际研究院科研助理；刘慧心，中央财经大学绿色金融国际研究院气候与能源研究中心副主任、研究员。

性金融机构、国家监管机构等都是推动多边、双边合作最活跃的相关方。其中，多边开发银行在推动绿色金融的多边合作方面扮演着不可或缺的角色。大部分多边开发银行在其责任中都强调两个方面：一是促进可持续的经济发展，二是支持区域内或成员国之间的经济合作①。这两项责任是其推动绿色金融领域的国际多边合作的根本动机。多边开发银行横跨全球金融市场，覆盖全球大部分地区，而且本身拥有高信用的特征，因此在引导私人资本投入绿色或可持续发展领域具有天然优势。

以多边开发银行为代表的开发性金融机构推动绿色金融发展的方式有很多，除了直接投资绿色项目之外，还可以通过创新投融资机制等方式来吸引私人资本投资。此外，多边开发银行也通过制定标准、原则、框架等方式推动绿色金融市场基础设施建设，为绿色金融的发展夯实基础②。具体而言，多边开发银行可以通过发行绿色债券、发放绿色贷款、提供技术援助、建立环境社会保障机制等方式为绿色金融的发展提供资金和技术支持。

鉴于大多数多边开发银行还未公布 2021 年的气候融资数据，或只公布了融资总量，而缺少融资来源、资金流向等细化数据，因此，本报告的数据分析以 2020 年的气候融资数据为主。

（一）国际开发性金融俱乐部气候融资概述

在促进绿色金融发展方面，开发性金融机构十分重视彼此之间的合作。2011 年，国际开发性金融俱乐部（IDFC）成立，它是由来自世界各地的开发银行组成的领导集团，目前拥有 27 个开发银行成员，其中大部分活跃于新兴市场。IDFC 如今是全球最大的公共发展和气候融资提供方，拥有 4 万亿美元的总资产和超过 6000 亿美元的年均融资承诺额，其中年均气候融资承诺额约为 1500 亿美元③。自《巴黎协定》签署以来，IDFC 成员的累计绿

---

① ODI. A Guide to Multilateral Development Banks［EB/OL］. https：//odi. org/en/publications/a-guide-to-multilateral-development-banks/.

② Asian Development Bank. Asian Development Outlook 2021：Financing a Green and Inclusive Recovery［EB/OL］. https：//www. adb. org/publications/series/asian-development-outlook.

③ IDFC. Green Finance Mapping［EB/OL］. https：//www. idfc. org/green-finance-mapping/.

色金融投资承诺总额已突破 1 万亿美元大关。在 COP26 期间，IDFC 各成员宣布未来将加强合作，争取到 2025 年调动气候融资总额达到 1.3 万亿美元，并在此过程中增加对气候适应和生物多样性的投资占比①。根据 IDFC 发布的《绿色金融跟踪报告（2021）》，2020 年，IDFC 的 27 个成员机构的绿色金融投资承诺总额达到 1853 亿美元，而气候融资额，即与减少温室气体排放和适应气候变化有关的所有活动的融资额占绿色融资总额的 96%②。

气候行动大致分为气候变化减缓和气候变化适应两类，气候资金可依此分为减缓资金和适应资金。气候变化减缓是指通过减少或捕获温室气体排放以降低气候产生变化的风险。减缓资金主要投向可再生能源、能源效率、清洁交通、林业等与减少温室气体排放相关的领域。气候变化适应指的是对实际或预期气候影响进行干预的过程，旨在减轻或避免气候变化所造成的损害，并寻求潜在的有利机会。2020 年，IDFC 的气候变化适应融资额保持增长态势，达到 275 亿美元，相比 2019 年上涨了 42%，气候变化减缓融资额则迎来下滑，主要是受到新冠肺炎疫情影响。2020 年 IDFC 成员的绿色融资构成见图 1，2015~2020 年 IDFC 绿色融资额占总承诺额的比重见图 2，2016~2020 年 IDFC 气候融资各分项规模见图 3。

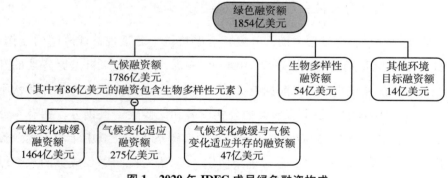

图 1　2020 年 IDFC 成员绿色融资构成

资料来源：IDFC《绿色金融跟踪报告（2021）》。

---

① IDFC. Paris Agreement [EB/OL]. https://www.idfc.org/paris-agreement/.

② IDFC. IDFC Green Finance Mapping Report 2021 [R/OL]. https://www.idfc.org/wp-content/uploads/2021/11/idfc-gfm2021-full-report-final.pdf.

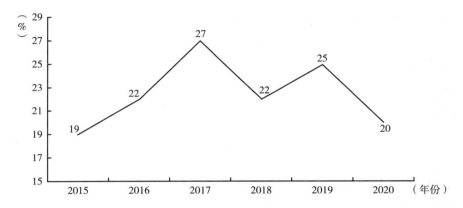

图2　2015~2020年IDFC绿色融资额占总承诺额的比重

资料来源：IDFC《绿色金融跟踪报告（2021）》。

图3　2016~2020年IDFC气候融资各分项规模

资料来源：IDFC《绿色金融跟踪报告（2021）》。

从资金来源看，2020年IDFC成员中非经合组织国家的开发银行共承诺提供1020亿美元的气候融资，比2019年的1380亿美元下降了26%，所占份额也从2019年的74%降到57%。IDFC成员中经合组织国家的开发银行则承诺投入766亿美元，比2019年的490亿美元增长了56%。从资金流向看，大部分气候融资流向了东亚和太平洋地区，占55%。其次是西欧，占31%。

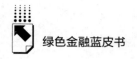

用于本国的气候融资承诺额为 1536 亿美元，约占总额的 86%，其余的 250 亿美元用于国际支出，而其中的 81% 是从经合组织国家的开发银行流向非经合组织国家。从融资工具来看，气候融资承诺总额的 94% 以贷款的形式提供，而只有 63 亿美元通过赠款提供，这还要比 2019 年的 37 亿美元高 70%。

（二）全球主要多边开发银行气候融资概述

在 IDFC 成立的同一年，全球六大多边开发银行（世界银行、欧洲投资银行、欧洲复兴开发银行、美洲开发银行、亚洲开发银行和非洲开发银行）开始发布年度气候金融联合报告，旨在公开主要多边开发银行的气候融资数据，并试图逐步确立统一的适用于各多边开发银行追踪其气候减缓资金与气候适应资金的方法。2019 年伊斯兰开发银行加入该报告，2020 年亚洲基础设施投资银行加入该报告。

参与联合报告的成员扩充，同时数据涵盖范围扩大。2019 年之前，该报告只涵盖其所定义的一组新兴经济体和发展中国家的气候融资数据。为了提高报告透明度并保证业务覆盖范围的一致性，自 2019 年起，报告囊括多边开发银行业务所在的所有经济体的数据，换言之，报告开始提供多边开发银行全面的气候融资承诺数据，而不局限于发展中国家和新兴经济体。

根据《多边开发银行气候金融联合报告（2020）》，八大多边开发银行 2020 年承诺提供的气候融资总额为 660.45 亿美元。从资金运用来看，若以所资助的气候行动类型划分，其中的 76% 被用作气候变化减缓资金，另外的 24% 被用作气候变化适应资金。若是以所资助经济体的富裕程度划分，面向中低收入经济体的气候融资承诺额略高，达到 380.09 亿美元，占总额的 58%，其余的 280.36 亿美元则用于高收入经济体。若以借款方的性质划分，466.87 亿美元发放给了公共实体，193.58 亿美元发放给了私人实体。从资金来源看，631.12 亿美元来自多边开发银行自己的账户，其余 29.33 亿美元则来自其引导和管理的外部资源，包括由多边、双边机构出资成立的专用气候融资基金，如气候投资基金（CIF）、绿色气候基金（GCF）和全球环境基金（GEF）下的气候相关基金、欧盟混合基金等。另外，还有其他机构依托多边开发银行资源所承诺的气候共同融资，2020 年总额为 850.84 亿美元。因此，2020 年多边开发银行气候融资和气候联合融资总计 1511.29 亿美元①。

多边开发银行重要的气候融资工具之一是绿色债券。根据气候债券倡议组织（CBI）的数据，截至 2020 年，全球绿色债券发行量累计已达 1.047 万亿美元，其中开发银行（主要为多边开发银行）的发行量约为 1466 亿美元，占累计总额的 14%②。

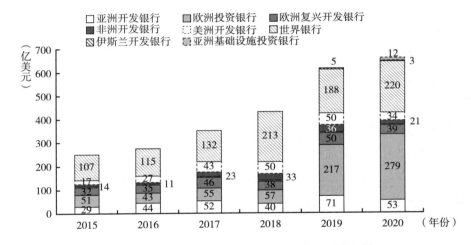

图 4　2015~2020 年主要多边开发银行气候融资规模

资料来源：《多边开发银行气候金融联合报告（2020）》。

（三）多边开发银行气候融资目标和方向

未来，各多边开发银行将致力于调动更多的气候融资，为此它们纷纷设

①　MDBs. Joint Report on Multilateral Development Banks' Climate Finance 2020 ［R/OL］. https：//www. miga. org/sites/default/files/2021－08/2020－Joint－MDB－report－on－climate－finance_Report_ final－web. pdf.

②　CBI. Interactive Data Platform ［DS/OL］. https：//www. climatebonds. net/market/data/.

定了明确且雄心勃勃的气候融资目标。世界银行宣布，在未来 5 年（2021~2025 年）的总融资额中，将有年均至少 35% 的资金用于气候融资。欧洲投资银行宣布将逐步增加用于气候和环境可持续行动的资金比例，争取到 2025 年达到 50%。亚洲开发银行承诺，到 2030 年，将业务量的 75% 用于支持气候变化减缓和适应项目，并在 2019~2030 年将来自自有资金的气候融资额增至 1000 亿美元。亚洲基础设施投资银行的目标是到 2025 年，使气候融资额在实际批准融资额中的占比达到或超过 50%。欧洲复兴开发银行的目标是到 2025 年，将绿色金融投资额在年度总投资额中的占比提高到 50% 以上。美洲开发银行的目标是在 2020~2023 年，将气候融资额在业务融资总额中的占比提升至 30% 或以上。非洲开发银行的目标是在 2020~2025 年，将气候融资额翻一番，达到 250 亿美元，并优先考虑适应性融资。伊斯兰开发银行承诺，到 2025 年，将气候融资额在融资总额中的占比提升至 35%。

另外，各多边开发银行十分重视两个"协调"：第一个"协调"是指各银行之间的行动协调、标准统一；第二个"协调"是指各银行的业务活动与《巴黎协定》的要求保持一致。

就第一个"协调"而言，2015 年，各多边开发银行和 IDFC 基于气候融资方面的经验，商定了一套气候变化减缓融资和气候变化适应融资的共同原则，包括针对一系列气候行动的统一定义和指南，旨在寻求一种统一的方法来跟踪和报告气候融资数据。2021 年 10 月，共同原则更新。2015 年，为了进一步将气候行动纳入金融机构的业务主流，多边开发银行与众多世界领先金融机构共同在 COP21 上签署了 5 项自愿原则，包括制定气候战略、管理气候风险、设定气候智能目标、提高气候行动绩效以及公开阐释气候行动。

就第二个"协调"而言，2018 年多边开发银行宣布要搭建一个"巴黎协调联合框架"，以保证资金流动与《巴黎协定》目标相一致。该框架由 6 个方面组成：①与气候变化减缓目标保持一致；②采取气候变化适应行动和气候复原行动；③通过气候融资加快转型；④支持参与政策制定；⑤数据公开与报告；⑥内部活动协调一致。2021 年，IDFC 也颁布了由新气候研究所（NCI）和气候经济研究所（I4CE）这两个独立智囊团开发的运营框架。

该框架为 IDFC 成员就如何更好地将其战略、计划和运营与《巴黎协定》的要求保持一致提供了明确和实用的指导①。

二　全球性多边开发银行

多边开发银行作为国际金融机构，是国际金融治理机制的主体，多边开发银行在全球化的进程中不断完善，呈现多元化的发展趋势，在金融工具、金融治理理念、国际实践和机制上提供了国际公共产品，是协调不同国家和区域的发展战略和发展利益的特殊机制，在推动绿色金融发展、促进可持续发展、消除贫困等方面发挥着重要作用。从成员构成的地域范围来看，多边开发银行可分为全球性、区域性和跨区域性银行。全球性多边开发银行的成员具有广泛性特征，不受地域、社会制度、发展水平的限制，到目前为止，只有世界银行是全球性多边开发银行。

（一）世界银行

世界银行集团成立于 1944 年，是联合国专门机构之一，由 5 个下属机构组成，分别是：国际复兴开发银行、国际开发协会、国际金融公司、多边投资担保机构和国际投资争端解决中心。其中，国际复兴开发银行与国际开发协会常被合称为"世界银行"，"世界银行"有时也被作为"世界银行集团"的简称。国际复兴开发银行（IBRD）主要提供基于主权担保的债务融资；国际开发协会（IDA）提供无息贷款或补助金等形式的优惠融资；国际金融公司（IFC）主要针对私人企业提供不需要主权担保的多种形式的融资；多边投资担保机构（MIGA）致力于与政府合作，减小投资风险；国际投资争端解决中心（ICSID）主要针对私人企业提供针对特定风险的保险，

---

① MDBs. Joint MDB Assessment Framework for Paris Alignment for Direct Investment Operations [EB/OL]. https：//www.eib.org/attachments/documents/cop26-mdb-paris-alignment-note-en.pdf.

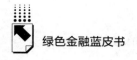

绿色金融蓝皮书

包括政治风险等①。

世界银行的使命是"消除极端贫困"（将全球极端贫困人口比例降到
3%以下）和"促进共享繁荣"（增加每个国家最贫困人口的收入），世界银
行已经将气候因素整合到减贫项目中，应对气候变化成为世界银行重要的工
作主题。目前，世界银行是发展中国家气候投资的最大多边资助者。

1. 世界银行的气候政策

2016年，世界银行发布《气候变化行动计划（2016~2020）》，首次集中
展示了世界银行应对气候变化挑战的系统规划。该计划中罗列了世界银行帮
助各国应对当下和未来气候风险的具体行动，并阐述了世界银行将如何利用
其优势扩大气候行动，将应对气候变化纳入业务范围，以及如何更好地开展
气候合作。该行动计划与世界银行在2015年秘鲁利马年会上做出的承诺相
呼应，即到2020年将其投资组合中与气候相关的份额从21%提高至28%，
以满足客户的需求②。

在《气候变化行动计划（2016~2020）》的指导下，世界银行在气候融资
方面取得了显著成就。在这五年中，世界银行实现并超过了将气候融资规模
增加28%的目标，提供了超过830亿美元的气候融资，2020年更是达到214
亿美元的历史最高水平，成为发展中国家最大的气候融资机构。在可再生能
源方面，2016~2020年，世界银行的资金支持了18吉瓦的新增可变性可再
生能源并入电网和16吉瓦的新增可再生能源发电，国际金融公司和多边投
资担保机构的资金分别支持了8吉瓦和超过5吉瓦的新增可再生能源发电。
世界银行集团在这5年间总计提供了约48吉瓦的可再生能源，助力社区、
企业的蓬勃发展。在气候变化适应融资方面，世界银行加大了对气候变化适
应的支持力度，气候变化适应融资占气候融资的比重从2016年的40%增至
2020年的52%。国际金融公司和多边投资担保机构为气候融资提供多样化

---

① 中央财经大学绿色金融国际研究院. IIGF 观点：关于世界银行绿色战略的分析与探讨［EB/
OL］. https：//iigf. cufe. edu. cn/info/1012/1144. htm.

② World Bank. Climate Change Action Plan 2016-2020［EB/OL］. https：//openknowledge. worldbank.
org/bitstream/handle/10986/24451/K8860. pdf? sequence=2&isAllowed=y.

支持，已延伸到可再生能源部门之外。在水文气象方面，世界银行确保 50
个国家的 1.2 亿人能够利用对在灾害中拯救生命至关重要的水文气象数据和
预警系统。在国家自主贡献方面，世界银行支持 30 个国家做出或增加国家
自主贡献，支持超过 35 个国家或地方政府制定碳价格。在绿色债券方面，
2016~2020 年，世界银行发行了规模达 59 亿美元的绿色债券，其发行货币
达 17 种；国际金融公司发行了规模达 66 亿美元的绿色债券，其绿色债券发
行货币达 18 种；多边投资担保机构在土耳其发行了首只绿地基础设施项目
债券。在绿色建筑与金融中介机构方面，国际金融公司和多边投资担保机构
推进了认证计划，扩大了对绿色建筑的投资，并通过金融中介机构的投资和
可持续银行网络，继续促进绿色金融的发展①。

2021 年 6 月，世界银行发布《气候变化行动计划（2021~2025）》，进
一步整合了应对气候变化的战略，旨在推进世界银行的绿色、弹性和有韧
性的发展方法（GRID），实现从投资绿色项目向整个经济绿色化、从衡量
投入向衡量影响转变，从可持续发展的角度助力消除贫困和共享繁荣（见
表 1）。在行动计划中，世界银行将支持其客户国和私营部门客户最大限度
地发挥气候融资的作用，以提高气候适应能力和韧性，并减少温室气体
排放。

在新计划中，世界银行宣布 2021~2025 年平均每年要拿出集团总资金
的 35%用于气候融资，较 2016~2020 年规定的 26%增长显著，而且由于世
界银行的总融资规模有所扩大，所以其实际增幅更大②。世界银行将支持各
国政府和私营部门最大限度地发挥气候融资的功能，提高各国适应气候变化
和抵御气候风险的能力，并大幅减少温室气体排放。在气候风险方面，世界
银行准备将其所有融资都纳入气候和灾害风险筛查，识别开发项目、政策和

---

① World Bank. Development Topics：Climate Change ［EB/OL］. https：//www. worldbank. org/en/
topic/climatechange.

② World Bank. 要点总结：世行集团《气候变化行动计划（2021~2025）》［R/OL］. https：//
thedocs. worldbank. org/en/doc/d06622e74a388000e2e440438d461b99 - 0020012021/original/
CCAP-2021-25-Highlights. pdf？cid=ccg_ tt_ climatechange_ en_ ext.

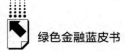

计划中的风险。到 2023 年末,国际金融公司和多边投资担保机构所有的投资和担保都将接受物理气候风险筛查。在气候指标方面,国际复兴开发银行和国际开发协会的所有气候融资业务中至少需引入一项气候指标,以监测和跟踪气候结果。另外,《气候变化行动计划(2021~2025)》还规定,自 2023 年 7 月 1 日起,国际复兴开发银行和国际开发协会的所有业务要与《巴黎协定》的目标保持一致。

表 1 《气候变化行动计划(2021~2025)》要点总结

要点	主要内容
增加气候融资	2021~2025 年,世界银行平均每年要拿出集团总资金的 35% 用于气候融资,国际复兴开发银行和国际开发协会 50% 的气候融资将用于支持气候变化适应
改善和扩大气候诊断	世界银行在全球和国家层面建立强大的分析基础,包括推出新的《国别气候与发展报告》。世界银行对其所有业务进行气候灾害风险筛查。所有国际金融公司的投资和多边投资担保机构的担保都将在 2023 年末进行物理性气候风险筛查。在有温室气体核算方法的行业,世界银行投融资业务将进行温室气体核算,并在 2024 年末的项目评估中使用碳排放的影子价格
注重气候结果和影响	世界银行注重实现并衡量影响,持续关注温室气体减排、气候变化适应和韧性目标。将气候结果指标纳入国际复兴开发银行和国际开发协会气候融资占比超过 20% 的所有业务中。世界银行将推进新的韧性评级系统工作
减少排放,降低关键系统中的气候脆弱性	世界银行将支持对全球排放量贡献高达 90% 以上、具有显著气候脆弱性的五大关键体系进行转型投资
支持脱煤公平过渡	世界银行将显著扩大对脱煤过渡项目的支持。在供应侧,加快关闭煤矿和燃煤发电厂并调整其用途,同时适当注意分配效应,并为受影响的人和社区增加新的就业和经济增长来源。在需求侧,通过提高能源效率、使用低碳燃料和大幅增加可再生能源投资来减少或避免使用煤炭
与《巴黎协定》对接	世界银行承诺与《巴黎协定》的目标对接,在 2023 年 7 月 1 日之前对接所有新项目

在标准与程序方面,2016 年 8 月世界银行通过了《世界银行环境与社会框架》。该框架由三部分组成,包括世界银行可持续发展愿景、投资项目融资(IPF)的环境和社会政策以及环境和社会标准。IPF 的环境和社会政策是针对世界银行开展项目融资的强制性规定,它要求世界银行根据环境、社会

风险的大小对所有项目进行分类，并对拟实施项目进行尽职调查①。世界银行还需：支持借款国与利益相关者开展早期及后续的接触和磋商；协助借款人确定适当的方法和工具，以评估与管理项目潜在的环境和社会风险及影响；依照环境和社会标准与借款国提交的环境和社会承诺计划跟踪监督项目的开展。环境和社会标准则是对借款方的义务规定，覆盖了对环境和社会风险及影响的评估与管理、资源效率管理与污染防治、生物多样性保护和生物自然资源可持续管理、利益相关者参与和信息披露等 10 个重要方面。

在政策参与方面，当前许多国家的自主贡献计划与本国发展政策和经济战略相悖，权责划分不清，导致仅有少数部门参与气候计划的制定与实施，而缺乏其他政府部门的参与或支持，这些自主贡献计划通常无法为财政部或发展部门的政策和投资决策提供参考。世界银行在《气候变化行动计划（2021~2025）》中引入了《国别气候与发展报告》（CCDR），旨在促进广泛的政府部门参与，使各国能够依据可靠的数据分析或多部门综合分析制定气候战略和行动计划。CCDR 为气候行动提供信息，确定行动的优先次序，从而推进《气候变化行动计划》的实施②。CCDR 将于 2022 年推出，为未来的系统性国别诊断（SCD）和国别伙伴框架（CPF）提供强大的分析基础，并与贫困和共同繁荣相联系。2022 年，世界银行计划完成 25 份 CCDR，重点关注碳排放量大和气候较脆弱的发展中国家。

2. 世界银行的绿色金融行动

目前，世界银行是发展中国家气候投资中最大的多边资助方，2016~2020 年向各国提供了约 830 亿美元的气候融资，并将气候变化优先事项从财政预算和规划扩展到数字发展和社会保护等传统意义上与气候行动关联性不强的部门。2020 年，世界银行共承诺气候融资 220.16 亿美元，占其贷款总额的 29%，其中约 172 亿美元来自世界银行的主要贷款机构国际复兴开发

---

① World Bank. Environmental and Social Framework ［EB/OL］. https：//www.worldbank.org/en/projects-operations/environmental-and-social-framework.

② World Bank. Country Climate and Development Reports ［R/OL］. https：//databank.worldbank.org/source/country-climate-and-development-report- （ccdr）.

银行和国际开发协会。从资金用途来看,气候变化适应资金占 42%,气候变化减缓资金占 58%;从资金所流向的经济体的富裕程度来看,212.52 亿美元分配给了中低收入国家,仅有 7.64 亿美元分配给了高收入国家。据世界银行初步估计,2021 年气候融资额可能达到 260 亿美元①。世界银行 2014~2021 年气候融资规模见图 5。

图 5 世界银行 2014~2021 年气候融资规模

注:《多边开发银行气候金融联合报告(2021)》尚未发布,图中 2021 年预测数据来源于世界银行官网,https://www.worldbank.org/en/topic/climatechange/overview#3,其余数据来自 2014~2020 年《多边开发银行气候金融联合报告》。

在绿色债券方面,世界银行早在 2008 年 11 月就发行了第一只绿色债券,这也是全球发行的第一笔真正意义上的标准化绿色债券,此后世界银行一直保持绿色债券市场的领跑地位,促进了绿色债券市场的蓬勃发展。2021年,世界银行发行了相当于 16 亿美元的绿色债券(见图 6),涉及 13 种货币。截至目前,世界银行累计发行绿色债券金额达到 160 亿美元②。同时,自 2008 年以来,世界银行绿色债券融资承诺额累计达 180 亿美元,涉及 115

---

① World Bank. World Bank Climate Finance 2020 [R/OL]. https://thedocs.worldbank.org/en/doc/9234bfc633439d0172f6a6eb8df1b881-0020012021/related/WorldBankFY20-CCBdata.pdf.

② World Bank. The World Bank Impact Report:Sustainable Development Bonds & Green Bonds 2021 [R/OL]. https://issuu.com/jlim5/docs/world_bank_ibrd_impact_report_2021_web_ready_r01?fr=sYTBhOTM4NTM3MTk.

个项目，实际已分配 125 亿美元。在这 180 亿美元绿色债券承诺总额中，72%用于气候变化减缓，28%用于气候变化适应①。

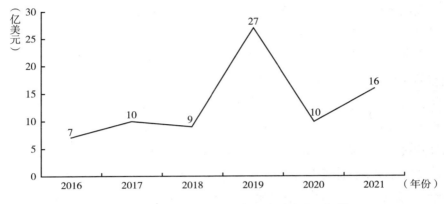

图 6　世界银行 2016～2021 年绿色债券发行规模

资料来源：世界银行《绿色债券影响报告》（2016～2021）。

　　世界银行不仅在绿色债券发行上表现积极，还率先制定了绿色债券信息披露和影响报告标准，自 2015 年起，世界银行每年都会发布《绿色债券影响报告》，跟踪绿色债券的分配情况，介绍债券所资助项目的成果和影响。2017 年 10 月，世界银行推出了《绿色债券流程实施指南》，阐述了绿色债券遵循的标准、挑选合格项目的流程、分配资金的流程以及项目监督和报告的方法②。

　　在国际绿色金融市场参与方面，2020 年 6 月，世界银行颁布了《国家绿色分类法：世界银行指南》，这份指南旨在为参与制定绿色分类法的监管机构提供概念框架和程序指南，以满足金融市场参与者对明确和公开的绿色标准的需求，帮助新兴经济体建立绿色金融体系③。该指南概述了现有的绿色分

---

① World Bank. World Bank Bonds for Sustainable Development [R/OL]. https：//thedocs. worldbank. org/en/doc/712481565969307980-0340022020/original/WorldBankInvestorPresentation. pdf.

② World Bank. Green Bond Process Implementation Guidelines [R/OL]. https：//thedocs. worldbank. org/en/doc/514081507751949576-0340022017/original/guidelinesworldbankgreen bondprocessimp lementation. pdf.

③ World Bank. Developing a National Green Taxonomy：A World Bank Guide [R/OL]. https：// documents. worldbank. org/en/publication/documents - reports/documentdetail/953011593410423487/ developing-a-national-green-taxonomy-a-world-bank-guide.

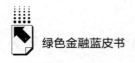

类法，从中总结经验、吸取教训，并推荐制定环境可持续活动分类法的原则和方法。

在碳金融方面，世界银行一直积极致力于为世界各地的碳定价提供信息与推广平台。2011 年，市场准备伙伴关系（PMR）成立，它是支持各国评估、准备和实施碳定价的平台，各国在此分享信息与知识，使未来的气候变化减缓工作更具有成本效益。2014 年，世界银行与 DNV GL Energy 共同开发了减缓行动评估协议（MAAP）在线界面，MAAP 为政府、项目开发商、投资者和其他利益相关者打造了一个透明和独立的框架，帮助它们设计、评估和比较全球气候变化减缓工作的风险和绩效。如今，MAAP 已应用于全球 180 多项气候变化减缓行动，包括国家适当减缓行动（NAMA）、清洁发展机制（CDM）项目、联合信贷机制（JCM）项目、低碳城市计划等，为进一步开展稳健的气候变化减缓行动打下坚实的基础。2015 年，碳定价领导联盟（CPLC）成立，它汇集了来自政府、企业和民间社会各层面的领导人，旨在制定有效的碳定价政策，兼顾减排目标与竞争力、就业机会、创新等方面。2017 年，世界银行推出碳定价在线交互平台，提供全球有关碳定价倡议的最新信息，基于年度碳定价状况和趋势系列报告呈现数据与分析。

三 区域性多边开发银行

区域性多边开发银行的成员大多来自某一大洲内，是为促进世界上某一地区的经济开发而根据区内各国之间的协定设立的金融机构，主要代表有亚洲开发银行、欧洲投资银行、欧洲复兴开发银行、美洲开发银行、非洲开发银行和伊斯兰开发银行。值得注意的是，区域性多边开发银行的贷款对象除了区域内的成员国外，也包括一些区域外国家，如欧洲投资银行也向与欧盟有较密切联系或有合作协定的国家发放贷款，包括乌克兰、白俄罗斯、冰岛、挪威、印度和中国等。

（一）欧洲投资银行

欧洲投资银行成立于 1958 年，是欧盟的贷款机构，是世界上最大的多边金融机构。欧盟一直走在全球应对气候变化的最前沿，欧洲投资银行作为其下属金融机构，也是全球最注重环保的多边贷款机构之一①。欧洲投资银行约90%的贷款用于支持欧盟持续发展和一体化的欧盟成员国项目，小部分资金流向欧盟南部和东部邻国以及非洲、中亚等地区。欧洲投资银行的目标及其贷款战略的核心是促进可持续和包容性发展，活动主要集中在气候和环境的可持续性、基础设施、创新和技能、中小企业等。

1. 欧洲投资银行的气候政策

2019年12月，欧盟委员会公布了应对气候变化、推动可持续发展的《欧洲绿色协议》，希望能够在2050年前实现欧洲地区的碳中和，通过利用清洁能源、发展循环经济、抑制气候变化、恢复生物多样性、减少污染等措施提高资源利用效率，实现经济可持续发展。为了与《欧洲绿色协议》保持一致，欧洲投资银行董事会决定提高本集团的气候和环境承诺标准，于2020年12月发布了《EIB集团气候银行路线图（2021~2025）》。该路线图概述了欧洲投资银行为支持《欧洲绿色协议》和实现欧洲碳中和所制定的一套新的气候行动、气候融资和环境可持续性目标，主要内容有：①欧洲投资银行将在2021~2030年这关键的10年内提供1万亿欧元，用以支持气候行动和环境可持续性投资；②欧洲投资银行将逐步增加其用于气候行动和环境可持续性的融资份额，到2025年使其超过总业务的50%；③从2021年初开始，欧洲投资银行所有的新业务都将与《巴黎协定》的目标和原则保持一致②。

2021年，欧洲投资银行根据路线图的规划，顺利开展了以下工作。第一，启动针对交易对手的"巴黎协调"框架（Paris Alignment for Counterparties Framework 或 PATH Framework）。该框架将确保欧洲投资银行资助的项目与

---

① EIB. EIB at a Glance [EB/OL]. https://www.eib.org/en/publications/the-eib-at-a-glance?lang=zh.
② EIB. EIB Group Climate Bank Roadmap 2021-2025 [R/OL]. https://www.eib.org/attachments/thematic/eib_group_climate_bank_roadmap_en.pdf.

《巴黎协定》保持一致，督促交易对手采取相关措施实现商业活动脱碳并加强气候变化抵御能力。这使欧洲投资银行成为第一家不仅考虑融资项目的气候影响，而且还考虑借款人更广泛活动的多边银行。第二，启动欧洲投资银行适应计划，支持欧盟适应战略目标的达成。欧洲投资银行承诺到2025年将气候变化适应融资额增加到银行气候行动总融资额的15%。第三，修订欧洲投资银行的环境和社会可持续发展框架，在制定政策和标准时充分考虑环境、气候和社会行动等因素。

在路线图的框架下，欧洲投资银行创立了一个气候与环境咨询委员会，由来自学术界、商界、民间社会和国际组织的领导人组成，2021年9月1日举行了第一次会议。该咨询委员会将就欧洲投资银行为实现其气候行动和环境可持续性目标而开展的活动提供独立的建议和专家意见。

在标准与程序方面，2022年2月，欧洲投资银行同时出台了《欧洲投资银行环境和社会政策》与修订后的《欧洲投资银行环境和社会标准》，两者共同构成了欧洲投资银行的环境和社会可持续发展框架，帮助欧洲投资银行更好地专注于可持续和包容性发展，致力于实现公平过渡，支持低碳经济和环境友好型经济发展①。修订后的《欧洲投资银行环境和社会标准》新增了关于金融中介机构的标准，欧洲投资银行资助的所有项目在项目生命周期内都必须符合该标准。

2. 欧洲投资银行的绿色金融行动

欧洲投资银行是迄今为止唯一一个将"气候"和"环境"两个概念区分开来的多边开发银行，它将气候项目定义为"减缓气候变化"和"适应气候变化"两类，把环境项目定义为"通过推动可持续发展和采取行动防止环境恶化来满足当前人类和子孙后代对自然资源的需求"②。显然，相比于"气候"，"环境"的定义覆盖面更加广泛。在气候方面，欧洲投资银行

---

① EIB. Environmental and Social Standards [EB/OL]. https：//www.eib.org/attachments/publications/eib_ environmental_ and_ social_ standards_ overview_ en. pdf.
② 中央财经大学绿色金融国际研究院. IIGF 观点：关于欧洲投资银行绿色战略的分析与探讨[EB/OL]. http://iigf. cufe. edu. cn/info/1012/1173. htm.

的目标是成为全球气候变化行动项目最大的融资机构。欧洲投资银行在2010年首次设定了气候行动投资目标，之后逐年提高。2021年，欧洲投资银行对气候行动和环境可持续性项目的总投资额为276亿欧元，占欧洲投资银行全部投资额的51%，其中欧洲投资银行对具有气候和环境双重效益的项目的投资额达111亿欧元[①]。2021年欧洲投资银行气候行动和环境可持续性项目投资分布见图7。

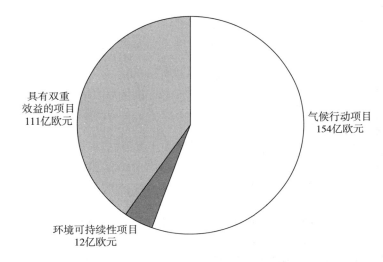

图7 2021年欧洲投资银行气候行动和环境可持续性项目投资额

资料来源：https：//www.eib.org/en/about/priorities/climate-action/index.htm。

注：图中数据无误，总额与正文投资总额略有出入是计算精确度不同所致，均来源于欧洲投资银行官网。

欧洲投资银行在绿色金融市场也有积极的表现。2007年7月，欧洲投资银行发行了世界上第一只气候意识债券（Climate Awareness Bond，CAB），该债券也是全球首只气候债券，总额6亿欧元，募集的资金用于为可再生能源或能源效率类项目提供贷款。2021年，欧洲投资银行发行了86.8亿欧元的CAB

----

① EIB. Climate Action and Environmental Sustainability Overview 2022 [R/OL]. https：//www.eib.org/attachments/publications/climate_ action _ and _ enviromental _ sustainability _ overview_ 2022_ en. pdf.

和28.5亿欧元的可持续发展意识债（Sustainability Awareness Bond，SAB）。在 2022年过去的6个月中，欧洲投资银行CAB和SAB的发行量已达到81亿欧元。自2007年以来，CAB与SAB的总发行量达582亿欧元（涉及22种货币），使欧洲投资银行成为最大的绿色和可持续发展债券多边开发银行发行方[1]。2014～2021年欧洲投资银行的气候融资规模见图8，2014～2021年欧洲投资银行CAB和SAB发行量见图9。

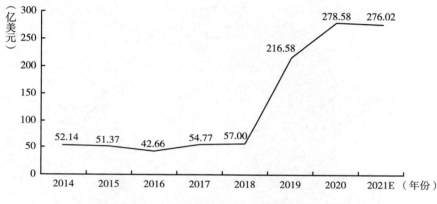

图8　2014～2021年欧洲投资银行气候融资规模

注：图中2014～2020年数据来源于2014～2020年《多边开发银行气候金融联合报告》，而2021年数据来源于欧洲投资银行官网 https://www.eib.org/en/about/priorities/climate‐action/index.htm，因此所使用单位不同，图中2021年气候融资预测额是按照欧洲中央银行欧元兑美元的汇率（EUR∶USD=1∶1.0001）将欧洲投资银行官网2021年气候融资数据进行转换所得的结果。另外，在2019年之前，《多边开发银行气候金融联合报告》只统计面向中低收入国家的气候融资数据，2019年之后才将高收入国家的数据纳入统计，而欧洲投资银行的客户国又多是高收入国家，统计口径的变化导致了欧洲投资银行气候融资规模2019年前后巨大的数字差异。

为促进绿色投融资的可持续性，欧洲投资银行在撬动民间资本方面进行了很多尝试，如创新投融资机制和开发金融工具等。这些创新机制包括股权基金、分层风险基金（绿色发展基金、欧洲能效基金）和母基金（全球能

---

① EIB. Climate Action and Environmental Sustainability Overview 2022 [EB/OL]. https://www.eib.org/attachments/publications/climate_ action_ and_ enviromental_ sustainability_ overview_ 2022_ en.pdf.

图9　2014～2021年欧洲投资银行CAB和SAB发行量

资料来源:《欧洲投资银行气候和可持续发展意识债券简讯》。

效和可再生能源基金)。欧洲投资银行及其合作伙伴还一起设计了其他金融工具促进绿色投融资发展,如在能效方面设有私人能效融资(Private Finance for Energy Efficiency),在自然资本保护方面设有自然资本融资机制(Natural Capital Financing Facility)等。

在金融市场的建设方面,欧洲投资银行也发挥着关键作用。欧洲投资银行与许多合作伙伴及讨论小组开展合作,包括新的欧盟可持续金融平台。同时,欧洲投资银行还是欧盟可持续活动分类法和欧盟绿色债券标准的顾问。这些工作都为欧洲创造了更加透明和强大的绿色投资市场。此外,欧洲投资银行在全球绿色金融标准化工作中也发挥着积极作用。2017年和2018年,欧洲投资银行与中国金融学会绿色金融专业委员会合作,连续两年在联合国气候大会上发布《探寻绿色金融的共同语言》(The Need for a Common Language in Green Finance)白皮书,提出未来应在中欧绿色债券标准之间建立较为清晰的标准比对和转换机制的建议。

(二)亚洲开发银行

亚洲开发银行成立于1966年,致力于促进亚洲及太平洋地区发展中国

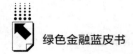
家的经济和社会发展，消除亚太地区的极端贫困，使其走向繁荣，实现可持续发展。亚洲开发银行通过贷款、技术援助、赠款和股权投资来帮助其成员及合作伙伴，通过促进政策对话、提供咨询服务和调动金融资源，最大限度地发挥援助的作用。

1. 亚洲开发银行的气候政策

2017年7月，亚洲开发银行颁布了《气候变化业务框架（2017～2030）》，旨在为亚洲开发银行所有部门和专题组提供指导，以加强气候行动，实现亚洲开发银行到2020年每年从自身资源中拿出至少60亿美元作为气候变化融资承诺额①。该业务框架使亚洲开发银行能够以协作和主动的方式促进亚太地区迈向低温室气体排放和气候变化适应型发展道路。

2018年7月，亚洲开发银行发布了《2030战略：打造繁荣、包容、有适应力的亚太地区》，旨在为银行有效应对亚太地区不断变化的需求奠定基础。根据该战略，亚洲开发银行将在支持全球基础设施发展方面发挥重要作用，增加绿色、可持续、有韧性和包容性的优质基础设施投资。亚洲开发银行还将尝试专业知识跨部门和跨主题的整合，以应对更复杂的发展挑战。该战略为亚洲开发银行确定了7个关键优先事项，其中第3项为"应对气候变化，增强气候和灾害抵御能力，增强环境可持续性"②。

2019年9月，亚洲开发银行推出《2030战略优先事项3执行计划》，详细阐述了亚洲开发银行未来的气候行动目标、实现目标的方法与具体执行方案。在执行计划中，亚洲开发银行承诺：①到2030年，至少有75%的业务支持气候变化减缓和气候变化适应；②2019～2030年，亚洲开发银行内部的气候融资累计额达到800亿美元（2021年10月，这一目标被修改成1000亿美元）。从整体上看，该执行计划的重点在于：①增加亚洲开发银行应对气候变化、增强环境可持续性的项目数量和总投资额；②提高气候变化干预

---

① ADB. Climate Change Operational Framework 2017-2030 ［R/OL］. https：//www.adb.org/sites/default/files/institutional-document/756951/ccof-2017-2030.pdf.

② ADB. Strategy 2030 ［R/OL］. https：//www.adb.org/sites/default/files/institutional-document/435391/strategy-2030-main-document.pdf.

质量，重视发展成果和影响①。

在标准与程序方面，亚洲开发银行有较健全的环境社会风险管理和影响评估系统，早在 2002 年亚洲开发银行就颁布了环境保障政策，并于 2009 年将其归入《保障政策声明》。亚洲开发银行的环境保障旨在确保项目的环境健全性和可持续性，并支持将环境因素纳入项目决策过程。《保障政策声明》要求借款人评估项目的影响及意义；检查替代方案；准备、实施和监控环境管理计划；与可能受项目影响的相关方协商，并及时披露有关信息。亚洲开发银行的环境保障由 4 个部分组成，分别为：环境评估与措施、环境和社会监测报告、社会和环境合规审计报告以及环境和社会管理系统框架②。环境评估与措施是指识别项目的潜在环境影响和风险，并对借款方或客户实施的环境管理计划做出规定，包括初始环境检查、环境评估审查框架和环境影响评估三个程序。环境和社会监测报告负责披露与项目实施相关的环境或社会问题及缓解措施的实施状态。社会和环境合规审计报告描述项目对社会或环境保障要求的遵守情况，并给出结论和建议。环境和社会管理系统框架为项目建立符合亚洲开发银行保障政策原则和要求的环境和社会管理体系提供指导方针和框架。

2. 亚洲开发银行的绿色金融行动

2021 年，亚洲开发银行承诺提供的气候融资总额为 47.66 亿美元（见图 10），其中 34.38 亿美元用于减缓气候变化，另外 13.28 亿美元用于适应气候变化。从资金来源看，35.53 亿美元来自亚洲开发银行内部，12.13 亿美元筹集于外部资源③。2011~2020 年，亚洲开发银行共批准了约 416 亿美元的气候融资，其中 363 亿美元来自亚洲开发银行内部，而外部资源贡献了 53 亿美元。此外，亚洲开发银行承诺将增加在气候变化适应和气候韧性方面的投资，2024

---

① ADB. Strategy 2030 Operational Plan for Priority 3: Tackling Climate Change, Building Climate and Disaster Resilience, and Enhancing Environmental Sustainability 2019 – 2024 [R/OL]. https://www.adb.org/sites/default/files/institutional - document/495961/strategy - 2030 - op3 - climate-change-resilience-sustainability.pdf.

② ADB. Safeguards [EB/OL]. https://www.adb.org/who-we-are/safeguards/environment.

③ ADB. Climate Finance in 2021 [EB/OL]. https://www.adb.org/news/infographics/climate - finance-2021.

年投资总额将达到90亿美元，2030年将达到340亿美元。到2023年7月，其所有新的主权业务和至少85%的非主权业务要与《巴黎协定》的目标完全保持一致①。

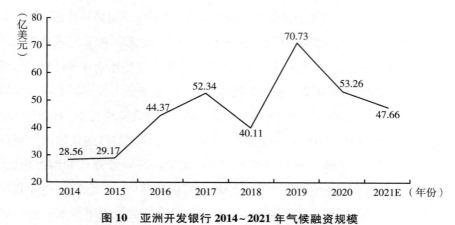

图10 亚洲开发银行2014~2021年气候融资规模

注：2014~2020年数据来源于2014~2020年《多边开发银行气候金融联合报告》，2021年预测数据来源于亚洲开发银行官网 https：//www.adb.org/news/infographics/climate-finance-2021.

在绿色债券方面，亚洲开发银行于2015年开启了绿色债券计划。2020年，亚洲开发银行发行了约7.05亿美元的绿色债券，主要以私募形式发行。亚洲开发银行绿色债券的合格投资标准通过了国际气候与环境研究中心（CICERO）的独立验证。

2021年9月，亚洲开发银行将《绿色债券框架》拓展为《绿色债券与蓝色债券框架》，并发行了首只蓝色债券，这是一只由15年期2.08亿澳元和10年期2.17亿新西兰元组成的双批次债券。蓝色债券具有可复制性、可扩展性，旨在发展亚太地区的海洋经济②。所得款项将资助通过开展可持续渔业、减少沿海污染以及发展绿色港口和航运等来增强海洋健康

---

① ADB. Climate Change and Disaster Risk Management［EB/OL］. https：//www.adb.org/what-we-do/themes/climate-change-disaster-risk-management/overview.

② ADB. Green Bond Newsletter and Impact Report. No. 6［R/OL］. https：//www.think-asia.org/bitstream/handle/11540/13991/adb-green-bond-newsletter-2021.pdf? sequence=1.

的项目。

在清洁能源方面，亚太地区的碳排放量占全球碳排放总量的一半以上，向清洁能源转型是该地区应对气候变化的关键。2008~2020 年，亚洲开发银行共投资超过 250 亿美元用于发展清洁能源。亚太地区能源网络的脱碳对于实现《巴黎协定》的目标至关重要。为支持社会获得清洁、可靠和优惠的能源，同时促进低碳经济的发展，亚洲开发银行于 2021 年通过了一项新的能源政策。该政策正式承诺亚洲开发银行将不再支持煤炭开采、加工、储存和运输，也不支持任何新的燃煤发电项目①。亚洲开发银行将促进采用更清洁的燃料来源，促进减排以降低温室气体对健康和环境的影响。亚洲开发银行还将协助燃煤电厂退役并重建新的经济活动场地，包括清除有害物质、实施安全管理、恢复土壤和水质、重建建筑物以及升级现有基础设施。2021 年 10 月，亚洲开发银行与洛克菲勒基金会建立合作伙伴关系，专注于加速能源转型和开拓清洁能源的来源。该基金会承诺在未来 5 年内向亚洲开发银行提供 1 亿美元的支持，对于有史以来所有的慈善基金而言，这是资助金额最大的一笔。

在碳市场方面，亚洲开发银行始终坚定地支持成员把碳定价工具纳入政策框架，以帮助其实现自主贡献和净零排放目标。亚洲开发银行长期参与碳市场，通过亚太碳基金、未来碳基金和日本联合信贷机制基金调动碳融资并提供技术和能力建设支持。2021 年 11 月，在《联合国气候变化框架公约》缔约方大会第 26 次会议（COP26）上，亚洲开发银行发行了一只新的碳基金——气候行动催化基金（CACF）。该基金将帮助亚洲开发银行的成员实现并逐步提高其自主贡献目标。气候行动催化基金将根据《巴黎协定》第六条的规定，通过在国际市场上购买减排成果或碳信用来调动碳融资，以增强亚太地区温室气体减排行动的财政可行性。基金将支持一系列变革性行动，包括温室气体减排项目、规划以及诸如部门和政策干预之类的复制推广

---

① ADB. Energy Policy：Supporting Low – Carbon Transition in Asia and the Pacific ［R/OL］. https：//www. adb. org/sites/default/files/institutional – document/737086/energy – policy – r – paper. pdf.

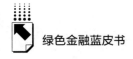

活动。

在气候灾害抵御方面，亚洲开发银行通过为防洪管控、预警系统、综合水资源管理、抗灾基础设施和灾害风险融资等领域的灾害风险管理提供资金，帮助其成员提高抗灾能力。2017年1月至2021年12月期间，亚洲开发银行共批准通过了32个项目，金额达20.8亿美元。这些项目直接降低了灾害风险，提高了机构和社区的备灾能力，并加强了应对灾害的财务准备。另有351个项目在设计中纳入了提升抗灾能力的措施①。

在生态系统保护方面，2019年，亚洲开发银行曾承诺在未来5年内通过"健康海洋和可持续蓝色经济行动计划"投入50亿美元，促进海洋的可持续发展。目前这一承诺已经取得重大进展，成效之一就是发行了首批蓝色债券。亚洲开发银行将启动"区域迁飞区倡议"，该倡议涵盖从北极圈到新西兰之间的22个国家，能够保护和扩大亚洲最大迁飞路线沿线的30个关键湿地②。另外，亚洲开发银行加强了对"自然积极型"投资的关注，旨在减少自然损失，促进自然资源的保护、恢复和可持续利用。在2021年10月于中国昆明举行的COP15联合国生物多样性大会上，亚洲开发银行表示将助力亚太地区进行有益于自然的投资，制定有益于自然的投资路线图，扩大金融服务，开发具有可持续性的财务项目，以促进生物多样性和生态系统健康。

在经济复苏方面，亚洲开发银行强调气候融资与绿色复苏之间密不可分的联系，宣称将经济优先事项与气候和环境目标结合起来的计划能更好地创造就业机会，支持国民经济增长。为支持这项工作，亚洲开发银行启动6.65亿美元的东盟绿色复苏平台，并为东南亚的低碳和气候变化适应型基础设施项目额外筹集70亿美元。

为了帮助其成员扩大气候变化适应投资，亚洲开发银行于2021年11月

---

① ADB. Annual Report 2021 [R/OL]. https：//www.adb.org/sites/default/files/institutional-document/788046/adb-annual-report-2021.pdf.
② 澎湃新闻. 亚洲开发银行行长浅川雅嗣致辞 [EB/OL]. https：//www.thepaper.cn/newsDetail_forward_14898417.

发布了"社区气候韧性伙伴关系计划",以支持社区层面对气候变化适应和气候韧性相关项目的投资①。英国政府为该计划提供了4500万英镑,北欧发展基金提供了600万欧元。

(三)欧洲复兴开发银行

欧洲复兴开发银行成立于1991年,成立之初的使命在于促进中东欧私营经济的发展和市场化经济转型。时至今日,它的投资仍然主要针对私有公司,同时开展技术合作及与国际财政机构、国家组织的合作②。在绿色领域,欧洲复兴开发银行是所有多边开发银行中第一个将环境友好和可持续发展写入业务发展基本前提的银行,也是2018年第一个签署TCFD的多边开发银行。

1. 欧洲复兴开发银行的气候政策

欧洲复兴开发银行一直走在气候融资的前沿,其目标是在2025年之前成为主要绿色银行。2020年7月,欧洲复兴开发银行颁布《绿色经济转型方法(2021~2025)》,这是欧洲复兴开发银行帮助相关国家发展绿色、低碳和韧性经济的新方法。在新的绿色经济转型方法框架下,欧洲复兴开发银行将在2025年之前将绿色融资增加到其年度业务量的50%以上,这一目标提前4年实现,2021年绿色融资承诺额就达到了本年融资总额的51%,共批准278个项目总计53.66亿欧元的融资承诺,同时,所支持的项目总价值超过500亿欧元。2006~2021年,欧洲复兴开发银行的绿色融资总额超过400亿欧元③。

在能源方面,欧洲复兴开发银行于2018年12月发布了《能源部门战略(2019~2023)》,旨在向以市场为导向的低碳能源部门过渡,发展安全、经

---

① ADB. Community Resilience Partnership Program [R/OL]. https://www.adb.org/sites/default/files/publication/747666/community-resilience-partnership-program.pdf.

② 中央财经大学绿色金融国际研究院. IIGF观点:关于欧洲复兴开发银行(EBRD)绿色战略的分析与探讨 [EB/OL]. https://iigf.cufe.edu.cn/info/1012/1357.htm.

③ EBRD. The Green Economy Transition's Programmes and Themes [EB/OL]. https://www.ebrd.com/what-we-do/get/programmes-and-themes.html.

济和可持续的能源，其核心是扩大可再生能源的规模。《能源部门战略（2019~2023）》设定了 4 个战略方向，分别为：①建设主要由可持续能源供电的脱碳经济体；②建立具有竞争力、区域一体化和弹性的能源市场；③形成更清洁的石油和天然气价值链；④打造包容性和节能型经济，促进性别平等并为所有人提供可持续能源。欧洲复兴开发银行承诺在战略实施期间，不资助动力煤开采或燃煤发电，不资助任何上游石油勘探、石油开发项目。

在标准与程序方面，欧洲复兴开发银行早在 1992 年就推出了《环境政策》，2008 年拓展为《环境和社会政策》，后续进行了多次修订，最近一次是在 2019 年 4 月。《环境和社会政策》是指导欧洲复兴开发银行在其所有投资和技术合作活动中实现"无害环境和可持续发展"承诺的重要文件，它概述了欧洲复兴开发银行将如何评估和监测其项目的环境和社会风险及影响，为管理欧洲复兴开发银行所资助项目在其生命周期内所造成的环境和社会风险及影响设定了最低要求，为欧洲复兴开发银行制定了支持高环境和社会效益项目的战略目标，并为欧洲复兴开发银行及其客户在设计、实施和开展项目时的角色和责任做出了定义。《环境和社会政策》还采用一套全面的经营要求，以确保项目按照可持续发展国际惯例进行设计和运营。这 10 项经营要求涵盖了环境和社会风险及影响的关键领域，包括资源效率与污染防治、生物多样性保护和生物自然资源的可持续管理等①。欧洲复兴开发银行于 2010 年 4 月通过了《投资项目的环境和社会评估与监测程序》，后于 2015 年 7 月修订。该程序规定：①欧洲复兴开发银行需先对所有项目开展环境和社会评估，再决定是否为项目提供资金，最后再决定在项目规划、实施和运营中解决环境和社会问题的方式；②环境和社会评估与监测需纳入欧洲复兴开发银行的整个项目周期和决策过程。

2. 欧洲复兴开发银行的绿色金融行动

在绿色投资和优惠融资方面，欧洲复兴开发银行迄今为止已签署了 360

---

① EBRD. Environmental and Social Policy [EB/OL]. https：//www.ebrd.com/news/publications/policies/environmental-and-social-policy-esp.html.

亿欧元的绿色投资，资助了 2000 多个绿色项目，预计每年可减少 1.04 亿吨碳排放。仅在 2019 年，欧洲复兴开发银行就为新的可再生能源发电装机容量提供了超过 2.2 吉瓦的融资。欧洲复兴开发银行还与气候投资基金、欧盟、全球环境基金、绿色气候基金和其他捐助者开展密切合作，为其客户筹集气候资金。2014~2021 年欧洲复兴开发银行气候融资规模见图 11。此外，欧洲复兴开发银行还实施了一系列促进绿色投资的专项计划，包括欧洲复兴开发银行绿色城市计划等。

2021 年，欧洲复兴开发银行的绿色融资额大幅增加，从 2020 年的 31.92 亿欧元增加到 53.66 亿欧元，占年度总融资额的 51%（见表 2）。与其他多边开发金融机构类似，欧洲复兴开发银行承诺到 2022 年底将使其所有活动与《巴黎协定》保持一致。在格拉斯哥会议上，欧洲复兴开发银行宣布计划到 2025 年将私营部门气候融资的动员力度加大一倍。它还计划在未来 5 年内每年实现至少 2500 万吨的温室气体净减排。

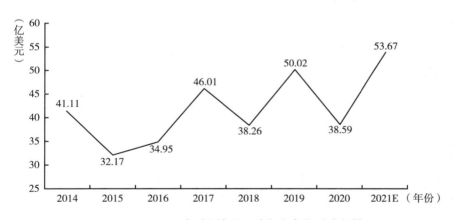

图 11　2014~2021 年欧洲复兴开发银行气候融资规模

注：图中 2014~2020 年数据来源于 2014~2020 年《多边开发银行气候金融联合报告》，2021 年数据来源于欧洲复兴开发银行《可持续性报告(2021)》，因此所使用单位不同，图中 2021 年气候融资预测额是按照欧洲中央银行现行欧元兑美元的汇率（EUR：USD＝1：1.0001）将欧洲复兴开发银行《可持续性报告(2021)》中的气候融资数据加以转换所得的结果。

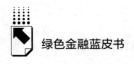

表2　欧洲复兴开发银行2017～2021年绿色融资额及其在融资总额中的占比

	2017年	2018年	2019年	2020年	2021年
绿色融资额（百万欧元）	4054	3344	4618	3192	5366
项目数量（个）	186	187	260	197	278
欧洲复兴开发银行融资总额（百万欧元）	9403	9253	10041	10995	10446
占比（%）	43	36	46	29	51

资料来源：欧洲复兴开发银行《可持续性报告（2021）》。

在债券发行方面，欧洲复兴开发银行的绿色债券总发行量达78.25亿欧元，其中2021年发行7.45亿欧元，当前未偿付总计53.17亿欧元；社会债券总发行量达11.38亿欧元，其中2021年发行8.86亿欧元，当前未偿付总计10.61亿欧元。欧洲复兴开发银行发行的绿色债券分为三种：环境可持续发展债券、绿色转型债券和气候韧性债券。三者都遵循《绿色债券原则》。其中，环境可持续发展债券是针对欧洲复兴开发银行最具有绿色资产属性的绿色项目组合（GPP）发行的，发行总额达55.01亿欧元，占绿色债券总发行量的70%。

除了自己发行绿色债券，欧洲复兴开发银行也投资其他企业发行的绿色和可持续发展相关债券。2017年，欧洲复兴开发银行首次在立陶宛投资绿色债券。2021年，欧洲复兴开发银行向17只绿色债券投资了创纪录的5.71亿欧元，相当于其自2017年以来绿色债券总投资额（7.87亿欧元）的73%，这些绿色债券主要由金融、能源、交通和房地产公司发行。同年，欧洲复兴开发银行投资了5只独立的可持续发展相关债券，总投资额为1.77亿欧元①。欧洲复兴开发银行与发行人合作，以确保其债券满足绿色标准。欧洲复兴开发银行还帮助潜在发行人为其首次发行绿色债券做准备。

在政策参与方面，欧洲复兴开发银行与政府和私营部门合作，帮助各

---

① EBRD. EBRD's Green Bond Issuance［EB/OL］. https：//www.ebrd.com/work - with - us/sri/green-bond-issuance.html.

国推进过渡议程并履行其在《巴黎协定》中做出的承诺。通过国家自主贡献支持计划，欧洲复兴开发银行帮助各国制定、实施和更新国家自主贡献承诺。在监管层面，欧洲复兴开发银行与政府合作创造监管环境，扩大在几个关键领域的绿色投资，包括绿色建筑、可再生能源和绿色城市规划。欧洲复兴开发银行与私营部门和行业协会合作，协助制定环境标准，确定低碳和有韧性的行业路径。在国际组织层面，欧洲复兴开发银行参加了多个气候金融部门的工作组和网络，并积极提供专业建议，包括多边开发银行联合气候金融组、欧洲可持续金融专家组、国际金融机构温室气体报告组、UNFCCC 金融常设委员会等。

在技术支持方面，欧洲复兴开发银行为客户提供一系列技术支持服务，包括可行性研究，能源、资源和碳审计。此外，欧洲复兴开发银行还帮助客户开展气候治理、发展绿色投资、发现绿色市场机会，并提高客户企业对于不断变化的气候的适应能力。

（四）非洲开发银行

非洲开发银行是在联合国非洲经济委员会支持下由非洲国家合办的互助性、区域性国际金融机构。1964 年 9 月正式成立，1966 年 7 月开始营业。其宗旨为：向成员国的经济和社会发展提供资金，协助非洲大陆制定发展的总体战略，协调各国的发展计划，以便逐步实现"非洲经济一体化"[①]。

1. 非洲开发银行的气候政策

非洲开发银行在其 2013～2022 年战略计划中明确提出两个目标，即"包容性发展"和"向绿色发展过渡"。其中，构建气候韧性、管理自然资源和开展可持续的基础设施建设是其绿色发展战略的着力点[②]。除此之外，该战略还提及 3 个重点领域与 5 个运营重点（见图 12）。

---

① 中央财经大学绿色金融国际研究院 . IIGF 观点：关于非洲开发银行绿色战略的分析与探讨 [EB/OL]. https：//iigf. cufe. edu. cn/info/1012/1132. htm.

② AfDB. Strategy for 2013－2022 ［EB/OL］. https：//www. afdb. org/en/about－us/mission－strategy/afdbs－strategy.

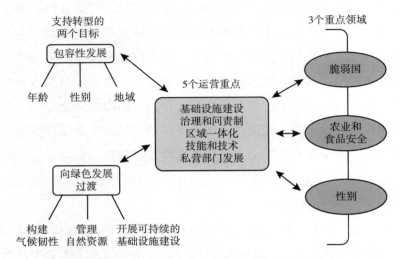

图12 非洲开发银行2013~2022年战略计划示意图

资料来源：非洲开发银行，https：//www.afdb.org/en/about-us/mission-strategy/afdbs-strategy。

为实现2013~2022年的绿色目标，非洲开发银行制定了两个绿色计划。第一个计划是2011~2015年气候变化行动计划（CCAP 1），该计划收录了260个项目，总价值120亿美元。在这个项目的框架下，银行内部还成立了新的机构来专门支持绿色金融的发展，如气候变化协调委员会（Climate Change Coordinating Committee）。第二个计划是2016~2020年气候变化行动计划（CCAP 2），旨在支持非洲各国为气候变化问题做出自主贡献。该计划提出，到2020年之前，非洲开发银行每年至少要把40%的项目资金分配给气候融资，并把气候变化适应融资在气候融资中的占比从2015年的29%提高到与气候变化减缓融资持平[1]。

2021年，非洲开发银行与全球适应中心合作，启动非洲适应加速计划（AAAP），旨在扩大整个非洲的气候变化适应行动，支持非洲国家实现气候

---

[1] AfDB. Climate Change Action Plan（2016-2020）-Completion Report［R/OL］. https：//www.afdb.org/en/documents/2nd-climate-change-action-plan-2016-2020-completion-report.

变化适应型经济复苏。该计划希望到 2025 年调动 250 亿美元用于气候变化适应行动，其中一半资金来自非洲开发银行，另一半资金来自全球适应中心①。非洲适应加速计划包含 4 个旗舰计划：①事关农业和粮食安全的气候智能型数字技术计划，为至少 3000 万名非洲农民开拓获取气候智能型数字技术及相关由数据驱动的农业和金融服务的途径；②非洲基础设施复原力加速计划，通过将气候风险和复原力纳入非洲所有新的基础设施项目，帮助非洲缩小基础设施差距，在气候变化的背景下实现可持续发展；③针对气候变化适应和复原力领域的鼓励创业和创造就业机会的计划，支持青年（18~35 岁）在上述领域的创新和全面发展；④非洲创新金融计划，在弥补气候变化适应资金缺口、巩固现有融资渠道和动员新的私营部门投资方面取得实质性进展。目前，非洲开发银行与全球适应中心已为上述 4 个方面的举措投资超 16 亿美元，而且将继续从公共和私人投资者、基金会及合作伙伴处动员更多的资源，使该计划的规模与非洲气候变化适应的需求相匹配。

在标准与程序方面，非洲开发银行对其项目的环境和社会评估报告进行了汇总，虽然还未建立系统的环境和社会标准框架，但是与其他多边开发银行一样，注重项目的成果与影响，并出台了《非洲开发银行 2016~2025 年期间的成果衡量框架》。该框架从 4 个层面衡量非洲开发银行的表现，第一层是跟踪非洲整体的发展进度，第二层是衡量非洲开发银行所有业务对发展的贡献，第三层是评估非洲开发银行的业务运营质量，第四层是监测非洲开发银行的组织效率。另外，非洲开发银行于 2011 年签署了国际援助透明度倡议（IATI），保证了其援助支出信息的标准化披露，方便信息理解。

2. 非洲开发银行的绿色金融行动

2021 年，非洲开发银行批准的所有项目、国家战略和政策文件中有

---

① AfDB. Africa Adaption Acceleration Program［EB/OL］. https：//www. afdb. org/en/topics-and-sectors/initiatives-partnerships/africa-adaptation-acceleration-program.

92%在其设计中考虑了气候变化和绿色增长。2021年非洲开发银行的气候融资总额将达到26亿美元（见图13），占其全部批准项目金额的41%。其中，33%的资金用于气候变化减缓，67%的资金用于气候变化适应。

图13　2014~2021年非洲开发银行气候融资规模

资料来源：2014~2020年数据来源于2014~2020年《多边开发银行气候金融联合报告》，2021年数据来源于《非洲开发银行集团投资者报告（2022年11月）》。

上文提到，非洲开发银行在其2016~2020年气候变化行动计划中提出了在2020年之前将全部项目资金的40%分配给气候融资的目标。实际上，非洲开发银行为2017~2020年每年都设定了气候融资占比目标，2017~2019年这3年，非洲开发银行都实现或超额完成了年度目标。2020年新冠肺炎疫情突袭而至，抗击疫情迅速成为非洲开发银行的优先事项，疫情相关项目挤占了大量本可以用于气候行动的资金。因此，非洲开发银行的气候融资占比从2019年的峰值36%下降到2020年的34%，未能达成40%的原定目标。

如图14所示，在项目类别上，非洲开发银行在2018年前主要将气候资金投向气候变化减缓项目。2019年，气候变化适应的资金规模超过气候变化减缓的资金规模，并且近年来保持了这样的趋势。2021年，气候变化适应资金占气候资金的67%。

在绿色债券方面，自2013年非洲开发银行发行第一只债券起，截至2022年3月，该行共发行了11笔总额约为28亿美元的绿色债券（见表3）。到

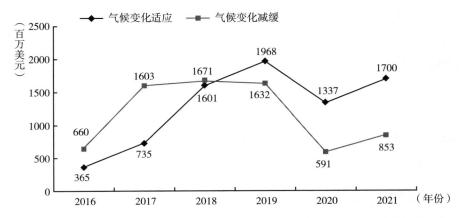

图 14 2016~2021 年非洲开发银行气候变化适应与气候变化减缓融资规模

资料来源：非洲开发银行《2016~2020 年气候变化行动计划完成报告》和《非洲开发银行集团投资者报告(2022 年 11 月)》。

2021 年底，非洲开发银行通过发行绿色债券资助的项目已成功减少 4300 万吨的二氧化碳排放①。

表 3 非洲开发银行绿色债券发行一览

发行年份	到期时间	额度
2013	2016 年 10 月	5 亿美元
2015	2018 年 12 月	5 亿美元
2014	2019 年 2 月	10 亿瑞典克朗
2014	2019 年 3 月	10 亿瑞典克朗
2016	2022 年 6 月	12.5 亿瑞典克朗
2016	2022 年 6 月	12.5 亿瑞典克朗
2016	2031 年 12 月	1.1 亿澳元
2016	2031 年 12 月	1.4 亿澳元
2019	2024 年 4 月	20 亿瑞典克朗
2021	2026 年 4 月	10 亿瑞典克朗
2022	2027 年 2 月	15 亿瑞典克朗

资料来源：非洲开发银行《投资者介绍(2022)》《投资者介绍(2018)》。

① AfDB. Investor Presentation [R/OL]. https：//www.afdb.org/en/documents/investor－presentation－may－2022.

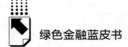
在政策参与方面，非洲开发银行建立了非洲国家自主贡献中心。通过该中心，非洲开发银行与其他 20 个国际和区域组织合作，建立了强大的合作平台，以加大对区域成员的支持。非洲国家自主贡献中心的工作重点在于支持长期的气候行动、调动实施手段（包括气候融资）、建立伙伴关系和进行宣传。该中心目前已协助科特迪瓦、几内亚和几内亚比绍完成了对国家自主贡献的修订，为博茨瓦纳、加蓬、莱索托、利比里亚和塞内加尔制定了长期、低碳和气候适应型的愿景，并调动资金支持乌干达实现其长期战略[1]。

（五）美洲开发银行

美洲开发银行成立于 1959 年，由 48 个成员国组成，其中包括 28 个拉丁美洲和加勒比国家、16 个欧洲国家和 4 个亚洲国家，是世界上成立最早和最大的多边开发银行。美洲开发银行为其成员国提供贷款、赠款和技术援助，帮助各国减少贫困、改善健康和教育状况及推动基础设施建设。美洲开发银行的发展战略主要着眼于 3 个主题：①社会包容和平等；②生产力和创新；③拉丁美洲和加勒比地区的区域经济一体化。虽然绿色发展尚未名列其中，但美洲开发银行的目标包括了以可持续和气候友好的方式推进上述 3 个主题的现实开展，气候变化和环境可持续性问题交织其中[2]。

1. 美洲开发银行的气候政策

在风险管理方面，2020 年美洲开发银行在风险管理办公室设立了环境和社会风险管理部门。新部门负责在整个项目周期内监督美洲开发银行投资组合的环境和社会风险并提供质量保证服务，特别关注高风险和重大风险项目。

在气候行动计划方面，美洲开发银行行长曾于 2016 年承诺"在 2020 年

---

① AfDB. Climate Change and Green Growth 2020 Annual Report［R/OL］. https：//www. afdb. org/en/documents/climate－change－and－green－growth－2020－annual－reporthttps：//www. afdb. org/en/documents/climate-change-and-green-growth-2020-annual-report.

② 中央财经大学绿色金融国际研究院. IIGF 观点：关于美洲开发银行绿色战略的分析与探讨［EB/OL］. https：//iigf. cufe. edu. cn/info/1012/1234. htm.

底前，根据借款国和客户的需求，以及外部优惠融资来源的要求，将拉美和加勒比地区气候变化相关项目的融资比例提高到美洲开发银行和美洲投资公司批准的贷款、担保、投资赠款、技术合作和股权业务总额的30%"，这一承诺被称为"巴哈马决议"。管理层随后通过了《2016～2020年气候变化行动计划》，其中描述了为落实"巴哈马决议"将要采取的行动。借鉴了第一个气候变化行动计划的实施经验后，《2021～2025年气候变化行动计划》出台，新计划将30%的气候融资目标分别应用于各部门作为年度底线，而不再以银行为整体。新计划提出要整合美洲开发银行3个窗口的行动——公共部门行动、私营部门行动和创新行动，充分发挥公共部门政策、私营部门投资和创新之间的协同效应。新计划还展望了疫情之后的绿色复苏，试图制定相关方法，进一步将气候变化和可持续性纳入重建工作，确保其产生持久的影响①。

在标准和程序方面，美洲开发银行于2021年颁布了新的《环境与社会政策框架》，包含两个部分：政策声明及十项环境和社会评价标准。美洲开发银行为每一项评价标准都提供了实用指南，详细解释了每项标准的要求，还列出了一份排除清单，即美洲开发银行不会资助的活动类型②。

2. 美洲开发银行的绿色金融行动

在气候融资方面，2020年美洲开发银行通过贷款、赠款、技术合作、担保和股权投资等方式发放气候融资20亿美元（见图15），占美洲开发银行年度批准总额的15%，这一数值相比前几年有了较大幅度的下滑，主要是受到新冠肺炎疫情的影响。2020年，美洲开发银行开展了4个快速响应项目，为各国应对疫情提供及时的支持，这意味着大量资金从气候部门流向了社会和财政部门。随着各国从应急响应状态转向可持续复苏，气候融资预计将会反弹。在2020年20亿美元的气候融资中，气候变化减缓融资额为

① IDB. IDB Group Climate Change Action Plan 2021－2025［R/OL］. https：//idbdocs. iadb. org/wsdocs/getdocument. aspx？docnum＝EZSHARE－1729984378－30.

② IDB. Environment and Social Policy Framework. September 2020［R/OL］. https：//idbdocs. iadb. org/wsdocs/getdocument. aspx？docnum＝EZSHARE－110529158－160.

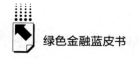
11 亿美元，占 55%；气候变化适应融资额为 7. 14 亿美元，占 35. 7%；其余资金同时有利于气候变化减缓和气候变化适应，具有双重效益。

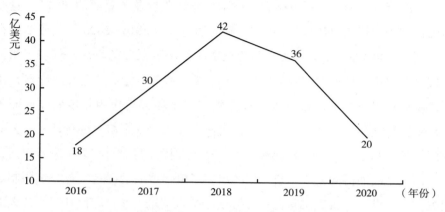

图 15　2016～2020 年美洲开发银行气候融资规模

资料来源：美洲开发银行《可持续性报告（2020）》。

在绿色债券方面，虽然美洲开发银行本身尚未发行绿色债券，但已经有了促进区域绿色债券发行的准备设施，用于支持当地绿色债券发行人①。例如，美洲开发银行帮助清洁技术基金和墨西哥能源服务公司（ESCO）将价值 1. 25 亿美元的绿色项目打包并发行，以这些项目未来能产出的现金流做担保，而不是完全依赖项目开发公司的资产，从而降低了发行人的成本和风险。为了实现其开发每个本地资本市场的目标，美洲开发银行还支持哥伦比亚通过其国有商业银行 Bancóldex 发行首批绿色债券，该绿色债券 2017 年底在本地市场的总价值为 2000 亿比索。

（六）伊斯兰开发银行

伊斯兰开发银行成立于 1974 年，致力于促进成员国和全球穆斯林社区的经济社会发展。成为伊斯兰开发银行成员国的基本条件是必须已加入伊斯

---

① IsDB. Sustainability Report 2020 ［R/OL］. https：//publications. iadb. org/publications/english/document/Inter-American-Development-Bank-Sustainability-Report-2020. pdf.

兰合作组织（OIC），现在伊斯兰开发银行的主要成员国包括沙特阿拉伯、伊朗、阿联酋、印度尼西亚等。伊斯兰开发银行将气候变化行动视为关键优先事项，并投资于气候部门影响较大的项目，包括能源（可再生和智能系统）、气候智能型农业、林业、资源效率、零碳建筑、可持续交通、可持续城市发展、海岸保护、废物管理、水资源和环境卫生等领域①。

1. 伊斯兰开发银行的气候政策

2019 年，执行董事会批准通过了《伊斯兰开发银行气候变化政策》。该气候变化政策采纳了《将气候行动纳入金融机构主流的自愿原则》和《多边开发银行气候融资跟踪的共同原则》②。《伊斯兰开发银行气候变化政策》有三大战略支柱：①将气候行动纳入银行业务主流；②增强气候变化抵御能力；③支持绿色经济转型。《伊斯兰开发银行气候变化政策》强调了撬动资源的重要性，为了实现气候和发展目标，伊斯兰开发银行必须开拓气候融资渠道、调动额外资源以及提高持续获得优惠资金的能力。2020 年，伊斯兰开发银行公布了《气候变化行动计划（2020~2025）》，进一步响应《伊斯兰开发银行气候变化政策》，强调战略支柱间的协同效应是取得整体成功的关键。伊斯兰开发银行希望将气候变化减缓和适应措施纳入其投资和贷款业务中，以保证业务活动与《巴黎协定》的目标相一致③。在这一过程中，伊斯兰开发银行会与其他多边银行合作，一同朝"巴黎协调"（Paris Alignment）目标前进。伊斯兰开发银行还承诺到 2025 年，气候融资至少占其总资金的 35%。在上述政策的基础之上，2022 年 6 月伊斯兰开发银行推出了《巴黎协调实施行动计划（2022~2023）》，宣布到 2023 年底，其主权业务与《巴黎协定》的目标完全一致。

---

① IsDB. The Islamic Development Bank ［R/OL］. https：//www. isdb. org/sites/default/files/media/documents/2022 - 08/Corporate% 20Presentation% 20of% 20Islamic% 20Development% 20Bank% 20IsDB-2%20% 281%29. pdf.
② IsDB. Climate Change ［EB/OL］. https：//www. isdb. org/climate-change.
③ IsDB. 2020 - 2025 Climate Action Plan ［R/OL］. https：//www. isdb. org/sites/default/files/media/documents/2022 - 02/IsDB _ Climate _ Action _ Plan _ 2020% 20 -% 202025% 5B12% 5D. pdf.

在标准与程序方面，伊斯兰开发银行于 2020 年 2 月发布了《环境和社会保障政策》，它由总体目标、政策支柱、政策引擎与指导原则构成（见图 16）。

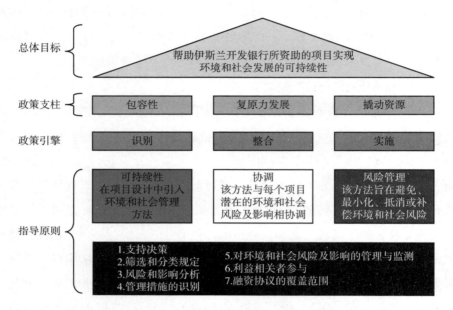

图 16　伊斯兰开发银行《环境和社会保障政策》框架

资料来源：根据公开数据收集和处理编制。

2. 伊斯兰开发银行的绿色金融行动

伊斯兰开发银行最早并未同其他多边开发银行一样对气候融资或绿色金融进行特别强调①，不过，为保持与其他多边开发银行的一致性，提高国际交流效率，伊斯兰开发银行于 2017 年开始沿用多边开发银行普遍的业务分类模式，将气候融资单独提出作为一个业务部门。

根据《伊斯兰开发银行发展成效报告（2021）》的初步统计，伊斯兰开发银行 2021 年的气候融资承诺额为 6.84 亿美元，占当年批准拨款总额的 31%。伊斯兰开发银行在 2021 年还审查了来自不同部门和区域的 40 个项目

---

① 中央财经大学绿色金融国际研究院 . IIGF 观点：关于伊斯兰开发银行绿色战略的分析与探讨 [EB/OL]. https：//iigf.cufe.edu.cn/info/1012/1149.htm.

的物理气候风险。另外，伊斯兰开发银行与绿色气候基金进行了合作①。2021年，伊斯兰开发银行与绿色气候基金达成交付合作伙伴关系，方便伊斯兰开发银行为其成员国获取气候融资提供支持。目前，绿色气候基金已批准伊斯兰开发银行一项270万美元的提案，用于支持伊拉克、巴林、黎巴嫩、约旦和巴勒斯坦私营部门的气候行动。

根据《多边开发银行气候金融联合报告》，伊斯兰开发银行2020年的气候融资总额为2.61亿美元。从资金用途来看，1.71亿美元用于气候变化适应，0.9亿美元用于气候变化减缓。从资金流向来看，2.59亿美元分配给了中低收入国家，仅有0.02亿美元分配给了高收入国家。2019年，伊斯兰开发银行的气候融资总额为4.66亿美元。从资金用途来看，2.18亿美元用于气候变化适应，2.48亿美元用于气候变化减缓。从资金流向来看，4.64亿美元分配给了中低收入国家，仅有0.02亿美元分配给了高收入国家②。对比2019~2021年的气候融资总额可以看出，2020年气候融资因受新冠肺炎疫情影响下滑严重，2021年恢复迅速。另外，2020年的气候变化适应融资占比明显高于2019年，可能的原因是伊斯兰开发银行的气候融资主要集中于中低收入国家，而中低收入国家在疫情期间经济衰退、失业率飙升，在气候行动中更倾向于采取较为温和的适应策略。

为了提升绿色金融创新能力、开拓绿色金融市场，伊斯兰开发银行根据国际资本市场协会（ICMA）制定的标准创建了可持续金融框架（SFF）。在该框架下，伊斯兰开发银行推出了绿色伊斯兰债券（Green Sukuk Bond）与可持续伊斯兰债券（Sustainability Sukuk Bond）。伊斯兰开发银行于2019年11月首次发行绿色伊斯兰债券，共筹集10亿欧元，这是有史以来第一个AAA评级的绿色伊斯兰债券，也是伊斯兰开发银行可持续金融框架下的首

---

① IsDB. 2021 Annual Report ［R/OL］. https：//www. isdb. org/sites/default/files/media/documents/ 2022-06/IsDB_ AR21_ REPORT_ EN_ WEB_ high_ Amended_ 26. 5. 22. pdf.

② MDBs. MDB Climate Finance 2020 Key Figures ［R/OL］. https：//www. isdb. org/sites/default/ files/media/documents/2021-06/2020%20Joint%20MDB%20report%20on%20climate%20finance_ Infographic_ final%20web. pdf.

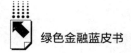

次交易，具有里程碑式的意义①。这些资金已全部分配给了 11 个符合气候变化减缓和适应目标的绿色项目，内容涵盖可再生能源、清洁交通、能源效率、污染防治、自然资源和土地利用的环境可持续管理以及废水管理等。可持续伊斯兰债券则于 2020 年 6 月首次亮相，筹资 15 亿美元。2021 年 3 月第二笔可持续伊斯兰债券发行，筹资 25 亿美元，其中 90% 的资金用于社会项目，10% 用于绿色项目。

四　跨区域性多边开发银行

跨区域性多边开发银行的成员不集中位于某一地区，但是发展程度和经济基础相近，具有较扎实的合作基础。跨区域性多边开发银行是一种比较新的多边开发银行组织形式，新开发银行成立于 2014 年，亚洲基础设施投资银行成立于 2015 年。

（一）亚洲基础设施投资银行

亚洲基础设施投资银行成立于 2015 年，其宗旨是促进亚洲区域建设互联互通化和经济一体化的进程，并且加强中国及其他亚洲国家和地区的合作，是首个由中国倡议设立的多边金融机构。亚洲基础设施投资银行致力于帮助客户建设以可持续性、创新性和连通性为核心的绿色基础设施。

1. 亚洲基础设施投资银行的气候政策

2020 年，亚洲基础设施投资银行联合 Amundi 发布了《气候变化投资框架》，为投资者提供一个基准工具，在发行层面评估投资与气候变化相关的项目的金融风险和机遇，并创新性地将《巴黎协定》的 3 个目标（减缓气候变化；适应气候变化；调整资金流动，使其与温室气体减排和气候变化适应型发展的路径相一致）转化为投资者可以用来评估气候变化缓解、气候

---

① IsDB. Annual Impact Report on IsDB Debut Green Sukuk [R/OL]. https：//www. isdb. org/sites/default/files/media/documents/2021-01/Annual% 20Impact% 20Report% 20on% 20IsDB% 20Debut% 20Green%20Sukuk%20%28Dec%202020%29_ 0. pdf.

变化适应和低碳转型方面投资进展的基本指标①。

在能源政策方面，亚洲基础设施投资银行于 2017 年颁布了《能源部门战略：亚洲可持续能源》，为能源项目的投资制定了明确的框架。2021 年 12 月，亚洲基础设施投资银行启动该战略的更新程序，以反映最新的部门和制度背景，即亚洲基础设施投资银行的企业战略、新的气候融资目标和对"巴黎协调"的承诺。该战略符合亚洲基础设施投资银行"精益、清洁、绿色"的核心价值观，为亚洲基础设施投资银行搭建了能源部门的援助框架：①发展和改善客户国的能源基础设施；②增加能源获取；③促进客户国向碳密集度较低的能源结构过渡；④帮助客户国实现它们在"人人享有可持续能源"、2030 年可持续发展议程和《巴黎协定》等全球倡议中的目标和承诺②。

在标准与程序方面，亚洲基础设施投资银行在 2016 年 2 月就批准通过了其环境和社会框架（ESF），并分别于 2019 年和 2021 年进行了两次修订。亚洲基础设施投资银行的环境和社会框架包含理想愿景声明、强制性环境和社会政策（ESP）、强制性环境和社会标准（ESS）以及环境和社会排除清单（ESEL）4 个主要部分③。相比于最初版本，修订后的环境和社会框架有更严格的气候变化规定，进一步主张在资本市场运营中使用 ESG 方法，增加了亚洲基础设施投资银行披露客户环境和社会文件草案的最后期限，信息披露标准更加明确，还加强了亚洲基础设施投资银行对生物多样性和生态系统服务的承诺。2021 年，亚洲基础设施投资银行启动可持续发展债券框架，并规定该框架适用于其所有债务。可持续发展债券框架概述了亚洲基础设施

---

① AIIB. Applying a Climate Framework to Capital Markets [EB/OL]. https：//www. aiib. org/en/news-events/media-center/blog/2021/Applying-a-Climate-Framework-to-Capital-Markets. html.

② AIIB. Energy Sector Strategy：Sustainable Energy for Asia [R/OL]. https：//www. aiib. org/en/policies-strategies/strategies/sustainable-energy-asia/. content/index/_ download/energy-sector-strategy. pdf.

③ AIIB. Environmental and Social Framework [R/OL]. https：//www. aiib. org/en/policies-strategies/_ download/environment-framework/AIIB-Revised-Environmental-and-Social-Framework-ESF-May-2021-final. pdf.

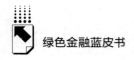
投资银行在其职责范围内致力于可持续融资活动的政策、战略、流程和机制，还规定了资金的使用和管理以及跟踪融资影响的方法，以提高亚洲基础设施投资银行运营的透明度。

2. 亚洲基础设施投资银行的绿色金融行动

为体现其支持《巴黎协定》的承诺，亚洲基础设施投资银行的目标是到 2025 年气候融资额达到或超过其实际融资批准金额的 50%。到 2030 年，亚洲基础设施投资银行累计气候融资额预计将达到 500 亿美元。2021 年 10 月，亚洲基础设施投资银行宣布将在 2023 年 7 月 1 日之前使其业务与《巴黎协定》的目标保持一致。

如图 17 所示，2016~2018 年，亚洲基础设施投资银行按照国际标准累计提供了 25 亿美元的气候融资，约占其同期融资总额的 35%。2019 年，亚洲基础设施投资银行的气候融资总额为 17 亿美元，占该年基础设施批准融资总额的 39%。2020 年，亚洲基础设施投资银行的气候融资总额为 12 亿美元，占已批准的基础设施融资总额的 41%。2020 年气候融资额下滑的主要原因是受到新冠肺炎疫情的冲击，以及疫情恢复项目占用了部分资金。在 2020 年批准的 18 个基础设施项目中，13 个具有气候融资成分，其中 7 个项目属于气候变化缓解融资，4 个项目属于气候变化适应融资，2 个项目具有双重效益。这 13 个气候融资项目的领域分布为：交通领域 4 个、能源领域 3 个、水务领域 2 个、金融领域 2 个、城市发展领域 1 个、信息通信技术领域 1 个。值得一提的是，亚洲基础设施投资银行利用创新的融资工具调动了私人部门的气候融资，如来自 Lightsmith 气候韧性合作伙伴基金的融资①。

在绿色债券方面，2019 年亚洲基础设施投资银行推出了 5 亿美元的亚洲气候债券组合，以加快成员的气候行动，促进新兴市场投资，解决气候相关债券市场欠发达的问题。2020 年，亚洲基础设施投资银行共通过 27 笔交

---

① AIIB. Annual Report：Sustainable Development Goals and Climate Finance［EB/OL］. https：//www. aiib. org/en/news-events/annual-report/2020/our-investments/index. html#part4.

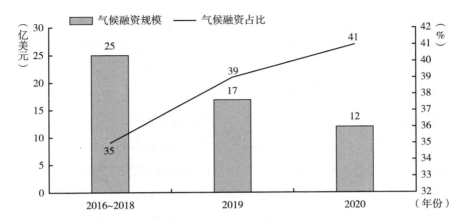

图 17　2016～2020 年亚洲基础设施投资银行气候融资规模与占比

资料来源：《亚洲基础设施投资银行年报》（2019～2020）。

易发行了价值 88 亿美元的可持续发展债券①。

总的来说，亚洲基础设施投资银行作为一个新兴的多边开发银行，对气候问题给予了高度的重视，在搭建气候行动框架方面入手早、效率高，尤其是近两年，能够明显看出亚洲基础设施投资银行在气候领域加大了行动力度。

（二）新开发银行

新开发银行，又称金砖国家开发银行（BRICS Development Bank），于 2014 年成立，是由金砖国家即巴西、俄罗斯、印度、中国和南非共同倡议建立的国际性金融机构。2021 年新开发银行两次扩员，批准吸收阿联酋、乌拉圭、孟加拉国和埃及为新成员。新开发银行成立的目的是方便金砖国家间的相互结算和贷款业务，从而减少对美元和欧元的依赖，有效保障成员国间的资金流通和贸易往来②。在气候方面，新开发银行旨在为金砖国家及其

① AIIB. Sustainable Development Bonds Impact Report 2020 ［R/OL］. https：//www. aiib. org/en/news‐events/impact‐reports/sustainability‐bond‐impact/2020/＿download/AIIB‐SBI‐2020＿Oct‐27. pdf.

② NDB. About Us ［EB/OL］. https：//www. ndb. int/about‐us/strategy/environmental‐social‐sustainability/.

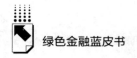
他新兴市场经济体和发展中国家的基础设施建设、可持续发展项目筹措资金，清洁能源、交通、水资源和污水处理、城市发展和环境保护等领域是其贷款的主要方向。

1. 新开发银行的气候政策

新开发银行每 5 年颁布一份《新开发银行总战略》，在第一个五年战略中，新开发银行并没有就气候变化和气候融资做出详细的规划部署，只是宽泛地承诺将帮助金砖国家和其他新兴市场国家实现联合国 2030 年可持续发展目标，履行《亚的斯亚贝巴行动议程》和《巴黎协定》中关于开发性融资和气候行动的承诺。在 2022 年 5 月 19 日举行的第七届年会上，新开发银行理事会批准了 2022~2026 年的总体战略，主题为"为可持续的未来扩大开发性融资规模"，旨在提升新开发银行大规模调动资源、进行多样化项目融资和使用复杂工具的能力，以最大限度地发挥其影响力。新开发银行承诺在 2022~2026 年，将总融资额的 40% 用于有助于气候变化减缓和气候变化适应的项目，如能源转型项目①。

在标准与程序方面，2015 年底，新开发银行颁布了《环境与社会框架》，2016 年进行了两次再版。该框架规定了新开发银行环境和社会管理业务的核心原则，有助于银行管理项目中的环境和社会风险及影响，将环境和社会因素广泛纳入各方决策过程②。

2. 新开发银行的绿色金融行动

在 2022~2026 年新开发银行总战略中，扩大气候融资规模、支持成员国向低排放和气候适应型发展过渡已经成为战略重点之一。新开发银行往年没有气候融资方面的官方报告或正式统计数据，2021 年新开发银行根据多边开发银行共同提出的追踪方法对其往年累计的气候融资总额进行了估算，

---

① NDB. New Development Bank General Strategy for 2022-2026：Scaling up Development Finance for a Sustainable Future ［R/OL］. https：//www. ndb. int/wp－content/uploads/2022/07/NDB_StrategyDocument_ Eversion-1. pdf.

② NDB. New Development Bank Environment and Social Framework ［R/OL］. http：//www. ndb. int/wp-content/themes/ndb/pdf/ndb-environment-social-framework-20160330. pdf.

到 2020 年底，新开发银行的气候融资承诺累计额估计为 47 亿美元，约占该银行累计获批资金的 19%。

新开发银行虽然缺少系统的气候融资统计，但是其基于项目分类的统计数据较为详细。2016~2020 年，新开发银行共批准 15 个清洁能源项目、7 个水资源管理和卫生项目以及 4 个环境效率项目。截至 2020 年底，新开发银行已为 13 个清洁能源项目、3 个环境效率项目以及 7 个灌溉、水资源管理和卫生项目投资，总投资额分别为 34.96 亿美元、9 亿美元和 18.91 亿美元。上述清洁能源项目预计将使成员国的可再生能源产能增加 2800 兆瓦；灌溉、水资源管理和卫生项目预计可提高饮用水供应能力 15.9 万立方米/天，污水处理能力 53.5 万立方米/天；环境效率项目则与新开发银行促进其成员国向更可持续及更负责任的生产和消费模式转型的承诺相一致。

值得一提的是，2020 年新开发银行增加了数字基建领域和新冠肺炎疫情抗击领域的投资。新开发银行承诺为疫情相关紧急援助计划及项目提供总计 100 亿美元的贷款，截至 2020 年底，已为 6 个项目放贷 60.7 亿美元，约占其投资组合总额的 25%，是投资组合中占比最大的部分，可见新开发银行对新冠肺炎疫情的重视[1]。

总的来说，新开发银行作为新成立不久的多边开发银行，相比于世界银行、欧洲投资银行等成熟的多边开发银行，业务范围窄，项目数量、规模和投资额都比较小，另外，其气候政策还处在起步阶段，气候融资的统计和报告方面也有很大的进步空间。

五 挑战与展望

（一）多边开发银行的优势与特点

联合国第三次发展筹资问题国际会议上发布的《亚的斯亚贝巴行动议

---

[1] NDB. Annual Report 2020：Meeting Ever-evolving Development Challenges［R/OL］. https：//www.ndb.int/wp-content/uploads/2021/07/NDB-AR-2020_ complete_ v3.pdf.

程》总结了多边开发银行的 5 个特点：具有长期性和稳定性；具有反周期性；具有优惠性；能提供专有技术和技术援助；能撬动私人资本（见表4）。这些特点恰好可以解决绿色金融实践中面临的相关问题。例如，很多绿色基础设施项目存在建设周期长、收回成本较慢、风险高等问题，阻碍以商业利益为主驱动力的私营资本参与到绿色投资中。因此，在绿色金融发展进程中，多边开发银行正发挥着越来越重要的作用。一方面，在可持续发展议题日益受到重视的背景下，由于多边开发银行具有政策导向性，越来越多的资本通过多边开发银行进入绿色领域。如前文所示，全球八大多边开发银行2020 年承诺提供的气候融资总额达到 660.45 亿美元。另一方面，多边开发银行正利用自身的专业性和权威性为绿色项目保驾护航，撬动更多私营资本进入相关领域。多边开发银行的使命及其公共和准公共的资金性质，可以在公共资本和私人资本之间搭建桥梁①。由此，多边开发银行在绿色金融发展中的巨大潜力可见一斑。

表 4　多边开发银行的特点总结

特点	表现
具有长期性和稳定性	多边开发银行的平均贷款期限为 20~30 年，它们对项目提供长期资金支持,在项目与行业层面和地域层面都可以提供稳定的投资。世界银行和亚洲开发银行就长期致力于通过清洁空气倡议来改善亚洲城市的空气质量
具有反周期性	多边开发银行通常有能力在其他投资者不愿投资的领域进行战略性投资。例如，在国际金融危机之后，多边开发银行扩大了气候融资的规模，弥补了许多国家在这一领域的预算削减
具有优惠性	多边开发银行能够以各种形式提供优惠,包括向战略领域提供混合融资。亚洲开发银行的绿色金融优惠条款和美洲开发银行的绿色信贷额度提升都是这方面的典例,二者都希望通过优惠条件提高绿色项目的可融资性
能提供专有技术和技术援助	多边开发银行有能力提供专有技术和技术援助,无论是就具体项目还是就整个国家或地区而言,规模大、投资经验丰富的多边开发银行拥有比其他投资者更全面的专业知识。例如,国际货币基金组织和世界银行建立伙伴关系,进行税务诊断

---

① 中央财经大学绿色金融国际研究院. The Role of Multilateral Development Banks in Green Finance［R/OL］. https://iigf. cufe. edu. cn/_ _ local/8/54/BF/0DDB3B192C3D541F7E67D 94C4BD_ B9C62F06_ 3DDAB0. pdf? e=. pdf.

特点	表现
能撬动私人资本	通过金融政策支持和金融机制，多边开发银行可以降低机构和项目层面的认知风险，从而撬动更多私人资本。根据世界银行的数据，多边开发银行每投资 1 美元就能撬动 2~5 美元的私人资本投资，而发达国家对发展中国家提供的公共气候资金在这一指标上的表现仅为 0.34 美元

资料来源：根据公开数据收集和处理编制。

（二）多边开发银行面临的挑战

总的来说，目前多边开发银行对绿色金融发展的投入力度不断加大。在实际业务开展中，气候相关业务在一些多边开发银行中的占比已颇具规模，如欧洲复兴开发银行、欧洲投资银行、新开发银行等多边银行已经完成或超额完成了既定的绿色金融发展目标。但是，想要加强绿色金融参与，多边开发银行仍面临不小的挑战，主要来自以下 4 个方面：制度环境、项目融资、项目开发和金融市场。

在制度环境方面，多边开发银行面临政治、经济和环境不稳定的挑战。新冠肺炎疫情重创全球经济，延缓了气候行动的脚步，消耗了大量的资源，部分多边开发银行的气候融资额下降明显。在未来几年，全球经济、政治局势依然有较大的不稳定性。除此之外，政策不一致、监管缺失、竞争不公平等都阻碍了绿色金融的发展。

在项目融资方面，由于绿色项目的技术和市场开发还不够成熟，总体而言，开展绿色项目的财务成本要高于传统项目。在认知上，绿色项目融资者还要克服对短期利润的偏好，建立优先考虑长期环境可持续性的思维方式。此外，由于市场开发程度和成熟度较低，绿色项目存在先行成本高、风险大、标准和数据缺乏、技术未证实等问题，这些都阻碍了私人部门的投资。

在项目开发方面，一个根本问题是开发者缺乏使用绿色金融标签来吸引融资的经验，包括对绿色金融机制的认识有限、缺乏利用非传统金融的经验、构建绿色标签项目的能力有限等。另外，由于绿色项目所有者通常是国

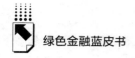

家和地方政府机构，透明和全面的项目渠道常常无法得到保证。

在金融市场方面，存在绿色资产类型不成熟、专用资金和专业工具匮乏、风险状况不匹配等问题。在绿色金融产品中，数据可用性和透明度不足，国际、国家和地方标准化水平有限，同时缺少良好实践的知识共享。

（三）多边开发银行绿色金融展望

要想有效应对上述挑战，多边开发银行必须最大限度地利用好自己的特点，以《巴黎协定》等国际协约为指南，进一步加大气候行动力度，从标准设立、影响评估、技术援助、绿色金融工具创新和私人资本撬动等方面入手推动绿色金融的发展。结合前文对多边开发银行近几年绿色金融行动的总结，本报告对多边开发银行未来的绿色金融发展路径提出以下展望。

1. 进一步完善绿色金融报告体系，推进全球绿色金融标准化工作

目前，各多边开发银行对"绿色"或"绿色金融"的定义各不相同，通常反映了各地区的不同情况，如经济发展水平、现有的工业和能源结构、资源禀赋，以及定义"绿色"的目的。缺乏统一的、全球公认的绿色分类法和项目目录，透明度和披露标准存在差异，不利于绿色资金的跨境流动，也经常被全球投资者和发行方视为跨境绿色投资的主要制约因素。为了进一步完善绿色金融报告体系，多边开发银行应致力于商讨统一的"绿色金融"定义。此外，应不断改进追踪方法，提高报告的透明度。多边开发银行与IDFC已成立工作组，持续优化其"气候变化适应和气候变化减缓追踪共同原则"，并着力于开发更多具有代表性的指标，以全面监测气候融资结果。《多边开发银行气候金融联合报告》曾经只统计中低收入国家的气候融资数据，2019年开始统计高收入国家的气候融资数据，说明报告的内容更加全面，能够更完整、更系统地反映多边开发银行绿色金融的实践成果与影响。同时，我们看到，伊斯兰开发银行和亚洲基础设施投资银行分别于2019年和2020年加入该报告，展现了多边开发银行加强合作、共同开发追踪原则、制定统一标准的趋势。未来，可能会有更多的多边开发银行加入该报告，共同建立完善的多边开发银行报告体系，在政策建议、定价和融资形式上保持

良性竞争，继续深化合作，提升绿色投资效率。

在绿色金融标准化方面，多边开发银行在开发性金融上的专业性和权威性是有目共睹的，它们具有天然的优势力量将各利益相关方联合起来，促进全球标准化工作的开展，它们制定的绿色标准可能会对全球标准产生巨大影响。多边开发银行应该利用这一优势，结合自身所掌握的关于绿色金融市场的大量知识与经验，基于一定的共识制定相关标准，推动绿色债券、绿色信贷、绿色保险等绿色金融产品的国际化接轨。

2. 加大私人资本撬动力度

多边开发银行可以在撬动私人资本为环境可持续发展提供资金方面发挥重要作用。未来可持续发展所需资金大部分将由私营部门提供，而如同前文提到的，多边开发银行平均每投资 1 美元就能撬动 2~5 美元的私人资本投资，拥有较强的资金杠杆能力。

近年来多边开发银行对撬动气候领域的私人资本给予了极大的关注，各大多边开发银行都将增加私人部门的气候融资纳入自身的气候战略之中，并积极付诸实践，如亚洲基础设施投资银行就利用创新的融资工具吸引了来自 Lightsmith 气候韧性合作伙伴基金的融资。虽然多边开发银行已经在动员私人资本参与绿色投资上付出了较大努力，但与绿色发展面临的资金缺口相比，这样的力度还远远不够。目前，各大多边银行都有加大私人资本撬动力度的趋势，但没有设定明确的目标，如私人部门融资占气候融资总额的比重。未来多边开发银行可能会着重于明确撬动私人资本的发展路径，为如何激活更多的潜在投资、进一步激发全球绿色金融发展活力提供详细的指导。

3. 完善并推广环境和社会风险管理体系

前文所述的 9 家多边开发银行都已经颁布了环境和社会保障文件，其中世界银行、欧洲投资银行、欧洲复兴开发银行和亚洲开发银行已经构建了比较完善且系统的环境和社会框架，而新开发银行、亚洲基础设施投资银行、非洲开发银行、美洲开发银行和伊斯兰开发银行则通过已经发布的政策文件描绘了其环境和社会框架的雏形。

外部环境的迅速变化对目前的风险评估方法提出了挑战。除了应对项目的内部资金风险和其他外部因素带来的传统风险外，多边开发银行还必须采用新的方法来评估新的风险，如 2017 年 G20 绿色金融研究小组和 TCFD 强调的气候风险以及过渡性环境相关风险。此类评估方法应充分包括资产等级数据、影响测度数据、潜在情景以及其他特定情景变量。因此，不少多边开发银行基于现实变化对其环境和社会保障程序做出了相应修订，如 2019 年欧洲复兴开发银行修订了其《环境和社会标准》，2021 年亚洲基础设施投资银行修订了其《环境和社会框架》，2022 年欧洲投资银行修订了其《环境和社会标准》，它们在修订版中引入了新的风险、影响和绩效评估办法。此外，世界银行也在其新的气候行动计划提出要纳入新的气候风险评估方法。

与此同时，多边开发银行与世界各国的金融机构在主权贷款、商业贷款和其他气候投融资项目方面有着广泛的业务合作。多边开发银行在完善自身的环境风险和绩效评估的同时，也可以通过自身的业务触角，向发展中国家的金融机构提供能力建设、环境风险和绩效评估方面的经验，帮助发展中国家加强环境和社会风险管理。

4. 积极推动疫情发生后的绿色复苏

2020 年，新冠肺炎疫情在全球蔓延，对人民健康构成了巨大的威胁，全球经济遭受重大损失。抗击新冠肺炎疫情迅速成为多边开发银行的工作重点，其开展了大量相关投资。应对新冠肺炎疫情这一全球性公共卫生危机占据了大量资源，疫情导致许多国家的政府债务负担大幅增加，各国政府增加了财政支出，用于帮助企业、稳定就业、救助贫困家庭和失业人员等。高债务负担使得一些长期发展问题的应对行动被迫延缓，应对气候变化、推动绿色和低碳转型就是其中之一，这种情况在低收入和中低收入国家尤甚。沉重的债务负担也增加了这些国家面对外部冲击的脆弱性。

2020 年，亚洲开发银行、亚洲基础设施投资银行、非洲开发银行、欧洲复兴开发银行、美洲开发银行和伊斯兰开发银行的气候融资总额相比于2019 年都有所下滑。其中，美洲开发银行和欧洲复兴开发银行的下滑趋势不典型，因为美洲开发银行自 2018 年就开始有下滑趋势，欧洲复兴开发银行的气候融资在 2015 年和 2018 年也有两次波动。其余 4 家多边开发银行则是在明显的上升趋势中突然出现了 2020 年的下降。同时，这 4 家多边开发银行的成员多是发展中国家或中低收入国家，可见新冠肺炎疫情对发展中国家的气候融资造成了不小的打击。伊斯兰开发银行和非洲开发银行 2021 年的气候融资额已有回暖的迹象，不过未来的气候融资趋势仍难以预测。

八大多边开发银行的抗疫援助资金额如表 5 所示。未来，多边开发银行开展的"新冠肺炎疫情应对项目"（CRF）应该会逐渐把重心从紧急援助和疫苗制造转变为支持长期经济复苏与可持续发展，与疫情前的项目趋向一致。目前，多边开发银行正尝试将绿色和气候因素纳入新冠肺炎疫情的应对措施中，此类举措包括：在医疗中心安装可再生能源设备；提供可持续的水资源和卫生解决方案，以改善公共卫生和提升资源利用效率；针对弱势群体开展"应对冲击"社会保护方案；等等。在新冠肺炎疫情发生后经济复苏的大背景下，多边开发银行在帮助世界各国尤其是发展中国家走有韧性的、包容的绿色复苏道路上扮演着举足轻重的角色。

表 5　八大多边开发银行抗疫援助资金

多边开发银行	计划资金分配	已付款
欧洲投资银行	534.17 亿美元	480.65 亿美元
非洲开发银行	100 亿美元	40.7 亿美元
亚洲开发银行	331.4 亿美元	290 亿美元
亚洲基础设施投资银行	200 亿美元	116 亿美元
欧洲复兴开发银行	210 亿欧元	83 亿欧元
美洲开发银行	120 亿美元	75 亿美元
伊斯兰开发银行	23 亿美元	暂缺数据
新开发银行	100 亿美元	140 亿人民币+70 亿美元

资料来源：根据各银行官网相关报道整理。

专题篇
Topical Report

B.5
生物多样性金融报告

Aleksandra Janus　毛倩　赵鑫　陈千明*

摘　要：　地球上的生态系统是人类生存和发展不可或缺的基础。近年来，全球生物多样性丧失的情况不断加剧，生物多样性问题是全人类共同面临的挑战。当前，越来越多的人意识到保护生物多样性的重要性和紧迫性，并希望扭转生物多样性损失的局面。生物多样性金融旨在通过协调利用金融资源来支持生物多样性保护。发展生物多样性金融对于管理生物多样性相关系统性金融风险、填补生物多样性保护投融资缺口具有重要意义。国际上对生物多样性相关金融风险的研究实现突破，明确了生物多样性对金融稳定的影响。全球生物多样性投融资机制创新和国际合作方兴未艾。近年来，生物多样性在中国也得到空前的关注，

* Aleksandra Janus，中央财经大学绿色金融国际研究院助理研究员，研究方向为生物多样性金融；毛倩，中央财经大学绿色金融国际研究院国际合作部主任、研究员，研究方向为可持续金融、生物多样性金融和蓝色金融；赵鑫，中央财经大学绿色金融国际研究院助理研究员，研究方向为可持续金融；陈千明，中央财经大学绿色金融国际研究院助理研究员，研究方向为蓝色金融、渔业金融。

在生态环境保护和应对气候变化议题下，越来越多的政策支持和引导资金流向生物多样性保护。中国的绿色金融体系也为发展生物多样性金融奠定了良好的基础。同时，中国积极参与国际生物多样性金融相关的研究和标准制定工作，积极探索生物多样性投融资机制，广泛地参与和发起生物多样金融相关国际倡议和合作。当然，生物多样性金融整体上还处在萌芽阶段，面临诸多挑战。在未来几年，还需不断完善标准，扩大投融资，加强风险管理，推动经验交流和人才建设。

关键词： 生物多样性金融　风险管理　融资缺口　国际合作

一　生物多样性金融的背景

根据联合国《生物多样性公约》的定义，生物多样性是指"所有来源的活的生物体中的变异性或多样性，包括陆地、海洋及其他水生生态系统及其所构成的生态综合体；这包括物种内、物种之间和生态系统多样性"[1]。政府间生物多样性和生态系统服务科学政策平台（Intergovernmental Science Policy Platform on Biodiversity and Ecosystem Services，IPBES）将生态系统服务定义为"人类从生态系统中获得的好处"[2]。人类的生产生活离不开生态系统服务，生物多样性作为调节生态系统的重要因素之一，能够确保生态系统发挥生产、复原和调节的功能，最终保证生态系统服务的稳定性，造福人类。

（一）全球生物多样性现状

目前，全球生物多样性现状不容乐观，生物多样性丧失的进程未得到有

---

[1]　中华人民共和国生态环境部. 生物多样性概念和意义［EB/OL］. https：//www. mee. gov. cn/home/ztbd/swdyx/2010sdn/sdzhsh/201001/t20100114_ 184321. shtml.

[2]　IPBES. Glossary：Ecosystem Services［DS/OL］. https：//ipbes. net/glossary/ecosystem-services.

效遏制，并呈现区域间的差异性。根据 IPBES 的《全球生物多样性和生态系统服务评估报告》，自 1900 年以来，大多数陆地栖息地的本土物种平均丰富度下降了至少 20%，而且目前约有 100 万种动植物物种面临灭绝的威胁。超过 40%的两栖动物物种、近 33%的珊瑚礁形成的珊瑚和超过 1/3 的海洋哺乳动物受到威胁。到 2016 年，超过 9%的用于粮食和农业的驯化哺乳动物品种已经灭绝，并且至少还有 1000 多个物种仍受到威胁。该报告还指出，直接推动此自然变化的 5 个驱动因素为：①陆地和海洋使用变化；②采伐、狩猎、捕鱼和其他对生物的直接开发；③气候变化；④污染；⑤物种入侵。这 5 个直接驱动因素也受一系列间接因素影响，包括人类的生产和消费模式、人口变化、贸易、技术创新和公共政策①。

在对不同地区生物多样性的评估上，英国自然历史博物馆发布的生物多样性完整性指数（Biodiversity Intactness Index，BII）② 指出，在西欧部分地区和北美部分地区，生物多样性损失严重。相比之下，撒哈拉以南非洲、南美洲和亚洲部分地区的生物多样性则相对完好。

（二）气候变化与生物多样性丧失

气候变化作为国际环境问题的另一个焦点，与生物多样性有不可忽视的内在关联。首先，气候变化和生物多样性丧失往往由共同的因素导致，如人类的生产活动。其次，气候变化正在加剧生物多样性丧失。例如，气候变化会使植被的分布北移，陆地生物多样性持续减少，海洋和海岸带生态系统受到严重威胁，而且气候变化的影响将随着时间的推移不断加重③。预计气候变化带来的温度上升和降雨模式转变将使许多栖息地不再能够维持所属地原

---

① IPBES. Media Release：Nature's Dangerous Decline "Unprecedented"；Species Extinction Rates "Accelerating" [EB/OL]. https：//ipbes. net/news/Media-Release-Global-Assessment.
② 如果 BII 值高于 90%，说明该地区有足够的生物多样性，是一个具有弹性的生态系统；若低于 90%，意味着生态系统的运转情况可能不够良好和可靠；如果 BII 低于 30%，说明该地区的生物多样性已被耗尽，生态系统面临崩溃的风险。
③ IPBES. Global Assessment Report on Biodiversity and Ecosystem Services [EB/OL]. https：//ipbes. net/global-assessment. https：//ipbes. net/global-assessment.

有的生态系统。对此，现有研究预计在气温上升2℃时，面临气候相关灭绝风险的物种比例为5%，此数值在气温上升4.3℃时将上升到16%[1]。最后，生物多样性丧失也会加剧气候变化。海洋和陆地生态系统每年会吸收人类活动排放的60%，即5.6亿吨碳排放[2]，而生态系统中具有较高二氧化碳吸收能力的森林、红树林、湿地、泥炭地和沼泽地等在应对气候变化方面同样扮演着关键的角色。

（三）生物多样性与可持续发展

可持续发展指的是"既满足当代人需求，又不损害后代满足自身需求的能力"[3]。可持续发展对于长时间保证人类物质与非物质生活质量至关重要，而生物多样性则是实现可持续发展的基石。在联合国可持续发展目标（Sustainable Development Goals，SDG）中，与生物多样性相关的可持续发展目标包括清洁饮水和公共设施（SDG 6）、气候行动（SDG 13）、水下生物（SDG 14）和陆地生命（SDG 15），并且与无贫穷（SDG 1）、零饥饿（SDG 2）、良好健康和福祉（SDG 3）、可持续城市和社区（SDG 11）等可持续发展目标间接相关。

（四）自然资本与生物多样性经济价值

不同的经济框架对生物多样性和生态系统服务的价值有不同的看法。新古典主义经济学认为自然是经济的一个外部因素，可以被劳动或技术创新所取代，因此自然资源不会制约经济增长，经济可以无限制地扩张[4]。生物多

---

① IPBES. Global Assessment Report on Biodiversity and Ecosystem Services [R/OL]. https：// ipbes. net/sites/default/files/inline/files/ipbes_ global_ assessment_ report_ summary_ for_ policymakers. pdf.

② Geneva Environment Network. Biodiversity and Geneva [EB/OL]. https：//www. genevaen vironmentnetwork. org/resources/updates/biodiversity-and-geneva/.

③ WCED. Report of the World Commission on Environment and Development：Our Common Future [R/ OL]. https：//sustainabledevelopment. un. org/content/documents/5987our-common-future. pdf.

④ 罗浩. 自然资源与经济增长：资源瓶颈及其解决途径 [J]. 经济研究. 2007 (6).

样性经济学则认为经济并不与自然割裂，而是在自然之中，且受到自然的限制①。该经济理论认为自然资源是有限的，即使有先进的技术也无法保证经济的持续增长。最近越来越多的证据证明地球的资源将不足以支撑 2100 年后的经济增长，而改变对自然和经济两者关系的理解对于如何为自然赋予适当的价值至关重要。

人类的经济价值产出依赖多种生态系统服务，其中能够带给人们利益或服务的可再生和不可再生的自然资源存量被称为"自然资本"。到目前为止，很少有科学家试图通过大自然在生态系统服务方面对人类直接和间接贡献的货币价值来评估大自然的价值。早在 1977 年，韦斯特曼就开始对生态系统服务的经济价值进行评估，他在报告中说明了核算自然服务价值的重要性以及这样做所遇到的困难和争议②。科斯坦扎预估，每年整个生物圈的价值保守估计在 125 万亿~145 万亿美元③，约为 2021 年全球 GDP 的 1.4 倍。

尽管全球经济依赖生态系统服务，但人类经济活动未能充分考虑可持续性，也未能合理利用大部分自然资本提供的价值。50%的全球经济价值（近 44 万亿美元）中度或高度依赖自然及生态系统④，自然资本的持续损失威胁人类福祉。以生物多样性丧失所造成的费用来举例，1992~2014 年，人均自然资本存量价值降低了近 40%⑤。1997~2011 年，由于土地覆盖物变化，预计全球每年会损失价值约 4 万亿~20 万亿美元的生态系统服务；由于土地退化，每年会损失约 6 万亿~11 万亿美元；授粉物种的丧失会给全球价值 5770 亿美元的农作物带来威胁⑥。在极端天气下，沿海地区栖息地会提供自

---

① HM Treasury. The Economics of Biodiversity：The Dasgupta Review［R］. 2021.
② Westman，W. E. How Much are Nature's Services Worth？［J/OL］. https：//www. jstor. org/stable/1744285.
③ Costanza，R.，et al. Changes in the Global Value of Ecosystem Services［J/OL］. https：//www. sciencedirect. com/science/article/pii/S0959378014000685.
④ World Economic Forum. The Future of Nature and Business［R］. 2020.
⑤ HM Treasury. The Economics of Biodiversity：The Dasgupta Review［R］. 2021.
⑥ Costanza，R.，et al. Changes in the Global Value of Ecosystem Services［J/OL］. https：//www. sciencedirect. com/science/article/pii/S0959378014000685.

然缓冲和干扰调节，这些地区自然缓冲功能的丧失将威胁 1 亿~3 亿人的生存①。在这种情况下，红树林提供的生态系统服务，如海岸保护、气候调节、渔业支持、原材料供应等，平均每年每公顷将产生 15000 美元的经济价值。根据对印度尼西亚红树林的研究，部分红树林每年每公顷至少可以提供 50000 美元的经济价值②。制药业是生物多样性为人类健康和福祉提供价值的一个最有代表性的行业。生物多样性在支持未来药物开发方面具有巨大潜力。根据 BCC 的报告，2012 年全球植物源性药物市场价值达 221 亿美元③。

据估计，地球上的物种数量约为 870 万种，然而，其中只有少部分被科学界所记载，地球上约 86% 的物种、海洋中约 91% 的物种仍在等待被记录④。这些未被记录的物种一旦消失，其所能创造的价值也将永远失去。综合以上研究可以说明，生物多样性损失将使社会经济价值产生巨大损失，而现有的企业运营中，尚未把生物多样性损失纳入风险管理框架和资产负债表管理。除此之外，现有经济体系难以体现生物多样性价值，一方面是由于生态系统服务在现有经济体系内被视为公共产品，另一方面是由于自然和环境产品的法律权属没有被明确定义和划分，因此自然保护所产生的回报和破坏生物多样性所造成的损失难以被准确衡量。

① IPBES. Global Assessment Report on Biodiversity and Ecosystem Services [EB/OL]. https：//ipbes. net/global-assessment.
② World Bank. The Economics of Large-scale Mangrove Conservation and Restoration in Indonesia [R/OL]. https：//thedocs. worldbank. org/en/doc/89fd7ff87561a4a913ed3371278e7933-0070062022/original/The-Economics-of-Large-scale-Mangrove-Conservation-and-Restoration-in-Indonesia-Technical-Report-Interactive-220603. pdf.
③ European Commission. Science for Environment Policy：What is the Medical Value of Marine Biodiversity? [EB/OL]. https：//ec. europa. eu/environment/integration/research/newsalert/pdf/36si4_ en. pdf.
④ Mora, C., et al. How Many Species are There on Earth and in the Ocean? [J/OL]. https：//journals. plos. org/plosbiology/article? id=10. 1371/journal. pbio. 1001127.

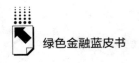
二 生物多样性金融的内涵

（一）生物多样性金融的定义

金融系统与生物多样性具有紧密联系。金融所支持的经济活动会对生物多样性产生影响，而生物多样性的丧失也会给金融系统带来多重风险。因此，通过金融手段来减少对自然环境不利的投资，既是在保护自然，也是在防范潜在金融风险。在此背景下，"生物多样性金融"应运而生，根据联合国开发计划署国际生物多样性金融项目（BIOFIN）的定义，"生物多样性金融旨在筹集和管理资本，利用金融和经济激励措施支持生物多样性保护"①。发展生物多样性金融既可以使金融系统针对其经济活动采取适当的评估措施以激励自然保护并提供必要的资金，也可避免为不可持续的经济活动提供资金。

《生物多样性公约》缔约方大会第十五次会议第一阶段会议通过了《2020年后全球生物多样性框架》，该框架描述了金融支持生物多样性的重要性，梳理了该领域的全球发展态势和当前面临的挑战，并为政府、相关监管部门和金融机构提供建议。其中，该框架提及与生物多样性金融发展相关的两大目标是开展生物多样性风险管理和弥补生物多样性的资金缺口（见图1）。

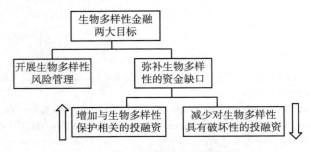

图1 生物多样性金融的两大目标

资料来源：《2020年后全球生物多样性框架》，https：//www.cbd.int/doc/c/9e0f/a29d/239fa63d18a9544caee005b5/wg2020-03-03-zh.pdf，中央财经大学绿色金融国际研究院整理绘制。

---

① UNDP. Biodiversity Finance Initiative［EB/OL］. https：//www.undp.org/georgia/projects/biofin.

（二）生物多样性金融的重要性——风险管理视角

央行与监管机构绿色金融网络（NGFS）及可持续金融政策洞察、研究和交流国际网络（INSPIRE）设立的"生物多样性与金融稳定性"联合研究组指出，生物多样性丧失是金融风险的来源之一，对金融系统稳定性具有潜在威胁，央行和监管机构在履行现有责任的基础上，应采取措施协助解决生物多样性损失问题①。

根据 NGFS 的报告，生物多样性相关风险包括物理风险和转型风险（见图 2）。物理风险是指因生态系统破坏、生物多样性丧失而引发投资价值下降的风险，例如，一些企业主体对自然资源的依赖性强，在自然环境被破坏的情况下，生态产品和生态系统服务受到影响，企业无法获得生产资料或采购生产资料的成本上涨，影响企业的赢利能力和偿还贷款的能力，造成金融风险，包括市场和信用风险②。转型风险是指由破坏生态系统的经济活动引发的政策、法规、技术、贸易或消费者偏好等方面的不确定性。物理风险和转型风险相互作用、相互强化，会进一步威胁粮食安全、生命健康，带来更广泛的社会经济问题，使得全球金融体系的运作受到影响并产生系统性风险③。此外，生物多样性丧失对经济与金融的影响是非线性的，如果影响达到一定程度，其对经济及金融稳定性的影响将会出现迅速的、非线性的上升④。

金融机构的决策能够在很大程度上影响生物多样性。金融机构通过资本

---

① NGFS. Central Banking and Supervision in the Biosphere：An Agenda for Action on Biodiversity Loss，Financial Risk and System Stability ［R/OL］. https：//www. ngfs. net/sites/default/files/medias/documents/central_ banking_ and_ supervision_ in_ the_ biosphere. pdf.

② NGFS. Central Banking and Supervision in the Biosphere：An Agenda for Action on Biodiversity Loss，Financial Risk and System Stability ［R/OL］. https：//www. ngfs. net/sites/default/files/medias/documents/central_ banking_ and_ supervision_ in_ the_ biosphere. pdf.

③ Global Canopy. The Case for a Task Force on Nature－related Financial Disclosures ［R/OL］. https：//www. globalcanopy. org/insights/publication/the－case－for－a－task－force－on－nature－related－financial－disclosures/.

④ NGFS. Biodiversity and Financial Stability：Building the Case for Action ［R/OL］. https：//www. ngfs. net/en/biodiversity－and－financial－stability－building－case－action.

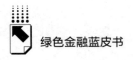

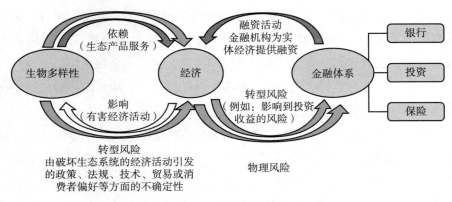

图 2 生物多样性相关风险传导路径

资料来源：Central Banking and Supervision in the Biosphere：An Agenda for Action on Biodiversity Loss，Financial Risk and System Stability，中央财经大学绿色金融国际研究院整理绘制。

分配间接决定了人类对自然的影响程度。然而，已有研究发现，对生态系统产生负面效益的资金超过了产生正面效益的资金①。现阶段金融业尚未明确认识到其活动对生物多样性的影响，更是缺乏对其活动的系统性管理。尽管央行和监管机构在应对气候风险方面取得了巨大进展，但与生物多样性相关的风险仍然不在主流关注范围内。不过这种情况正在改变，近年来，越来越多监管机构开始关注金融业面临的生态系统环境相关风险②。

---

① Dasgupta, P. The Economics of Biodiversity：The Dasgupta Review ［M/OL］. https：//assets. publishing. service. gov. uk/government/uploads/system/uploads/attachment_ data/file/962785/ The_ Economics_ of_ Biodiversity_ The_ Dasgupta_ Review_ Full_ Report. pdf.

② Maud, A., Sylvain, A. 2021 SUSREG Annual Report：A Baseline Assessment of Sustainable Financial Regulations and Central Bank Activities ［R/OL］. https：//www. susreg. org/WWF_ SUSREG_ Annual_ Report_ 2021_ FINAL_ UPDATED. pdf.

（三）生物多样性金融的重要性——资金缺口视角

从资金规模来看，生物多样性保护面临巨大的融资需求。据保尔森基金会估计，用于生物多样性保护的资金缺口每年约为 7220 亿~9670 亿美元。其中，建立保护区是生物多样性保护的重要手段，建立、运营和扩大保护区需要大量的投资，将保护区扩大 30%的费用约为每年 1490 亿~1920 亿美元。除此之外，产业可持续转型也是重要手段之一，也需要大量资金支持：到 2030 年，农业部门向耕地保护性农业的可持续过渡成本约为每年 3150 亿~4200 亿美元；林业部门向可持续森林管理转型的费用约为每年 190 亿~320 亿美元；过渡到可持续渔业的费用约为每年 230 亿~470 亿美元。而且，生态修复也需要资金投入：管理入侵物种的费用约为每年 360 亿~840 亿美元；恢复退化的沿海生态系统（红树林、海草和盐沼）的费用约为每年 270 亿~370 亿美元。2019 年，全球用于生物多样性保护的资金规模为 1240 亿~1430 亿美元，仍存在 800 亿美元左右的资金缺口[1]。

应对生物多样性资金缺口问题，一方面，要增加流向生物多样性保护项目的资金；另一方面，应减少流向损害生物多样性活动的资金。除增加生物多样性保护资金之外，更重要的是减少破坏生物多样性活动的融资。据估计，2019 年，全球规模较大的部分银行在"破坏生物多样性的主要驱动因素"领域投资超 2.6 万亿美元[2]。部分公共财政支持（财政补贴、转移支付、信贷补贴、减税）也会流向有害生物多样性的经济活动。作为第一产业，农业、渔业和林业直接依赖自然资源，对这些产业的相关补贴对生物多样性造成的影响尤为明显[3]。市场中的金融机构在投资于直接从事危害生物多样性活

---

① Paulson Institute. Finance Nature：Close the Global Biodiversity Finance Gap ［R/OL］. https：// www. paulsoninstitute. org/wp-content/uploads/2020/09/FINANCING-NATURE_ Full-Report_ Final-Version_ 091520. pdf.

② Portfolio. Earth. Bankrolling Distinction ［R/OL］. https：//portfolio. earth/wp-content/uploads/ 2021/01/Bankrolling-Extinction-Report. pdf.

③ NGFS. Central Banking and Supervision in the Biosphere：An Agenda for Action on Biodiversity Loss，Financial Risk and System Stability ［R/OL］. https：//www. ngfs. net/sites/default/files/ medias/documents/central_ banking_ and_ supervision_ in_ the_ biosphere. pdf.

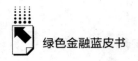

动的公司或向公司的供应链相关企业提供资金时同样会危害生态系统。

目前最大的挑战包括:一方面,生物多样性保护相关项目虽然能够带来正外部性,但是此类项目财务回报较少且周期较长,很难吸引到一定规模的社会资本;另一方面,比起增加生物多样性保护方面的投资,改变对生态系统有消极影响的资金流动更加困难。在自然资本未充分体现其价值的情况下,破坏自然资本产生的利益可能比保护景观和健康的生态系统产生的财务回报更多。因此,需要对自然保护行为进行适当激励,增加有害行为的成本,这需要更广泛健全的法律支撑、宏观经济措施保障以及跨部门合作。金融系统可以通过其资源配置功能对以上方面进行支持,相关机制包括提供金融激励、为生物多样性保护项目提供可负担的资本,以及去除对不可持续的项目的融资。

三 国际生物多样性金融进展

对于如今生物多样性金融发展面临的挑战,各国政府机构、研究机构和国际金融机构分别从标准探索、研究推进和投资实践方面推动生物多样性金融的发展。本节聚焦国际生物多样性金融风险管理、生物多样性相关投融资和生物多样性金融国际合作 3 个维度,阐述国际生物多样性金融的进展。

(一)国际生物多样性金融风险管理

当前,全球生物多样性相关风险评估和管理还处于起步阶段,主要进展集中在研究层面。国际主流的绿色金融合作组织和绿色金融研究组织逐步开展了生物多样性对全球金融系统、对国家层面金融稳定的影响研究。同时,各国央行和国际组织积极开展生物多样性相关风险披露标准研究。

1. 全球层面生物多样性相关金融风险研究

2021 年,NGFS 开始关注生物多样性议题,并与 INSPIRE 设立了"生物多样性与金融稳定性"联合研究组。2022 年 3 月,NGFS 发布的关于生物多样性和金融稳定性的研究报告表示,与生物多样性相关的物理风险和转型风险所引发的潜在影响将威胁金融稳定性，中央银行和监管机构需要更好地理解和评估这些风险。当前，在评估生物多样性相关金融风险方面仍然需要方法学支持①。

2022年6月，"为生物多样性融资倡议"（Finance for Biodiversity，F4B）发表的研究分析了生物多样性丧失对主权信用度的影响。该研究发现，生物多样性丧失将对信用评级、贷款违约率和借贷成本产生影响，最终对信用评级机构、投资者和主权国家的利益相关者产生影响。例如，对中国来说，信用度下降会给主权融资带来120亿~180亿美元的额外利息成本。报告还指出，比较大的挑战在于信用评级机构应用的方法学并没有明确纳入生物多样性和自然相关风险。随着环境压力不断增强，评级结果与真实风险之间的差距可能会不断扩大，最终影响市场稳定②。

"为生物多样性融资倡议"也分析了开发性金融机构的生物多样性相关风险，并评估了开发性金融机构对生物多样性的依赖程度。该研究发现，目前40%的开发银行投资组合（其规模相当于4.6万亿美元）投放于高度依赖自然资源的项目，面临着生物多样性相关风险。在生物多样性程度较高且生态环境监管相对薄弱的发展中国家，开发性金融机构的贷款比例较高，因此对自然的负面影响最为突出。这种现象不仅会对开发性金融机构的财务状况构成巨大风险，而且可能会影响这些发展中国家的长期可持续发展③。

2. 国别层面生物多样性相关金融风险研究

随着相关研究的推进，各国央行和监管机构开始探索和评估生物多样性给金融体系及金融机构带来的风险，分析金融体系对自然体系的影响程度，以

---

① NGFS. Biodiversity and Financial Stability: Building the Case for Action [R/OL]. https://www.ngfs.net/sites/default/files/medias/documents/biodiversity_ and_ financial_ stablity_ building_ the_ case_ for_ action.pdf.

② Finance for Biodiversity. Nature Loss and Sovereign Credit Ratings [R/OL]. https://www.f4b-initiative.net/_ files/ugd/643e85_ 332117f2a1494bbe90a42835c99963b8.pdf.

③ Finance for Biodiversity. Aligning Development Finance with Nature's Needs [R/OL]. https://www.f4b-initiative.net/_ files/ugd/643e85_ 332117f2a1494bbe90a42835c99963b8.pdf.

及核算金融系统和投资活动给生物多样性带来的影响。2020年6月，荷兰中央银行和荷兰环境评估机构的研究表明，荷兰金融机构投资标准中高度依赖生态系统服务的投资规模达到5100亿欧元，占调查对象中投资组合的36%，因此生物多样性丧失将使荷兰金融机构面临巨大的风险敞口。同时，荷兰金融机构的投融资活动所产生的生物多样性足迹，相当于损失58000平方千米原始生态环境带来的生态影响，这个面积是荷兰本土面积的1.7倍①。2021年8月，法兰西银行进行了相关研究并发布了名为《金融系统面临的寂静春天》的调查报告，指出在法国金融机构的投资组合中，高度依赖一种或多种生态系统服务的证券占比高达42%，这些证券的陆地生物多样性足迹相当于损失130000平方千米原始生态环境带来的生态影响，这个面积约为法国本土面积的24%②。这些实证研究表明，金融体系高度依赖自然和生态产品服务，同时金融机构的行为也会对自然环境产生重大影响。

2021年8月，世界银行发表了关于巴西生物多样性相关金融风险的研究报告。该报告指出，巴西银行有15%的公司贷款流向了可能在保护区内经营的公司，如果巴西执行更严格全面的生态保护措施，这一比例可能增加到38%③。

世界银行也针对马来西亚进行了相似的研究。2022年3月，世界银行和马来西亚中央银行联合发布研究报告，指出马来西亚的金融机构普遍面临与自然相关的物理风险和转型风险。在所研究的马来西亚商业贷款组合中，54%的贷款组合涉及高度依赖生态系统服务的行业，87%的贷款组合涉及影响生态系统服务的行业，特别是与温室气体排放（61%）、水资源利用

---

① DNB. Indebted to Nature Exploring Biodiversity Risks for the Dutch Financial Sector [R/OL]. https：//www.dnb.nl/media/4c3fqawd/indebted-to-nature.pdf.

② Bank of France. A "Silent Spring" for the Financial System? Exploring Biodiversity - related Financial Risks in France [R/OL]. https：//publications.banque-france.fr/sites/default/files/medias/documents/wp826_0.pdf.

③ World Bank Group. Nature - related Financial Risks in Brazil [R/OL]. https：//openknowledge.worldbank.org/bitstream/handle/10986/36201/Nature - Related - Financial - Risks - in - Brazil.pdf? sequence=1.

（55%）和陆地生态系统利用（43%）相关的行业，因此可能因法规和政策变化而面临更高的转型风险[1]。

3. 生物多样性相关信息披露的标准和实践

目前，金融机构和公司普遍缺乏必要的信息来了解自然如何影响企业的财务表现和风险。关于风险信息披露的探索实践是推动生物多样性风险管理的第一步。当前，生物多样性相关环境信息披露标准已取得初步的进展，越来越多的国际组织和政府在探索生物多样性披露的标准和框架。其中，最具代表性的包括气候披露标准委员会（CDSB）框架下的生物多样性相关披露应用指南[2]、自然相关财务信息披露工作组（TNFD）的披露框架[3]和全球报告倡议组织（GRI）的"GRI 304：生物多样性 2016 标准"等[4]。

在实践层面，已有部分企业和金融机构开展了生物多样性信息披露实践，但整体而言，披露机构数量较少，生物多样性风险认知水平不高，披露数据有限且难以量化。2021 年，全球环境信息研究中心（CDP）和国际自然保护联盟（IUCN）对 9617 家公司的调研显示，自然相关财务信息披露与气候相关财务信息披露还有很大的差距。研究样本中，97%的公司识别了气候相关风险，而仅有 0.5%识别了相对明确的自然相关风险[5]。2013 年，针对 29 家斯德哥尔摩证券交易所上市公司的研究发现，连续性披露生物多样性相关信息的公司非常少，而且这些公司主要集中在低风险的部门[6]。2021

---

① World Bank Group. Nature – related Financial Risks in Malaysia［R/OL］. https：//www. bnm. gov. my/documents/20124/3770663/wb–bnm–2022–report. pdf.

② CDSB. 2021. CDSB Framework Application Guidance for Biodiversity–related Disclosures. https：// www. cdsb. net/sites/default/files/biodiversity–application–guidance–single_ disclaimer. pdf.

③ About TNFD［EB/OL］. https：//tnfd. global/about/.

④ GRI 304：Biodiversity 2016. https：//www. globalreporting. org/standards/media/1011/gri–304–biodiversity–2016. pdf.

⑤ Finlay, H., Sengupta, S., Rosa da Conceicao, H. and McBreen, J. Disclosing Nature's Potential：Corporate Responses and the Need for Greater Ambition［R/OL］. https：// cdn. cdp. net/cdp–production/cms/policy_ briefings/documents/000/005/941/original/Disclosing _ Nature's_ Potential. _ Final. pdf？1636101761.

⑥ Emerald Insight. Biodiversity Reporting in Sweden：Corporate Disclosure and Preparers' Views［EB/OL］. https：//www. emerald. com/insight/content/doi/10. 1108/AAAJ – 02 – 2013 – 1228/full/html.

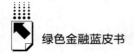

年，针对澳大利亚 40 家上市公司的研究显示，生物多样性披露整体而言非常有限或不存在，对生物多样性损失风险的识别主要集中在直接、急剧的转型风险而非间接、慢性的转型风险或物理风险，大部分生物多样性的指标和目标局限于生物多样性影响而非依赖，缺乏一些定量的目标①。在披露规范上，生物多样性相关内容还未在公司社会责任报告或年报中充分体现，缺乏关于自然资本和生物多样性标准化的信息。由于相关生物多样性报告的内容、形式和方法各不相同，一些公司承认它们在编写生物多样性报告文件方面存在困难②。

概括而言，国际上在生物多样性相关信息披露方面取得了可喜的进展，但还有很大的进步空间。完善生物多样性信息披露对于金融机构管理生物多样性风险具有基础性的作用，这项工作在未来几年有望不断推进。

（二）生物多样性相关投融资

1. 生物多样性投融资现状和缺口

近年来，多个国际组织就生物多样性投融资现状和缺口进行了测算。保尔森基金会 2020 年发布的报告《为自然融资：缩小全球生物多样性融资缺口》显示，当前全球生物多样性保护投资金额约为每年 1240 亿~1430 亿美元，与预计每年需要的 7220 亿~9670 亿美元的生物多样性保护资金相比，还存在很大的缺口③。2020 年，经合组织发布的报告《全球生物多样性金融综合概述》显示，当前全球生物多样性资金约为每年 780 亿~910 亿美元④。2020 年，UNDP BIOFIN 项目指出，全球每年对生物多样性的公共投

① ACSI. Biodiversity Unlocking Natural Capital Value for Australian Investors ［R/OL］. https：//acsi. org. au/wp-content/uploads/2021/11/ACSI-Biodiversity-Research-Report. Nov21_ Final. pdf.

② UICN. Corporate Biodiversity Reporting and Indicators ［R/OL］. https：//www. cbd. int/business/doc/IUCN-reporting. pdf.

③ Deutz, A. , Heal, G. M. , Niu, R. , et al. Financing Nature：Closing the Global Biodiversity Financing Gap ［R/OL］. https：//www. paulsoninstitute. org/wp － content/uploads/2020/09/FINANCING-NATURE_ Full-Report_ Final-Version_ 091520. pdf.

④ OECD. A Comprehensive Overview of Global Biodiversity Finance. Final Report Prepared by the Organization for Economic Cooperation and Development（OECD）［R/OL］. https：//www. oecd. org/environment/resources/biodiversity/report-a-comprehensive-overview-of-global-biodiversity-finance. pdf.

资已从 2008 年的 1000 亿美元增加到 2017 年的 1400 亿美元，在此期间平均每年的生物多样性公共投资为 1230 亿美元①。虽然由于方法学的差异，各大机构测算的当前生物多样性投融资资金有所区别，但均远远低于资金需求。

2022 年，联合国环境规划署发布的《G20 框架下自然金融状况报告》显示，当前 G20 国家对基于自然的解决方案的投资不足，资金缺口规模约为每年 1200 亿美元。报告呼吁 G20 国家到 2050 年将年度基于自然的解决方案支出扩大到 2850 亿美元，以应对大部分经济体所面对的自然、气候和土地退化危机②。

除了资金缺口外，生物多样性投融资的流动方向也是值得关注的议题。应对生物多样性资金缺口的问题，除了要增加流向生物多样性保护项目的正向资金流向，还应当减少流向损害生物多样性活动的负向资金流向。《为自然融资：缩小全球生物多样性融资缺口》报告指出，政府需要采取更多措施保护自然资本，并实施一系列政策改革以减少对生物多样性的负面影响，例如，改革有害的农业补贴，降低公共和私人投资者的投资风险，促进金融创新和绿色投资以增加可用于保护的资金，支持开发基于自然的气候解决方案等③。总而言之，虽然生物多样性保护的资金不断增加，也有望在未来继续保持高速增长态势，但在减少资金流向有害于生物多样性的方面还面临巨大的挑战④。

2. 生物多样性金融创新和实践

国际上，部分国家政府通过拓展绿色产业目录中的生物多样性保护内

---

① Seidl, A., Mulungu, K., Arlaud, M., van den Heuvel, O. and Riva, M. Pennies for Pangolins: A Global Estimate of Public Biodiversity Investments (United Nations Development Programme, Forthcoming).

② UNEP. The State of Finance for Nature in the G20 Report [R/OL]. https://www.bnm.gov.my/documents/20124/3770663/wb-bnm-2022-report.pdf.

③ Deutz, A., Heal, G.M., Niu, R., et al. Financing Nature: Closing the Global Biodiversity Financing Gap [R/OL]. https://www.paulsoninstitute.org/wp-content/uploads/2020/09/FINANCING-NATURE_ Full-Report_ Final-Version_ 091520. pdf.

④ CPIC. CPIC Conservation Finance Report 2021 [R/OL]. http://cpicfinance.com/wp-content/uploads/2021/12/CPIC-Conservation-Finance-Report-2021. pdf.

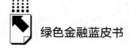

容来引导资金流向相关产业，公共部门采取财政措施激励私人资本参与。金融机构在生物多样性金融领域也进行了有益的探索，创新性地开发了一系列生物多样性债券、生物多样性贷款、生物多样性基金和生物多样性票据。

在目录方面，《欧盟分类法》引导资金流向与其六大环境目标（即减缓气候变化、适应气候变化、对水和海洋资源进行可持续利用和保护、向循环经济转型、防治污染、保护与恢复生物多样性和生态系统）相一致的经济活动。其中，对水和海洋资源进行可持续利用和保护、保护与恢复生物多样性和生态系统两大目标明确涉及支持生物多样性的积极成果。除此之外，《欧盟分类法》还补充了"不造成重大伤害"原则，即在实现某一环境目标的同时不能严重损害其他环境目标。然而，当前阶段的《欧盟分类法》主要识别的是碳密集型活动，缺乏对生物多样性丧失问题的关注。而且由于没有相关指标能衡量生物多样性的影响，因此需要依赖定性分析和专家判断。

在公共部门的财政激励方面，在 BIOFIN 的支持下，非洲塞舌尔群岛的有关部门正在建立一个可行财政框架，以便私营单位在生物多样性方面进行数量更多、质量更好的投资。南非管理计划通过在保护机构与土地所有者之间达成协议来支持生物多样性保护，并且该计划得到生物多样性税收优惠政策的支持，避免了由土地管理限制造成的生产收入下降的潜在损失①。

在金融产品创新方面，国际金融市场上出现了不同类型的生物多样性金融产品。其中，生物多样性债券最引人关注。2022 年 3 月，国际复兴开发银行宣布将发行 1.5 亿美元的五年期债券，用于保护南非的黑犀牛，因此该债券也被称为"犀牛债"（Rhino Bond），该债券是世界上首个专门用于保

---

① UNDP BIOFIN. The Role of Tax Incentives in South Africa's Biodiversity Economy［EB/OL］. https：//www. biofin. org/news - and - media/role - tax - incentives - south - africas - biodiversity - economy.

护某一特定物种的金融工具①。

在生物多样性贷款方面，主要的方式是将生物多样性的目标与现有的贷款产品相结合。2014 年，荷兰合作银行为农民提供"地球影响贷款"（the Planet Impact Loan），根据他们在奶牛养殖业生物多样性监测系统中的得分，给予利息折扣。农场主可以通过供应链伙伴和利益相关者获得回报，通过改善生物多样性耕作获利②。2020 年，秘鲁市政储蓄和信贷银行联合会（FEPCMAC）在 BIOFIN 的支持下开发了名为"BioCredito"的新型绿色小额信贷产品，旨在促进有助于保护环境和生物多样性的可持续商业活动③。

在生物多样性基金方面，2018 年，投资咨询公司 SVX Mexico、BIOFIN 与墨西哥自然保护基金合作成立了再生投资联盟，以促进投资活动，并提高各保护组织和被投资方的能力，投资对象包括在渔业、农业、林业、旅游业等领域进行可持续经营的公司④。

在生物多样性票据方面，2014 年 12 月，瑞士信贷和英国公司 Althelia Ecosphere 合作推出了自然保护票据（Nature Conservation Notes），投资于可持续农业和自然保护，以增加非洲和拉丁美洲国家当地居民的收入并保护相关物种。该自然保护票据的一大特点是投资于碳信用和绿色债券。在碳信用方面，该票据支持生产有机可可并获得碳信用，通过出售碳信用和经过认证的农产品（如咖啡和可可）来获得投资回报，并增加当地社区居民的收入。在绿色债券方面，该自然保护票据通过从巴克莱/MSCI 绿色债券指数中选择的 10~20 只绿色债券进行投资。该自然保护票据预计每年将产出至少 3200

---

① China Dialogue. Could the Rhino Bond Accelerate Finance for Biodiversity? [EB/OL]. https：// chinadialogue. net/en/business/could-the-rhino-bond-accelerate-finance-for-biodiversity/.

② Accounting for Sustainability. Rabobank：Building Biodiversity with Impact Loans [R/OL]. https：//www. accountingforsustainability. org/content/dam/a4s/corporate/12567 _ FFTF% 20 Rabobank%20case%20study%20v1. pdf. downloadasset. pdf.

③ UNDP BIOFIN. Promoting Green Microfinance Products in Peru [EB/OL]. https：// www. biofin. org/news-and-media/promoting-green-microfinance-products-peru.

④ UNDP BIOFIN. Mexico Shows Opportunities for Impact Investment in Nature [EB/OL]. https：// www. biofin. org/news-and-media/mexico-shows-opportunities-impact-investment-nature.

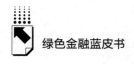

吨认证过的可可产品，在未来 7 年减少约 400 万吨二氧化碳排放，并保护相关的国家公园和生物多样性热点区域①。

（三）生物多样性金融国际合作

尽管国际社会早已开展应对生物多样性丧失的工作，但目前成效不达预期。2010 年，在日本爱知县召开的第十届缔约方大会上，世界各国为解决生态破坏、栖地和野生动植物流失问题，制定了 2010～2020 年要实现的 20 个爱知生物多样性目标（Aichi Biodiversity Targets）②。但根据联合国发布的报告，没有一项目标完全实现了，只有 6 项目标部分实现，部分目标非但没有实现，情况甚至恶化了。目标未实现的原因包括执行方式不明确、目标进展难以衡量，以及缺乏明确的融资计划。随着 2020 年后全球生物多样性框架商讨的推进，人们将更多注意力放在了具体实施和融资框架上，即呼吁调动充足的财政资源，确保 2030 年之前每年至少有 7000 亿美元可用于实施该框架③。在推动金融支持生物多样性保护这项工作中，国际合作扮演着重要的角色。目前，生物多样性金融国际合作基于联合国合作框架和生物多样性金融倡议，仍处于凝聚共识的阶段。本节从生物多样性金融相关多边合作及生物多样性金融相关国际倡议和联盟两个方面，介绍生物多样性金融领域国际合作的最新进展。

1. 生物多样性金融相关多边合作

2021 年 10 月，100 多个国家在 COP15 第一阶段签署了《昆明宣言》，其中第 13 条和第 14 条明确谈到了生物多样性融资，"与财政、经

---

① Environmental Finance. Sustainable Forestry: Credit Suisse/Althelia Ecosphere's Nature Conservation Notes［EB/OL］. https：//www. environmental-finance. com/content/deals-of-the-year/sustainable-forestry-credit-suisse-althelia-ecosphere. html.

② 环境咨询中心. 联合国生物多样性报告：10 年爱知目标，没有一项完全达成［EB/OL］. https：//m. huanbao-world. com/view. php？aid＝171148.

③ CBD. POST - 2020 Global Biodiversity Framework-targets 14, 15, 16, 17, 18, 19. 1, 19. 2, 20, 21 and 22［EB/OL］. https：//www. cbd. int/doc/c/da68/7a48/e69d83c76b11747e04d0cfeb/wg2020-04-crp-05-add1-en. pdf.

济和其他相关部门合作，改革激励机制，消除、逐步取消或改革对生物多样性有害的补贴和其他激励措施，同时保护弱势群体，从所有来源调动更多的财政资源，并协调所有资金流以支持生物多样性保护和可持续利用"，"增加为发展中国家提供的实施'2020年后全球生物多样性框架'所需的资金、技术和能力建设支持，并与《生物多样性公约》的规定保持一致"①。

全球环境基金是《生物多样性公约》缔约方的官方金融机构，是关注自然和气候的最大多边环境基金。到目前为止，该基金已经提供了超过220亿美元的赠款和混合融资，并为5200多个项目和方案调动了1200亿美元的额外共同融资。全球环境基金第八期（2022～2026年）捐助方的认捐额达到53.3亿美元，与上一期相比增加了30%以上②。此外，中国通过昆明生物多样性基金认捐了更多资金来支持发展中国家的生物多样性保护。该基金初始资金为15亿元，目前已经开始接受中国生物多样性保护与绿色发展基金会和其他非政府组织的捐款③。

除《生物多样性公约》之外，国际上还有其他高级别的多边自然倡议，如由94个国家元首和政府首脑支持的"领导人对自然的承诺"（Leaders Pledge for Nature）。该承诺呼吁将气候和生物多样性融资相结合，鼓励金融体系将资金流动与可持续发展目标相结合，把自然和生物多样性价值纳入考量。在投融资决策以及风险管理中促进生物多样性保护，取消或调整有害的激励措施，增加对生物多样性产生积极影响的激励措施④。其他以生物多样性为目标的多边倡议包括由哥斯达黎加、法国和英国担任

---

① 中华人民共和国中央人民政府.2020年联合国生物多样性大会（第一阶段）高级别会议昆明宣言 生态文明：共建地球生命共同体［EB/OL］. http：//www.gov.cn/xinwen/2021-10/14/content_ 5642362.htm.

② GEF. Funding：GFE-8 Replenishment ［EB/OL］. https：//www.thegef.org/who-we-are/funding/gef-8-replenishment.

③ GEF. China and GEF：Working Hand in Hand for Sustainable Development ［EB/OL］. https：//www.thegef.org/newsroom/news/china-and-gef-working-hand-hand-sustainable-development.

④ Nature Positive by 2030 ［EB/OL］. https：//www.leaderspledgefornature.org/theraceison/.

联席主席的政府间组织"高雄心自然与人民联盟"（The High Ambition Coalition for Nature and People），该联盟汇集了来自六大洲的 100 多个国家，旨在确保达成在 2030 年前保护地球上至少 30% 的土地和 30% 的海洋的全球协议①。在格拉斯哥举行的第 26 届联合国气候变化大会上，各国也做出了很多关于自然的承诺。

2. 生物多样性金融相关国际倡议和联盟

当前，不仅各国政府积极开展生物多样性金融的国际合作，全球金融机构也积极开展相关合作，以生物多样性金融为主题的倡议数量不断增加。这些倡议和相关组织致力于填补生物多样性金融的知识空白，为参与生物多样性金融的利益相关方提供必要的技术支持。其中，主要倡议和联盟包括为生物多样性融资倡议、自然相关财务信息披露工作组和生物多样性融资承诺等，它们在将生物多样性相关因素纳入信息披露、金融风险管理、投资组合和投资决策，增加对自然有正面作用的资金流动，推动更具系统性的变革等方面做出了重要的工作（见表 1）。

表 1　生物多样性相关国际倡议和联盟

类型	名称	描述	网站
能力建设、知识分享	欧盟商业@生物多样性平台（The EU Business @ Biodiversity Platform）	一个独特的对话和政策接口平台，旨在推动欧盟层面的商业和生物多样性讨论	https://ec. europa. eu/ environment/ biodiversity/business/ workstreams/pioneers/ index_en. htm
能力建设、知识分享	生物多样性融资承诺（Finance for Biodiversity Pledge）	由欧盟商业@生物多样性平台成员发起，呼吁全球领导人在《生物多样性公约》第十五次缔约方会议上就有效措施达成一致，在近十年中降低自然损失	https://www. finance- forbiodiversity. org/

① High Ambition Coaliation. More than 100 Countries Now Formally Support the Global Target to Protect at Least 30% of the Planet's Land and Ocean by 2030 [EB/OL]. https:// www. hacfornatureandpeople. org/home.

续表

类型	名称	描述	网站
风险管理、数据共享	赤道原则（Equator Principles）	赤道原则是被 38 个国家的 137 家金融机构（包括 9 家中国金融机构）采用的风险评估框架；2020 年发布了《金融机构生物多样性数据共享指南》，承认生物多样性数据带来的好处	https：//equator-principles. com/
风险管理	自然相关财务信息披露工作组（Taskforce on Nature-related Financial Disclosures，TNFD）	2020 年 9 月由 4 个创始伙伴（Global Canopy、UNDP、UNEP FI 和 WWF）联合发起的非正式工作组，于 2021 年 6 月启动，旨在为各组织提供框架，报告并采取行动以应对不断变化的自然相关风险，支持全球资金从对自然不利的领域转向对自然有利的领域。已在 2022 年第一季度提供 TNFD 框架的测试版本	https：//tnfd. global/
研究智库	为生物多样性融资倡议（Finance for Biodiversity Initiative）	旨在提高生物多样性在金融决策中的重要性，使全球金融与自然积极成果保持一致。工作流程涉及市场创新、生物多样性相关责任、公民参与、流行病、经济危机和自然市场催化	https：//www. f4b-initiative. net/
生物多样性影响和依赖评估指导（作为自然相关财务信息披露的前期准备工具）	生物多样性财务合作关系（Partnership for Biodiversity Accounting Financials，PBAF）	由金融机构发起并运作，通过讨论、经验交流和实际案例研究，由合作伙伴共同制定一套全球统一的金融部门生物多样性影响评估原则——PBAF 标准，指导和支持金融机构积累相关的数据进行自然相关财务信息披露	https：//pbafglobal. com/
生物多样性影响和依赖评估、风险评估	探索自然资本的机会、风险和暴露（Exploring Natural Capital Opportunities，Risks and Exposure，ENCORE）	一个基于网络的工具，由自然资本金融联盟开发。强调经济活动对自然的依赖性和影响，提供空间数据以助于了解特定地点的潜在环境变化风险	https：//encore. naturalcapital. finance/en

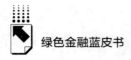
续表

类型	名称	描述	网站
能力建设、国际合作	生物多样性金融倡议（BIOFIN）	旨在帮助 40 个国家制定和实施基于证据的生物多样性融资计划。通过实施选定的生物多样性融资解决方案，各国可以通过绿化部门预算来减少需求、增加资源，并确定能更有效利用现有资源的领域	https://www.biofin.org/
知识分享、合作	保护金融联盟（Conservation Finance Alliance，CFA）	在全球范围内促进人们对保护金融的认识、增加对专业知识和相关革新的了解	https://www.conservationfina-ncealliance.org/
自然投资指南	国际金融公司（International Finance Corporation，IFC）	发布了《生物多样性融资指南》草案，以支持符合绿色债券原则和绿色贷款原则的私人投资。该指南列出了一份有助于保护、维持或提高生物多样性的投资活动清单，有助于保障投资需求，支持可持续发展，并以此可持续地管理自然资源	https://www.ifc.org/wps/wcm/connect/publications_ext_content/ifc_external_publication_site/publications_listing_page/biodiversity-finance-reference-guide

资料来源：根据公开数据收集和处理编制。

四　中国生物多样性金融进展

近年来，中国持续将生态文明作为政策制定的核心组成部分，并在国际层面做出了一系列与气候和自然相关的承诺。中国提出到 2060 年实现碳中和，并于 2021 年主办的第 15 次生物多样性公约上就 2020 年后全球生物多样性框架达成一致，强调了中国在环境保护方面的全球领导地位。

（一）中国生物多样性金融的发展基础

1.中国生物多样性保护相关政策历程和进展

中国作为世界上生物多样性最为丰富的国家之一，对全球生物多样性的影响举足轻重，中国的一系列政策为保护生物多样性奠定了基础（见表 2）。

2010 年，《中国生物多样性保护战略和行动计划（2011~2030 年）》提出建立以国家公园为重点的保护区体系。2012 年，中共十八大报告首次将生态文明纳入《中华人民共和国国民经济和社会发展第十二个五年规划纲要》总体发展格局，明确提出要"扩大森林、湖泊、湿地面积，保护生物多样性"。2015 年 9 月，中共中央、国务院印发《生态文明体制改革总体方案》，指出要树立"绿水青山就是金山银山"的理念，清新空气、清洁水源、美丽山川、肥沃土地、生物多样性是人类生存必需的生态环境。2016 年，《中华人民共和国国民经济和社会发展第十三个五年规划纲要》进一步强调要"加强生态保护修复"，提出了"全面提升生态系统功能，推进重点区域生态修复，扩大生态产品供给和维护生物多样性"等一系列重要措施。2017 年，中共十九大报告进一步强调，"实施重要生态系统保护和修复重大工程，优化生态安全屏障体系，构建生态廊道和生物多样性保护网络，提升生态系统质量和稳定性"。同年，由中共中央办公厅、国务院办公厅印发的《关于划定并严守生态保护红线的若干意见》开始系统性地在全国范围内实施生态保护红线政策，构建多规合一的国家空间规划体系，提出在红线内划定和严格保护重点生态功能区和环境敏感区。初步划定的国家生态保护红线面积目前至少占全国国土面积的 25%。生态保护红线扩大了保护地的范围，不限于国家公园等区域。2020 年自然资源部草拟的《生态保护红线管理办法(试行)》(征求意见稿) 明确了生态保护红线落实的法律法规、司法保障机制、行政问责机制等问题。2020 年，经中央全面深化改革委员会第十三次会议审议通过，国家发改委、自然资源部印发了《全国重要生态系统保护和修复重大工程总体规划(2021~2035 年)》，以全面提升国家生态安全屏障质量、促进生态系统良性循环和永续利用为总体目标，以统筹山水林田湖草一体化保护和修复为主线，明确了到 2035 年全国生态保护和修复工作的总体要求与主要目标，提出了各项重大工程的重点任务、政策措施和基本框架。总体规划的 2035 年目标包括：森林覆盖率达到中国陆地面积的 26%，蓄积量达到 210 亿立方米，天然林面积保持在 2 亿公顷，植被覆盖 60% 的草地，保护湿地面积 60%，水土流失综合治理总面积达到 5640 万公顷，确保

75%的可恢复荒漠化面积得到治理，保护至少35%的国家自然海岸线，防止海洋生态状况受到影响恶化，确保以国家公园为中心的保护区系统占全国陆地面积的18%以上，充分保护濒危物种和它们的栖息地。

表 2　中国生物多样性保护政策汇总

名称	年份	生物多样性保护内容
《中国生物多样性保护战略和行动计划（2011~2030 年）》	2010	提出建立以国家公园为重点的保护区体系
《中华人民共和国国民经济和社会发展第十二个五年规划纲要》	2012	首次将生态文明纳入总体发展格局，明确提出要"扩大森林、湖泊、湿地面积，保护生物多样性"
《生态文明体制改革总体方案》	2015	指出要树立"绿水青山就是金山银山"的理念，清新空气、清洁水源、美丽山川、肥沃土地、生物多样性是人类生存必需的生态环境
《中华人民共和国国民经济和社会发展第十三个五年规划纲要》	2016	进一步强调要"加强生态保护修复"，提出"全面提升生态系统功能，推进重点区域生态修复，扩大生态产品供给和维持生物多样性"等一系列重要措施
《关于划定并严守生态保护红线的若干意见》	2017	开始系统性地在全国范围内实施生态保护红线政策，构建多规合一的国家空间规划体系，提出在红线内划定和严格保护重点生态功能区和环境敏感区
《生态保护红线管理办法（试行）》（征求意见稿）	2020	明确了生态保护红线落实的法律法规、司法保障机制、行政问责机制等问题，但是目前还未正式出台
《全国重要生态系统保护和修复重大工程总体规划（2021~2035 年）》	2020	以全面提升国家生态安全屏障质量、促进生态系统良性循环和永续利用为总体目标，以统筹山水林田湖草一体化保护和修复为主线，明确了到2035年全国生态保护和修复工作的总体要求与主要目标，提出了各项重大工程的重点任务、政策措施和基本框架

资料来源：根据公开数据整理。

　　得益于保护区政策建设，目前中国已经建立了超过 10000 个各类保护区，包括国家公园和其他类别的保护区，约占国土总面积的 18%。目前，生态红线规划将中国至少 25% 的陆地和海洋面积纳入法律保护范围。生态保护和恢复工作不断推进，中国森林面积和存量连续 30 多年保持两位数增长。2000～2017年，中国绿地净增加量占全球的25%，贡献率居世界首位①。

2. 应对气候变化背景下的生物多样性治理

近年来，中国生物多样性保护从意识理念层面提升到政策部署层面，逐渐形成了相对完善的治理布局。在当前全球应对气候变化的背景下，探讨气候治理和生物多样性保护的协同具有重要意义。气候治理离不开生态系统的维持和修复，而生物多样性保护可以推进气候变化减缓和适应。本节以基于自然解决方案的气候政策和林业碳汇来展示中国将应对气候变化和开展生物多样性保护相互协同的潜力。

中国已经采取一系列举措推广基于自然的解决方案的应用。2020年，自然资源部、国家林草局印发《红树林保护修复专项行动计划（2020～2025年）》，提出到2025年要修复红树林18800公顷，为推广基于自然的解决方案创造了良好的政策环境。为进一步推广基于自然的解决方案的应用，2021年1月，生态环境部出台《关于统筹和加强应对气候变化与生态环境保护相关工作的指导意见》，提出协同推动适应气候变化与生态保护修复，重视利用基于自然的解决方案减缓和适应气候变化，协同推进生物多样性保护、山水林田湖草系统治理等相关工作，提升生态系统的质量和稳定性。2021年3月，中央财经委员会第九次会议提出"要提升生态碳汇能力，强化国土空间规划和用途管控，有效发挥森林、草原、湿地、海洋、土壤、冻土的固碳作用，提升生态系统碳汇增量"②。2022年6月7日，由生态环境部、国家发改委等部门印发的《国家适应气候变化战略2035》强调了生态系统和气候变化的关联性，并承认了气候变化为中国自然生态系统带来的不利影响。该战略提出，为了更有效地减缓和适应气候变化，需要利用生态系统服

---

① World Economic Forum. Seizing Business Opportunities in China's Transition Towards a Nature-positive Economy [R/OL]. https：//www3. weforum. org/docs/WEF_ New_ Nature_ Economy_ Report_ China_ 2022. pdf.

② 中华人民共和国中央人民政府. 习近平主持召开中央财经委员会第九次会议 [EB/OL]. http：//www. gov. cn/xinwen/2021-03/15/content_ 5593154. htm.

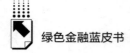

务功能，"通过加强生态系统保护、修复和可持续管理，有效发挥生态系统服务功能，增强气候变化综合适应能力"[①]。

除此之外，中国逐渐培育林业碳汇的使用，使之变成气候治理和生物多样性保护的协同工具之一。林业碳汇是指通过植树造林、森林管理等措施，利用植物的光合作用吸收大气中的二氧化碳，并将其固定在植被和土壤中，从而降低温室气体在大气中的浓度。基于国际温室气体自愿减排交易的相关标准研究，国家发改委已先后备案《碳汇造林项目方法学》《竹子造林碳汇项目方法学》《森林经营碳汇项目方法学》《可持续草地管理温室气体减排计量与监测方法学》《竹林经营碳汇项目方法学》等农林相关方法学。从2004年开始，中国不同地区启动了林业碳汇项目试点，江西、福建、浙江、内蒙古、辽宁等省份展开了相关实践，为全国性林业碳汇交易打下了坚实基础。虽然中国的国家核证自愿减排量相关工作已于2017年暂停，但关于管理办法的修订、方法学的研发以及市场建设准备从未停止。2021年11月国务院印发的《关于支持北京城市副中心高质量发展的意见》中提出，北京绿色交易所不仅承担全国自愿减排等碳交易中心功能，还将升级为面向全球的国家级绿色交易所。此外，在市场建设准备上，CCER管理交易电子系统的招标采购已于2021年底完成。然而，需要指出的是，目前中国的森林经营碳汇项目方法学主要集中于森林碳汇功能而不是森林生态系统服务和生态功能。对森林生物多样性的要求不高导致大多数造林项目种植的树木物种很单一，生物多样性水平不高，生态系统的韧性不足。

3. 绿色金融为生物多样性金融的发展奠定基础

中国丰富的绿色金融发展经验为生物多样性金融的发展奠定了基础。中国的绿色金融发展具有政策体系完整、标准健全、工具多样和国际合作广泛的特点。将生物多样性金融充分纳入绿色金融发展体系是中国发展生物多样性金融的特殊优势。

---

① 生态环境部. 国家适应气候变化战略 2035 ［EB/OL］. https：//www.mee.gov.cn/xxgk2018/ xxgk/xxgk03/202206/W020220613636562919192.pdf.

在政策建设上，2016 年，中国人民银行、财政部等七部门发布了《关于构建绿色金融体系的指导意见》，确立了中国绿色金融体系发展的顶层架构，在此框架下，细分的政策标准不断完善，形成了一套自上而下的绿色发展体系。其中，地方绿色金融改革创新试点为中国绿色金融政策建设的亮点，其允许试验区探索地方上的绿色金融政策，为绿色金融发展模式创新提供了实验机会。当前，中国已经初步形成了相对完善的绿色金融体系，为生物多样性金融的发展奠定了良好的政策基础。

在绿色金融标准体系上，《绿色产业指导目录（2019）版》和《绿色债券支持项目目录（2021 年版）》都聚焦节能环保产业、清洁生产产业、清洁能源产业、生态环境产业、基础设施绿色升级和绿色服务领域给出了绿色产业分类标准。2021 年 7 月，中国人民银行正式发布《金融机构环境信息披露指南》，对金融机构环境信息披露的形式、频次、应披露的定性及定量信息等提出要求，并根据各金融机构的实际运营特点，对商业银行、资产管理公司、保险公司、信托公司等金融子行业的定量信息测算及依据提出指导意见。2021 年 12 月，生态环境部发布《企业环境信息依法披露管理办法》，要求重点排污单位披露企业环境管理信息，污染物产生、治理与排放信息，碳排放信息，生态环境应急信息（包括突发环境事件应急预案、重污染天气应急响应等方面的信息），以及生态环境违法信息等 8 类信息。

在绿色金融工具上，我国已初步形成绿色贷款、绿色债券、绿色保险、绿色基金、绿色信托、碳金融产品等多层次的绿色金融产品和市场体系。其中，具有代表性的绿色贷款和绿色债券工具发展迅速，市场规模不断扩大。截至 2021 年末，我国本外币绿色贷款余额达 15.9 万亿元，同比增长 33%，存量规模居全球第一位。2021 年境内绿色债券发行量超过 6000 亿元，同比增长 180%，余额达 1.1 万亿元①。根据《中国绿色债券市场年度报告 2021》，自 2016 年中国开始建立绿色金融体系以来，中国贴标绿色债券市场

---

① 中华人民共和国中央人民政府．我国绿色贷款存量规模居全球第一 ［EB/OL］．http：//www.gov.cn/xinwen/2022-03/08/content_ 5677832. htm.

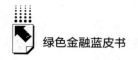

在 2021 年实现了最大年度增量：2021 年，中国在境内外市场发行贴标绿色债券 1095 亿美元（约合 7063 亿元人民币），同比增长 140%①。

在绿色金融国际合作方面，中国通过参与主流绿色金融倡议，与国际机构联合开展绿色金融研究和能力建设，利用"一带一路"合作机制强化绿色投融资理念。2021 年 11 月，可持续金融国际平台（IPSF）在联合国气候变化大会第 26 次缔约方会议期间发布了《可持续金融共同分类目录报告——减缓气候变化》，该报告比较分析了中欧目录各自的特点和优势，提升了全球可持续金融分类标准的可比性、兼容性和一致性②。2021 年 6 月，"一带一路"倡议中的 29 个伙伴国家共同发起了"一带一路"绿色发展伙伴关系倡议，倡导"一带一路"合作伙伴聚焦统筹兼顾的方式、绿色低碳发展、政策沟通与协调、环境合作、基础设施建设、清洁能源开发与利用、绿色金融工具开发和机构能力建设 8 个方面的合作③。

中国的绿色金融建设积累了丰富的经验，可为生物多样性金融的发展奠定良好的基础。然而，当前生物多样性相关内容在绿色金融体系中的体现还相当有限。下一阶段，应加强生物多样性金融相关研究，探索将生物多样性金融纳入现有绿色金融体系的方方面面。

（二）中国生物多样性金融的进展情况

中国生物多样性金融的发展方兴未艾，具体表现在生物多样性相关风险管理、绿色产业目录探索、生物多样性金融工具创新、生态融资机制构建和联合国框架下的生物多样性相关国际合作等方面。其中，具有代表性的进展

---

① 中国绿色债券市场报告 2021 ［Z/OL］. https：//www. climatebonds. net/files/reports/cbi_ china_ sotm_ 2021_ chi_ 0. pdf.

② IPSF Taxonomy Working Group. Common Ground Taxonomy-Climate Change Mitigation ［R/OL］. https：//ec. europa. eu/info/sites/default/files/business_ economy_ euro/banking_ and_ finance/ documents/211104-ipsf-common-ground-taxonomy-instruction-report-2021_ en. pdf.

③ Chinese Embassy in East Timor. Jointly Building "the Belt and Road" and Sharing a Brighter Future ［EB/OL］. https：//www. fmprc. gov. cn/mfa_ eng/wjb_ 663304/zwjg_ 665342/zwbd_ 665378/202203/t20220330_ 10657688. html.

是在 2022 年 8 月，作为中国绿色金融改革创新试验区之一的浙江省湖州市发布了第一个针对生物多样性金融的政策——《金融支持生物多样性保护的实施意见》①，相关地方的试点工作，将为全国层面生物多样性金融的发展提供实践经验。

1. 中国生物多样性金融——风险管理

在风险管理方面，当前中国已逐步开展有关生物多样性金融风险和风险披露的研究。中国参与了 NGFS 和 INSPIRE 发起成立的"生物多样性与金融稳定性"联合研究组，并于 2021 年 4 月发布了中期报告《生物多样性与金融稳定性：建立行动的理由》。该报告指出，生物多样性丧失可能造成重大的经济和金融影响，因为生态系统服务功能的弱化会给依赖它们的经济行为方带来物理风险，并且这些参与者还面临旨在阻止生物多样性丧失的政策的转型风险②。在国内，中国金融学会绿色金融专业委员会于 2022 年 2 月发起成立"金融支持生物多样性研究组"，协调相关金融机构、智库、高校、社会组织和第三方机构，共同开展有关金融如何支持生物多样性保护以及金融机构如何防范生物多样性相关风险的前沿研究，并推动绿金委成员单位开展生物多样性金融的创新实践，为 NGFS 提供政策研究支持。

山水自然保护中心发布的《企业生物多样性信息披露报告（2021）》显示，来自制造业、采矿业和建筑业等 7 个行业的 188 家 A 股上市企业中，只有 15 家企业在年报或社会责任报告中明确提及了"生物多样性"这个关键词，119 家企业所采取的环保行动与其产生的生物多样性影响有关，仅有 11 家企业清晰披露了自身活动对生物多样性的依赖与影响。该研究表示，目前

---

① 湖州市人民政府办公室关于金融支持生物多样性保护的实施意见［EB/OL］. http：//www. huzhou. gov. cn/art/2022/8/15/art_ 1229561845_ 1667141. html.

② NGFS. The Joint Study Group on "Biodiversity and Financial Stability" Launched by NGFS and INSPIRE Publishes an Interim Report［EB/OL］. https：//www. ngfs. net/en/communique－de－presse/joint－study－group－biodiversity－and－financial－stability－launched－ngfs－and－inspire－publishes－interim.

大多数中国企业对自身如何依赖与影响生物多样性的认知不足,行动缺乏针对性①。企业对生物多样性具有最直接的影响,企业的认识和披露不足使金融机构的相关信息披露和管理更为困难。在 2021 年 7 月中国人民银行发布的《金融机构环境信息披露指南》和 2021 年 12 月生态环境部发布的《企业环境信息依法披露管理办法》的基础上,进一步明确生物多样性信息在环境信息披露中的标注和要求是接下来推进的方向。

总而言之,当前中国对生物多样性金融风险的研究工作还处于起步阶段,大部分中国的金融机构还未对生物多样性金融风险进行测算研究,生物多样性丧失对中国金融机构的风险敞口并不明确,关于生物多样性环境信息披露方面的研究工作也尚在进行中,未来在加强生物多样性金融风险管理方面还有很大的发展空间。

2. 中国生物多样性金融——投融资

中国已在绿色产业分类目录中覆盖生物多样性保护内容,并且不断开发金融工具和生态融资机制,开展生物多样性投融资实践。同时,中国也开展生态系统生产总值(GEP)②的计算和试点应用,为量化生态产品和服务价值提供了方法依据。然而,当前对中国生物多样性投融资资金规模的测算和对资金流向的研究非常有限。下文主要聚焦绿色产业目录、生物多样性相关金融产品和生态融资机制 3 个方面,来阐述中国生物多样性相关投融资的基本情况。

(1)绿色产业目录

将生物多样性纳入绿色产业目录是引导资金投向生物多样性保护领域的重要一步。当前,中国的绿色产业目录已涉及生物多样性保护的部分内容。以《绿色债券支持项目目录(2021 年版)》为例,该目录列示了增殖放流与海洋牧场建设和运营项目、有害生物灾害防治项目、动植物资源保护项目等。表 3 梳理了该目录中涉及生物多样性的相关内容。

---

① 山水自然保护中心.《企业生物多样性信息披露报告(2021)》正式发布,仅 8% 被评估机构提及"生物多样性"[EB/OL]. http://www.shanshui.org/information/3066/.
② GEP 是指特定地域单元自然生态系统提供的所有生态产品的价值。

表3 《绿色债券支持项目目录(2021年版)》中生物多样性相关项目

领域	项目名称			说明/条件
清洁能源的生物多样性	3.2 清洁能源	3.2.2 可再生能源设施建设与运营	3.2.2.7 海洋能利用设施建设和运营	在对海洋生态和生物多样性不造成严重损害的前提下,利用海洋潮汐能、波浪能、潮流能、温差能、盐差能等资源发电的设施建设和运营
污染防治	1.3 污染防治	1.3.1 先进环保装备制造	1.3.1.1 水污染防治装备制造	城镇和农村生活污水、工业废水处理与再生利用、回用,地表水、地下水污染防控治理与修复,清淤机械,排水管网维护检测,海绵城市建设配套,城镇雨水收集与处理,饮用水安全保障及漏损控制等装备制造及贸易活动。装备技术水平鼓励达到《环境保护综合名录(2017年版)》《国家鼓励发展的重大环保装备技术目录(2017年版)》等相关政策和规范要求,并符合《污水处理用旋转曝气机能效限定值及能效等级》(GB 37483)、《污水处理用潜水推流式搅拌机能效限定值及能效等级》(GB 37485)、《高效能水污染物控制装备评价技术要求—旋转曝气机》(GB/T 38220)等国家标准的要求
			1.3.1.2 大气污染防治装备制造	烟气除尘、脱硫脱硝、挥发性有机污染物(VOCs)处理、机动车尾气处理、食品业油烟净化等装备制造及贸易活动。装备技术水平鼓励达到《环境保护综合名录(2017年版)》《国家鼓励发展的重大环保装备技术目录(2017年版)》等相关政策和规范要求,符合《除尘器能效限定值及能效等级》(GB 37484)、《高效能大气污染物控制装备评价技术要求》(GB/T 33017)等国家标准的要求
			1.3.1.3 土壤污染治理与修复装备制造	矿山复垦与生态修复、农用地土壤污染修复、污染地块治理与修复等装备制造及贸易活动。装备技术水平鼓励达到《土壤污染防治先进技术装备目录》(2017年公布)、《国家鼓励发展的重大环保装备技术目录(2017年版)》等相关政策和规范的要求
			1.3.1.4 固体废物处理处置装备制造	污泥处理(含黑臭水体清淤、底泥存储和处理)、固体废物处理、生活垃圾无害化资源化处理、危险废弃物处理等装备制造及贸易活动。装备技术水平鼓励达到《环境保护综合名录(2017年版)》《国家鼓励发展的重大环保装备技术目录(2017年版)》等相关政策和规范的要求

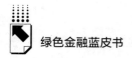

续表

领域		项目名称		说明/条件
污染防治	1.3 污染防治	1.3.2 水污染治理	1.3.2.1 良好水体保护及地下水环境防治	通过统筹使用截污治污、植被恢复、生物缓冲带建设等工程措施,报废矿井、钻井、取水井封井回填等污染防治工程措施,开展的水源涵养和生态修复建设工程,以及石油化工场地、矿山、农田等区域地下水污染风险评估和污染治理活动
			1.3.2.2 重点流域海域水环境治理	统筹使用截污治污、垃圾清理、河道清淤疏浚、湿地保护修复、植被恢复等手段,开展的改善水环境质量、恢复水域生态功能的治理活动。包括七大流域及近岸海域、重点湖泊的水环境保护与综合治理,如对近海区域塑料垃圾的监测与整治
		1.3.4 土壤污染治理及其他污染治理	1.3.4.1 建设用地污染治理	建设用地土壤污染状况详查与监测、风险评估,以及采用转移、吸收、降解等物理、化学、生物工程技术措施,降低土壤污染物含量,使建设用地的土壤质量符合相关规划用地的土壤环境质量要求,提升建设用地的土壤利用价值
			1.3.4.2 沙漠污染治理	采用清洗、淋洗、玻璃化、热处理以及气相抽吸等物理措施,焚烧、电动修复、化学稳定等化学措施,植物修复、动物修复和微生物修复等生物措施开展的沙漠污染治理活动
			1.3.4.3 农用地污染治理	农用地土壤污染状况详查与监测、风险评估,农用地土壤环境质量类别划分、安全利用、风险管控、治理与修复,以及治理与修复效果评估等活动
		1.3.5 农业农村环境综合治理	1.3.5.1 农林草业面源污染防治	通过源头控制、过程阻断、末端强化等综合防治措施,减少农田污染和农业废弃物污染以及抗生素污染等新型污染的活动;测土配方施肥、农田氮磷拦截与再利用等农业清洁生产技术应用活动;农作物病虫害专业化统防统治及绿色防控专业化服务;粪污集中处理和资源化利用、畜禽规模化养殖、病死畜禽无害化处理等设施建设和运营;农业地膜污染防治
			1.3.5.2 农村人居环境整治	为改善农村生产生活环境而进行的综合治理工程,如农村生活垃圾和污水处理设施建设和运营、农村河道综合治理、厕所粪污治理、村容村貌提升工程、农村饮水安全工程等。农村污水处理设施应符合《农村生活污水处理设施运行效果评价技术要求》等相关国家标准

续表

领域	项目名称		说明/条件
污染防治	1.5 资源综合利用	1.5.1 资源循环利用装备制造	1.5.1.1 矿产资源综合利用装备制造	能源矿产、黑色金属矿产、有色金属(含稀有金属)矿产、非金属矿产资源综合利用等装备制造及贸易活动
			1.5.1.2 工业固体废物综合利用装备制造	脱硫石膏、磷石膏、化工废渣、冶炼废渣、尾矿、赤泥等固体废物的二次利用或综合利用等装备制造及贸易活动,冶金烟灰粉尘回收与稀贵金属高效低成本回收等装备制造及贸易活动
		1.5.2 固体废弃物综合利用	1.5.2.1 矿产资源综合利用	伴生天然气、低浓度瓦斯等能源伴生矿产资源,低品位伴生资源的开发或回收综合利用;铁、锰、铬等黑色金属中低品位矿、尾矿再开发利用,伴生矿综合开发利用;铜、铅、镍、锡、铝、镁、金、银等有色金属矿产资源高效开发利用,尾矿再开发利用和伴生矿综合开发利用,以及高岭土、铝矾土、石灰石、石膏、磷矿等非金属矿产资源尾矿再开发利用和伴生矿综合开发利用
生物保护和修复(包括海洋、湖泊、河流、湿地等生态系统保护和修复)	4.2 生态保护与建设	4.2.1 自然生态系统保护和修复	4.2.1.1 天然林资源保护	为维护天然林生态系统的原真性、完整性开展的森林病虫害等有害生物防治、森林防火、森林管护装备和基础设施建设;天然林抚育保育基础设施建设(如天然林场内林场管护用房、供电、供水、通信、道路等基础设施建设);天然林退化修复工程(如采用乡土树种的坡耕地还林、人工造林、封山育林、抚育性采伐等);全面禁止商业性采伐前提下的国有林区转产项目建设
			4.2.1.2 动植物资源保护	濒危野生动植物抢救性保护、生物多样性保护、渔业资源保护、古树名木保护等活动
			4.2.1.3 自然保护区建设和运营	为保护有代表性的自然生态系统、珍稀濒危野生动植物物种,在其天然集中分布区、自然遗迹所在地依法划定一定面积保护区域(含核心区、缓冲区和外围区)予以特殊保护和管理的活动,包括出于保护目的的居民迁出安置、保护区管控设施建设和运营,科学研究基础设施建设和运营(核心区内禁止),科学实验、教学实习、参观考察、旅游、珍稀濒危动植物繁殖等教学科研旅游基础设施建设和运营(仅限于外围区)

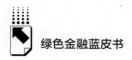

续表

领域	项目名称		说明/条件
生物保护和修复（包括海洋、湖泊、河流、湿地等生态系统保护和修复）	4.2 生态保护与建设	4.2.1 自然生态系统保护和修复	4.2.1.4. 生态功能区建设维护和运营	对生态功能区和生态功能退化的区域进行的治理、修复和保护工程建设,如水土流失综合治理、荒漠化石漠化治理、矿山地质环境保护和生态恢复、自然保护区建设等
		4.2.1.5 退耕还林还草和退牧还草工程建设	为保护生态环境,在水土流失严重、沙化、盐碱化、石漠化严重耕地实施的有计划、有步骤停止耕种,因地制宜种草造林,恢复植被,抑制生态环境恶化的活动,以及为抑制草场退化开展的草原生态保护设施建设活动
		4.2.1.6 河湖与湿地保护恢复	因地制宜采取治理、修复、保护等措施,促使河湖、湿地原生生态系统保护和生物多样性恢复,增强其生态完整性和可持续性的活动,如污染物控源减污设施建设,河滨湖滨生态缓冲带建设,乡土物种植被恢复、河湖有序连通、生态调度工程建设,防洪、防岸线蚀退设施建设等
		4.2.1.7 国家生态安全屏障保护修复	为筑牢国家生态安全屏障,在西部高原生态脆弱区,北方风沙源区,东部沿海地区,长江、黄河、珠江流域等高强度国土开发区等关系生态安全核心地区,基于各自经济、生态功能定位和重点生态安全风险,开展的山水林田湖生态保护和修复工程,如矿山环境治理恢复、土地整治与污染修复、生物多样性保护、流域水环境保护治理,以及通过土地整治、植被恢复、河湖水系连通、岸线环境整治、野生动植物栖息地恢复、外来入侵物种防治等手段开展的系统性综合治理修复活动
		4.2.1.8 重点生态区域综合治理	京津风沙源综合治理、岩溶石漠化地区综合治理、青海三江源等重点生态区域的生态保护与建设,重点流域水生生物多样性保护,如防风林建设、退耕还草还林、湿地恢复和保护、自然保护区建设等
		4.2.1.9 矿山生态环境恢复	对矿产资源勘探和采选过程中的各类生态破坏和环境污染采取人工促进措施,依靠生态系统的自我调节能力与自组织能力,逐步恢复与重建其生态功能的活动,如矿山废弃地土地整治、植被恢复,河、湖、海防堤等重要设施或重要建筑附近矿井、钻孔、废弃矿井回填封闭,矿山土地复垦,沉陷区恢复治理,矿山大气、水、土壤污染防治和治理,尾矿等废弃物综合利用,减少土地占用等

领域	项目名称			说明/条件
生物保护和修复（包括海洋、湖泊、河流、湿地等生态系统保护和修复）	4.2 生态保护与建设	4.2.1 自然生态系统保护和修复	4.2.1.10 荒漠化、石漠化和水土流失综合治理	因地制宜采用退耕还林还草、退牧还草、封沙育林育草、人工种草造林等植物治沙措施，建设机械沙障和植物沙障等物理治沙措施，在水资源匮乏、植物难以生长的地区使用土壤凝结剂固结流沙表层等化学治沙措施开展的土地荒漠化治理活动，在石漠化地区开展的退耕还林还草，造林整地，生态经济林营造建设，水源涵养林、水土保持林营造建设，封山育林等石漠化综合治理活动，以及通过治坡（梯田、台地、鱼鳞坑等）、治沟（淤地坝、拦沙坝等）和小型水利工程等工程措施，种草造林等生物措施，蓄水保土农业生产和建设项目开发方式开展的水土流失综合治理活动
			4.2.1.11 水生态系统旱涝灾害防控及应对	自然水系连通恢复、湿地恢复等水生态系统灾害防控及应对设施建设和运营
			4.2.1.12 地下水超采区治理与修复	华北、东北等地下水超采区开展的灌区节水改造、以节水为目的的农作物种植品种结构调整、工业节水改造、城镇供水管网改造建设等地下水超采区治理与修复活动
			4.2.1.13 采煤沉陷区综合治理	采煤沉陷区开展的土地整治、生态修复与环境整治等生态恢复活动，以及采煤沉陷区影响范围内居民避险搬迁、基础设施和公共服务设施修复提升、非煤接续替代产业平台建设等活动
			4.2.1.14 海域、海岸带和海岛综合整治	为保护近岸海域、海岸、海岛自然资源、生态环境和生物多样性而实施的海域综合治理、自然岸线修复、海湾整治等活动
国家公园	4.2 生态保护与建设	4.2.2 生态产品供给	4.2.2.5 国家公园、世界自然遗产地、国家级风景名胜区、国家森林公园、国家地质公园、国家湿地公园等保护性运营	依托森林、草地、沙漠、湿地、海洋等自然生态系统进行的以保护为目的的开发建设，如国家公园、世界自然遗产地、国家森林公园、国家湿地公园等建设和运营，以及在允许的区域内符合《中国森林认证　森林经营》(GB/T28951)、《中国森林认证　森林生态环境服务　自然保护区》(LY/T2239)、《中国森林认证　森林公园生态环境服务》(LY/T 2277)、《中国森林认证　野生动物饲养管理》(LY/T 2279)等相关标准要求的可持续经营活动

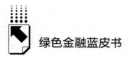

续表

领域	项目名称			说明/条件
绿色农业、渔业、森林业	2.2 绿色农业	2.2.1 农业农村环境综合治理	2.2.1.1 高效低毒低残留农药生产与替代	通过农药生产设备、生产工艺系统改造升级和环境友好型农药研发生产等措施,从事的《种植业生产使用低毒低残留农药主要品种名录(2016)》等国家和行业政策优先支持的高效低毒低残留品种农药生产活动
			2.2.1.2 畜禽养殖废弃物污染治理	通过畜禽养殖场清洁化养殖改造,养殖废水、粪污收集与无害处理和综合利用设施建设,空气污染防治设施改造和建设等手段,治理畜禽养殖废弃物污染的活动
			2.2.1.3 废弃农膜回收利用	废弃农膜机动和固定回收站点建设,运输和储存系统建设,以及利用废弃农膜生产再生颗粒、防水防漏材料、塑料编织袋、裂解油等活动
	4.1 绿色农业	4.1.1 农业资源保护	4.1.1.1 现代农业种业及动植物种质资源保护	以促进农业可持续发展为目标的农作物种业育繁推产业化工程,良种示范区、研发平台、服务平台等建设,以及动植物种质资源收集、保存、保护及管理工程
			4.1.1.2 农作物种植保护地、保护区建设和运营	在划定的永久基本农田区域因地制宜开展的零星分散耕地整合归并、土地复垦及耕地提质改造工程;在永久基本农田开展的退化耕地综合治理、中低产田改造、高标准农田建设等耕地质量提升工程;耕地占补平衡项目中被占用耕地表土剥离用于新增耕地、劣质地或基本农田整备区耕地土壤改良工程,以及农田水利设施建设、耕地保水保肥、污控修复等活动。其中,禁止开垦、复垦严重沙化土地,禁止在 25 度以上陡坡开垦、复垦耕地,禁止违规毁林开垦耕地
			4.1.1.3 林业基因资源保护	林业基因(遗传)资源调查、监测与信息化平台建设,林业基因(遗传)资源收集与保存工程,乡土树种、经济树种、速生树种的育种、驯化和生物勘探工程,良种利用工程,入侵物种防控工程等符合国家、行业相关政策、规范、标准的林业基因(遗传)资源保护工程
			4.1.1.4 增殖放流与海洋牧场建设和运营	为改善水域环境、保护生物多样性,向海洋、滩涂、江河、湖泊、水库等天然水域投放渔业生物卵子、幼体或成体,恢复或增加种群数量、改善和优化水域生物群落结构的增殖放流与海洋牧场建设和运营

领域		项目名称		说明/条件
绿色农业、渔业、森林业	4.1 绿色农业	4.1.1 农业资源保护	4.1.1.5 有害生物灾害防治	为保护生物多样性进行的外来物种入侵防控,农业、林业病虫害防治活动,以及以资源化利用为手段治理外来入侵物种的活动
			4.1.1.6 农村土地综合整治	为推进美丽宜居乡村建设,优化生产、生活、生态空间,开展的农村山水路林村综合整治活动,如低效闲散建设用地整治、工矿废弃地复垦和空心村整治,以及为提高耕地质量而进行的改良土壤、培肥地力、保水保肥、污控修复等活动
		4.1.2 农业农村环境综合治理	4.1.2.1 农作物病虫害绿色防控	通过推广抗病虫作物品种,使用"以虫治虫""稻鸭共育""生物生化制剂"等生物防治技术,使用"杀虫灯""防虫网阻隔"等物理化诱控技术,使用高效、低毒、低残留、环境友好型农药,开展的农作物病虫害绿色防控活动,以及化学农药减量增效、使用量零增长活动等
		4.1.3 绿色农产品供给	4.1.3.1 绿色有机农业	有机农产品和绿色食品生产、消费及大宗绿色农产品贸易活动;有机农产品和绿色食品生产相关设施建设。产品及其生产环境需符合有效期内《有机产品》(GB/T 19630.1 - GB/T 19630.4)国家标准,原农业部环境质量标准和农药、肥料、兽药、饲料及饲料添加剂、食品添加剂、动物卫生等通用准则性标准,以及 45 项产品质量标准;产品标注需符合原农业部《绿色食品标志管理办法》(中华人民共和国农业部令〔2012〕第 6 号)。大宗绿色农产品贸易活动主要适用于获得国际相关认证体系可持续证书的农产品
			4.1.3.2 绿色畜牧业	为推进畜牧业资源高效利用、生态环境保护而进行的绿色畜牧业工程,如病死畜禽无害化处理体系建设、畜禽养殖废弃物贮存处理利用设施建设、高架床等环保型养殖设施建设、"养殖+沼气+种植+加工"的循环农业产业园区建设等
			4.1.3.3 绿色渔业	碳汇渔业及净水渔业、循环水养殖、生态健康养殖、水产品加工副产物综合利用等;水产养殖污水处理设施建设和运营,以及渔业资源养护设施建设和运营,如养护型海洋牧场建设和运营等

资料来源:根据《绿色债券支持项目目录(2021 年版)》整理。

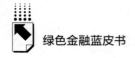

（2）生物多样性相关金融产品

中国的绿色金融市场规模居世界前列，但面向生物多样性保护的投融资规模相对较小，支持生物多样性保护和修复的资金占比偏低。根据《中国绿色债券市场报告2021》，2021年中国绿色债券市场募集的88.3%的资金投向了可再生能源、低碳交通和低碳建筑领域，占比分别为60.6%、18.8%和8.9%[1]。绿色信贷也反映了类似情况。根据中国人民银行发布的《2021年金融机构贷款投向统计报告》，2021年末，本外币绿色贷款余额达15.9万亿元，其中，投向基础设施绿色升级产业、清洁能源产业和节能环保产业的贷款余额分别为7.4万亿元、4.21万亿元和1.94万亿元，合计占绿色贷款的85%[2]，而该统计报告中并没有提供投向生态保护和修复领域的数据。

当前中国绿色金融市场中生物多样性的金融产品占比较小，但已经有个别机构开发了与生物多样性保护相关的绿色金融产品。2021年9月，中国银行发行了一笔两年期生物多样性主题绿色债券，募集资金5.8亿美元，用于中国本土陆地与海洋生物多样性保护。然而，与国际金融市场上的产品相比，中国生物多样性产品的创新实践还非常有限，这也是未来几年金融机构绿色金融业务部门重点开拓的方向。

（3）生态融资机制

除了绿色金融市场外，中国在建设生态文明的同时，积极将生态保护与金融机制相结合，推出了生态环境导向的开发模式、生态产品价值实现机制和生态保护补偿机制，促进了生物多样性保护项目的开展。

生态环境导向的开发（Ecology Oriented Development，EOD）模式以生态保护和环境治理为基础，为生态产品价值实现创造了良好的政策环境。2021年4月，生态环境部、国家发改委、国家开发银行印发了《关于同意开展生态环境导向的开发（EOD）模式试点的通知》，确定了36个项目开

① 气候债券倡议组织与中央国债登记结算有限责任公司中债研发中心. 中国绿色债券市场报告2021 [EB/OL]. https：//www.climatebonds.net/files/reports/cbi_ china_ sotm_ 2021_ chi_ 0. pdf.

② 中国人民银行. 2021年金融机构贷款投向统计报告［EB/OL］. http：//www.pbc.gov.cn/goutongjiaoliu/113456/113469/4464086/2022013010434016509. pdf.

展 EOD 模式试点工作，期限为 2021～2023 年。在开展试点工作过程中，探索创新生态环境治理项目组织实施方式，促进生态环境高水平保护和区域经济高质量发展。该通知也强调在开展试点工作时要发挥开发性金融大额中长期资金的优势，统筹考虑经济效益和环境效益，在资源配置上予以倾斜，加大支持力度。2021 年 10 月，生态环境部、国家发改委、国家开发银行发布了《关于推荐第二批生态环境导向的开发模式试点项目的通知》并批准了第二批试点项目①。2022 年 3 月，生态环境部办公厅印发《生态环保金融支持项目储备库入库指南（试行）》，囊括了采用 EOD 模式、PPP 模式及其他市场化方式运作的项目，引导金融资金投向重大生态环保项目。

关于生态产品价值实现机制，"十四五"规划中明确提出"建立生态产品价值实现机制"。2021 年 4 月，中共中央办公厅、国务院印发了《关于建立健全生态产品价值实现机制的意见》，鼓励开展生态环境保护和修复与生态产品经营开发。该意见也提出加大绿色金融支持，鼓励企业和个人探索"生态资产权益抵押+项目贷"模式，支持区域内生态环境提升及绿色产业发展；鼓励银行机构加大对生态产品经营开发主体的中长期贷款支持力度，合理降低融资成本，提升金融服务质效；鼓励政府性融资担保机构为符合条件的生态产品经营开发主体提供融资担保服务；探索生态产品资产证券化路径和模式②。2021 年 11 月，国务院办公厅《关于鼓励和支持社会资本参与生态保护修复的意见》明确了社会资本参与生态保护修复的政策措施，包括规划管控、产权激励、资源利用、财税支持、金融支持 5 个方面。

关于生态保护补偿机制，2016 年 5 月，国务院办公厅印发《关于健全生态保护补偿机制的意见》，旨在进一步健全生态保护补偿机制，加快推进生态文明建设。2021 年 9 月，中共中央办公厅、国务院办公厅印发了《关

① 中华人民共和国生态环境部．关于同意开展生态环境导向的开发（EOD）模式试点的通知 [EB/OL]. http：//mee. gov. cn/xxgk2018/xxgk/xxgk06/202104/t20210428_ 831153. html.
② 中华人民共和国中央人民政府、中共中央办公厅、国务院办公厅印发《关于建立健全生态产品价值实现机制的意见》[EB/OL]. http：//www. gov. cn/zhengce/2021－04/26/content_ 5602763. htm.

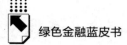
于深化生态保护补偿制度改革的意见》，探索多样化补偿方式。生态保护补偿机制是一项具有经济激励作用的生态环境保护政策，为生物多样性金融的实现提供了便利条件。

在实践层面，2021年，中国邮政储蓄银行丽水市分行推出了把生态信用作为金融信贷前提的金融创新产品。截至2021年12月末，该行"两山贷"结余583笔共1.07亿元，"生态贷"结余9915笔共21.7亿元，"邮惠付"商户收单5469户，获得溯源体系商户收单清单近1500户①。

3. 中国生物多样性金融——国际合作

中国参与生物多样性金融相关合作的主要方式是履行国际生态保护承诺、参与国际合作的生物多样性金融研究、运用多边合作机制推动全球生物多样性金融发展等。

具体而言，为落实《生物多样性公约》，原环境保护部会同20多个部门编制了《中国生物多样性保护战略与行动计划》（2011~2030年），提出了中国生物多样性保护的目标、战略和具体任务。该行动计划提出加大资金投入是《生物多样性公约》落实的重要保障措施之一，并要求"拓宽投入渠道，加大国家和地方资金投入，引导社会、信贷、国际资金参与生物多样性保护，形成多元化投入机制。整合生物多样性保护现有分散资金，提高使用效率。加大各级财政对生物多样性保护能力建设、基础科学研究和生态补偿的支持力度"②。

2021年，在云南举办的《生物多样性公约》缔约方大会第15次会议上，金融支持生物多样性的关键角色再次被强调。会议上来自9个国家的元首和99个国家的部长通过了《昆明宣言》，明确了2020年后全球生物多样性框架所需的关键要素，并强调生物多样性金融在框架中的重要角色③。在

---

① 财联社．邮储银行：创新金融产品服务　助力生态产品价值实现［EB/OL］．https：//www.cls.cn/detail/832959.

② 中华人民共和国生态环境部．关于印发《中国生物多样性保护战略与行动计划》（2011~2030年）的通知［EB/OL］．https：//www.mee.gov.cn/gkml/hbb/bwj/201009/t20100921_194841.htm.

③ 联合国．《昆明宣言》为制定新的全球生物多样性框架注入更强动力［EB/OL］．https：//news.un.org/zh/story/2021/10/1092712.

银行业金融机构支持生物多样性保护主题论坛上，36 家中资银行业金融机构、24 家外资银行及国际组织共同发起并签署了《银行业金融机构支持生物多样性保护共同宣示》，承诺将制定生物多样性战略，强化生物多样性风控，确立生物多样性偏好，加大生物多样性投资，做好生物多样性信息披露，改善生物多样性表现，促进生物多样性合作。

2021 年 6 月，中国正式加入联合国开发计划署生物多样性金融中国项目（BIOFIN China）。BIOFIN 旨在更好地利用现有资源，将资源从有损生物多样性的领域重新分配到对其有益的领域，及早采取行动减少对未来投资的需求，并撬动额外资源，弥补生物多样性融资缺口。该研究项目以山东和上海为项目落实地点，对相关政策机制进行梳理、整理生物多样性支出并评估融资需求，为对应地区制定生物多样性融资计划①。

生物多样性保护和生态环保合作也是"一带一路"多边合作机制高质量发展的重点内容。2017 年 5 月，环境保护部、外交部、国家发改委、商务部联合发布了《关于推进绿色"一带一路"建设的指导意见》，提出要以"防范生态环境风险，保障生态环境安全"为基本原则，"推动制定和落实防范投融资项目生态环保风险的政策和措施，加强对外投资的环境管理"②。

五 中国生物多样性金融发展的挑战与展望

（一）中国发展生物多样性金融的挑战

1. 生物多样性金融的标准和披露工具不完善

当前，我国还没有出台明确的生物多样性金融相关标准和披露指南。虽然如前文所示，《绿色债券支持项目目录（2021 年版）》里已经涉及一些生物多样性相关项目，有助于引导资金支持生物多样性活动，但相较于绿色项

---

① BIOFIN China［EB/OL］. https：//www. biofin. org/china.
② 中华人民共和国生态环境部. 关于推进绿色"一带一路"建设的指导意见［EB/OL］. https：//www. mee. gov. cn/gkml/hbb/bwj/201705/t20170505_ 413602. htm.

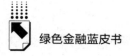

目，生物多样性项目着眼于整体生态系统的保护，难以通过单一指标来量化项目成果，制定和出台相关标准更具有挑战性。金融机构在没有官方的生物多样性标准时，难以系统梳理现有产品和服务是否属于生物多样性保护的范畴，对于创新生物多样性相关金融工具，以及做出符合可持续发展和生物多样性需求的财务决策也有所限制。

此外，中国在环境信息披露方面虽然已经出台了针对金融机构和企业的指南和管理办法，但并不是强制性的信息披露要求。

2. 生物多样性金融的风险管理痛点尚未解决

从金融机构角度出发，生物多样性金融风险管理的痛点主要来源于生物多样性影响的不确定性和数据不可得性。由于生物多样性丧失造成的经济影响是非线性的，在生物多样性丧失达到一定程度时，其对经济及金融稳定性的影响将会出现迅速的、非线性的上升，相关生物多样性金融风险难以预测，对风险管理造成困难。此外，目前对生态系统组成和运作方式的认知较为模糊，导致难以界定经济活动对生物多样性的影响和估计生物多样性丧失造成的影响。在缺乏必要数据和数据精度不足的情况下，生物多样性风险评估和为自然产品定价必然非常困难。另外，关于生物多样性丧失对中国金融系统造成的风险，目前还未有系统性研究，这影响了金融机构对生物多样性保护和生物多样性金融风险管理紧迫性的认知。

3. 生物多样性保护资金缺口不明晰，投融资手段有限

自 2020 年以来，国际上关于生物多样性保护资金缺口的相关研究已经取得突破性进展，而国内相关研究还比较匮乏。中国目前缺乏对生物多样性保护资金缺口的科学测算，这会对政府机构和金融机构的决策造成影响，同时也会对激励和引导私人部门参与生物多样性保护的工作造成负面影响。

在生物多样性投融资方面，现有的绿色金融市场缺乏对生物多样性保护项目的关注，并且生物多样性金融工具的类型较为单一，并未开发出多样化的生物多样性金融产品。在有限范围内开展的生物多样性金融创新实践难以起到支持生物多样性保护的作用。当前中国的 EOD 模式、生态产品价值实现机制和生态保护补偿机制大多依赖公共部门，私人部门的参与有限，需进一步发挥公共资本的引导作用，以促进生物多样性保护。

4. 能力建设和人才培养不足

生物多样性金融还面临能力建设和跨领域人才培养的挑战。目前生物多样性金融的研究工作多处于理论阶段，国际上虽然已开展了生物多样性丧失对金融系统的影响和风险敞口的相关研究，但如何将认识到的风险落实在具体的金融实践和管理中还存在较大的能力建设空间。如上文所示，中国的相应研究还存在比较大的空白。

跨生态环境领域和金融领域的复合型人才将为未来生物多样性金融的发展积蓄力量，相应的人才培养工作既是当下面临的挑战，也是未来发展的机遇。日益活跃的生物多样性金融国际合作和交流，为后续能力建设和人才培养工作奠定了良好的基础。

（二）中国生物多样性金融的展望

中国发展生物多样性金融需要将有关政策和市场建设纳入现有的绿色金融体系中。这既是发展中国生物多样性金融的有效途径，也是进一步完善绿色金融体系的关键举措。具体而言，可以在绿色金融标准、风险管理、投融资机制和国际合作等方面持续发力。

1. 推动生物多样性金融标准的制定与完善

生物多样性保护是减缓和适应气候变化的重要手段。我们需要认识到气候变化与生物多样性的协同作用，将生物多样性因素纳入既有的绿色金融标准建设中，制定更详细的生物多样性项目清单，引导金融部门开展生物多样性投融资活动，在减缓和适应气候变化的同时支持生物多样性保护。在生物多样性相关信息披露方面，中国需要加强生物多样性信息披露研究，提出披露框架，明确披露要求，将生物多样性相关信息披露与现有的环境信息披露相结合。在此基础上，积极开展国际合作，促进国内外生物多样性信息披露标准的协调。

2. 加强生物多样性金融风险管理

央行和金融监管部门应进一步推进我国生物多样性相关系统性金融风险研究，推动金融机构从物理风险和转型风险的角度开展生物多样性风险分析。金融监管机构应使用开发工具和创新方法来分析、量化和监测与生物多样性相关的金融风险。在生物多样性信息披露方面,当前,有关生物多样性的全球标准化报告框架仍在制定中。借鉴法国生物多样性相关信息披露经验,中国人民银行可考虑将生物多样性相关内容逐步纳入强制披露要求,并遵循 NGFS 与 INSPIRE "生物多样性与金融稳定性"联合研究组提供的其他相关建议,如向金融机构介绍对生物多样性相关影响进行核算的重要性。中国也需要根据既有环境信息披露经验和方法学工具,试点探索生物多样性相关信息披露的可行性,继续完善《金融机构环境信息披露指南》,进一步要求金融机构定性、定量地披露自身的生物多样性相关信息。

3. 健全生物多样性投融资机制,推动市场发展

当前,联合政府机构和智库力量开展生物多样性资金缺口的统计研究,明确现阶段中国生物多样性投融资规模和保护生物多样性的资金需求,进一步细化生物多样性资金流动的现状,将对相关政策制定和市场实践起到推动作用。中国金融机构应凝聚发展生物多样性金融的共识,结合既有支持生物多样性相关项目的政策文件,开发生物多样性金融产品,开发不同类型的金融工具,丰富生物多样性金融市场。同时,公共部门需要充分发挥现有生态融资机制的作用,继续引导私人资本参与。

4. 通过国际合作推动经验交流和人才建设

生物多样性丧失是全球亟待解决的问题,然而,由于生物多样性影响和生物多样性金融能力建设等方面的挑战,这个问题靠单个国家的力量无法解决。中国需要进一步在联合国等国际组织既有的合作框架下,支持形成生物多样性保护的共识,推动金融机构在保护生物多样性方面做出投资承诺,鼓励金融机构积极参与主流生物多样性金融倡议,支持开展生物多样性金融能力建设工作。与中国开展绿色金融国际合作的思路相一致,开展生物多样性金融的国际合作也可以充分利用"一带一路"倡议、中国-东盟合作机制、南南合作机制等,推广生物多样性保护项目建设,凝聚多方力量,促进相互交流与合作。在民间,高校、智库和非营利组织可开展人才交流和对话,培养跨学科的复合型国际人才,持续地支持生物多样性金融的发展。

评 价 篇

Evaluation Report

B.6

全球绿色金融发展指数构建说明
及评价结果相关性报告

毛 倩 郭敏平*

摘 要： 全球绿色金融发展指数在全球积极推动金融支持应对气候变化和
一系列可持续发展挑战的大背景下构建，为衡量全球主要经济体
的绿色金融发展水平提供可量化的依据。全球绿色金融发展指数
的指标选取以客观性、公平性、可比性、科学性和数据可得性为
基本原则。当前指标体系设有3个一级指标、6个二级指标、26
个三级指标和54个四级指标。其中，定性指标35个，半定性指
标5个，定量指标14个。指标体系从政策与战略、市场与产品
和国际合作三方面衡量全球55个国家的绿色金融发展情况。本
报告还选取了可能会对上述三方面指标产生直接影响的外生因
素，即经济发展和财政基础、金融市场发展程度、对外开放水

* 毛倩，中央财经大学绿色金融国际研究院国际合作部主任、研究员，研究方向为可持续金
融、生物多样性金融和蓝色金融；郭敏平，中央财经大学绿色金融国际研究院大湾区绿色金
融研究中心副主任、研究员，研究方向为金融学、碳金融。

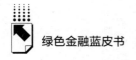

平，研究其与绿色金融发展指数之间的相关性。研究结果显示，绿色金融发展指数总得分与经济发展和财政基础呈较强正相关关系，一级指标市场与产品受到金融市场发展程度的积极影响。

关键词： 绿色金融　绿色金融发展指数　金融市场　对外开放

一　全球绿色金融发展指数的构建背景

近年来，气候变化和可持续发展议题受到国际社会的广泛关注，全球主要国家已经意识到应对气候变化的紧迫性及重要性，并就采取措施进一步减缓气候变化和提高气候适应性达成共识。《巴黎协定》提出了控制全球温度升高不超过 2℃并努力控制在 1.5℃以下的长期目标，代表了全球绿色低碳转型的大方向。要实现该目标，需要全球各方进行快速、深远和前所未有的变革，当前应对气候变化和推动经济社会可持续发展所需的资金存在很大的缺口。

在这样的背景下，绿色金融的概念应运而生。以英国、欧盟、中国为代表的发达国家和地区及新兴经济体已经逐步构建了自身的绿色金融体系，培育了绿色金融市场，对其提升减缓气候变化和适应气候变化能力起到积极的作用。目前，已经有部分机构对不同国家与城市的绿色金融发展状况进行了研究，2016 年，在 G20 领导人峰会上通过了《G20 绿色金融综合报告》，对绿色金融的发展进行了评述，并提出加快绿色金融动员的 7 项可选措施；2017 年，联合国环境规划署发布《G20 绿色金融进展报告》，总结 G20 国家对《G20 绿色金融综合报告》中 7 项可选措施的实施情况；2019 年，联合国环境规划署发布《G20 可持续金融进展报告》；2021 年，G20 可持续金融工作组分别发布了《G20 可持续金融综合报告》和《G20 可持续金融路线图》。2021 年，英国智库 Z/Yen 继续发布了针对全球金融中心（城市）的"全球绿色金融指数"第八版。已有研究总结了部分地区发展绿色金融的成功经验，对传播绿色可持续投融资理念发挥了积极作用，但总体来看，主要聚焦 G20 国家,不能完全展现各国在绿色金融方面所取得的成绩,缺乏更大范围内具有连续性、可比性、综合性的绿色金融国别研究。

本报告旨在系统性地研究全球主要经济体的绿色金融发展情况,用指数排名的方式反映各国绿色金融领域的进展。除此之外,本报告还对评价结果进行了相关性研究,研究影响全球绿色金融发展的因素,同时对指标体系的科学性进行探讨。

二 全球绿色金融发展指数的构建方法

全球绿色金融发展指数提供全球主要经济体在绿色金融政策与战略、市场与产品和国际合作领域的评分,旨在直观地反映全球主要经济体的绿色金融发展情况,为全球的政策制定者、金融从业者、企业、学者等利益相关方提供具有可比性、连续性的全球绿色金融发展信息。指标体系设计的严谨性、完备性直接决定了全球绿色金融发展情况评价结果的说服力和权威性。指标体系的构建涉及指标选取原则等多方面,下文将具体阐述。

(一)指标选取原则

全球绿色金融发展指数建立在中央财经大学绿色金融国际研究院对全球绿色金融发展情况研究成果的基础上,借鉴了地方绿色金融发展指数的构建方法,并结合全球绿色金融发展的多样性进行了调整。指标选取以客观性、公平性、可比性、科学性和数据可得性为基本原则。

1. 客观性

课题组在指标体系设计过程中充分考虑了数据获取的客观性,所获数据来自公开资料,包括各国的政府文件、国际权威组织的数据库、第三方机构的报告、主流绿色金融倡议或平台的官方网站、金融机构的官方网站和报告等。指标赋值不涉及主观评价,以保证指标数据的客观性。

2. 公平性

指数开发和报告撰写由中央财经大学绿色金融国际研究院和国际金融论

坛研究院完成。中央财经大学绿色金融国际研究院是独立的第三方智库机构，国际金融论坛研究院是非官方独立国际组织国际金融论坛的直属智库机构，双方均不与各国政府之间存在利益关系。课题组在指标选取、数据获得过程中充分考虑各国的国情和绿色金融发展模式，最大限度地避免国家和地区偏向，以保障评价结果的公平性。

3. 可比性

目前全球绿色金融处于高速发展阶段，各国的绿色金融发展模式和相关数据的统计口径各不相同，且每年数据波动较大。因此，在指标体系设计过程中，课题组综合考虑和选取了有利于比较不同国家发展水平的指标，特别是考虑了存量指标和区间指标、定性和定量指标的平衡，以避免某个特定指标的波动或极值的出现对结果造成决定性影响，从而增强评价结果的可比性。

4. 科学性

在选取指标的过程中，课题组分别在政策与战略、市场与产品和国际合作方面设立不同的指标，以分别衡量国家层面推动绿色金融发展的政策力度、绿色金融进展实际情况、政府与市场机构参与绿色金融合作的积极性。指标的选取综合考量了国家发展绿色金融的努力和取得的实际成果。

5. 数据可得性

由于绿色金融是一个相对新的领域，且本研究覆盖国家众多、差异性大，因此数据可得性也是指标选取的关键原则之一。随着全球绿色金融的不断发展和信息披露的不断完善，指标体系也会随着数据可得性的提升逐年优化。

（二）指标体系构建

全球绿色金融发展指数指标体系（2021）如表 1 所示。本着公开透明的原则，在此披露全部四级指标。在第一版指标体系编制过程中，遇到了数据不可得、国别可比信息不足等多种问题，从而影响了指标的选取。本指标体系会随着全球绿色金融信息数据可得性的提高和研究的进一步深入而逐年更新调整，更新情况每年将全部披露。

表 1 全球绿色金融发展指数指标体系 (2021)

一级指标	二级指标	三级指标	四级指标	定性/定量	存量/区间
政策与战略	绿色发展政策与策略	绿色发展策略	是否有国家绿色发展战略	定性	存量
			是否有绿色发展行动规划	定性	存量
			是否有绿色产业相关政策	定性	存量
		国家碳减排机制	碳中和目标阶段	半定性	区间
			碳减排机制	半定性	区间
	绿色金融相关政策	绿色金融整体政策	是否有绿色金融战略	定性	存量
		绿色金融产品专项政策	是否有绿色债券相关政策	定性	存量
			是否有绿色贷款相关政策	定性	存量
			是否有绿色保险相关政策	定性	存量
			是否有绿色基金相关政策	定性	存量
		绿色金融风险管理相关政策	是否有气候相关信息披露政策	半定性	存量
			是否有金融机构环境压力测试政策	半定性	寸量
市场与产品	绿色金融产品	绿色债券	累计绿色债券发行规模占 GDP 比重	定量	存量
			2021 年新增绿色债券发行规模占 GDP 比重	定量	区间
			累计绿色债券发行单数	定量	存量
			2021 年新增绿色债券发行单数	定量	区间
			累计绿色债券发行机构数量	定量	存量
		绿色贷款	是否有绿色贷款	定性	存量
			是否有 2021 年新增绿色贷款	定性	区间
		绿色保险	是否有环境责任保险产品	定性	存量
			是否有其他绿色保险产品	定性	存量
		绿色/ESG 基金	是否有绿色/ESG 基金	定性	存量
			是否有 2021 年新增绿色/ESG 基金	定性	区间
		碳金融	是否有碳排放权交易	定性	存量
			是否有现货碳金融产品	定性	存量
			是否有碳金融衍生产品	半定性	存量
	市场机构建设	国家开发性金融机构	是否有绿色投资承诺额	定性	区间
			是否有环境与社会保障措施	定性	存量
			是否提供绿色金融技术援助	定性	存量

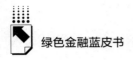

续表

一级指标	二级指标	三级指标	四级指标	定性/定量	存量/区间
市场与产品	市场机构建设	国家开发性金融机构	是否有国家级绿色银行/基金	定性	存量
		国家主权基金	是否有绿色/可持续投资承诺	定性	存量
		商业性金融机构	是否有自愿性气候相关信息披露	定性	存量
			是否有气候压力测试要求	定性	存量
			是否有环境与社会保障合规要求	定性	存量
		证券交易所	是否有 ESG 报告要求	定性	存量
			是否有 ESG 报告的书面指南	定性	存量
			是否有 ESG 相关培训	定性	存量
			是否有绿色金融或可持续相关指数	定性	存量
国际合作	参与可持续金融平台和网络（以成员国单位/监管部门加入）	央行与监管机构绿色金融网络（NGFS）	是否有中央银行和监管机构加入	定性	存量
		可持续金融国际平台（IPSF）	是否有监管机构参加	定性	存量
		可持续银行与金融网络（SBFN）	是否有银行监管部门参加	定性	存量
		可持续保险论坛（SIF）	是否有保险监管部门参加	定性	存量
		财政部长气候行动联盟（CFMCA）	财政部是否参加	定性	存量
	参与主流可持续金融倡议（以市场机构加入）	可持续证券交易所倡议（SSE Initiative）	是否有证券交易所参加	定性	存量
		国际开发金融俱乐部（IDFC）	是否有开发性金融机构参加	定性	存量

一级指标	二级指标	三级指标	四级指标	定性/定量	存量/区间
国际合作	参与主流可持续金融倡议（以市场机构加入）	赤道原则（Equator Principles）	累计签署机构总数	定量	存量
			2021年新增签署金融机构数量	定量	区间
		联合国环境规划署金融倡议（UNEP FI）	累计签署《可持续保险原则》（PRI）机构数量	定量	存量
			累计签署《负责任银行原则》（PSI）机构数量	定量	存量
			2021年新增签署联合国环境规划署金融倡议的机构数量	定量	区间
		责任投资原则（PRI）	累计签署机构数量	定量	存量
			2021年新增签署机构数量	定量	区间
		气候相关财务信息披露工作组（TCFD）	支持气候相关财务信息披露工作组的机构总数	定量	存量
			2021年新增支持气候相关财务信息披露工作组的机构数量	定量	区间

1. 指标分级情况

指标体系分为四级，其中一级、二级、三级指标由下级指标合成，反映该方向的综合情况；四级指标通过实际数据度量，构成上级指标。四级指标体系，从政策推动到市场实践再到国际合作，对绿色金融发展情况进行全面评价。

2. 指标选取办法

指标的选取、划分按照一定逻辑关系进行，既要能够对受评对象进行全面度量，又要尽量减少指标之间的相关性和重叠性。一级指标选取政策与战略、市场与产品、国际合作三方面，强调政府推动绿色金融的政策决心、绿色金融市场活跃程度和绿色金融合作情况。一级指标政策与战略对应的二级指标分为绿色发展政策与战略和绿色金融相关政策；一级指标市场与产品对应的二级指标从绿色金融产品、市场机构建设两个角度来评价绿色金融的实

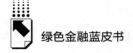
际发展情况；一级指标国际合作对应的二级指标分为参与可持续金融平台和
网络（以成员国单位/监管部门加入）、参与主流可持续金融倡议（以市场
机构加入）三级和四级指标的选取主要考虑其与二级指标的相关性及自身
数据的可比性、可得性。

3. 指标的数量和性质

这一版指标体系设有 3 个一级指标、6 个二级指标、26 个三级指标和
54 个四级指标。其中定性指标有 35 个，半定性指标有 5 个，定量指标有 14
个。定性、半定性和定量指标主要是根据客观性和当前数据的可得性综合选
取。随着数据可得性的提高，定量指标的占比将上升。

（三）打分与指数合成方法

指数由各四级指标数据合成，四级指标等权重。具体采取的方法步骤
是：先对各国指标给出标准化打分，再将所有指标打分逐级向上汇总，最后
计算得出全球绿色金融发展指数。

对定性指标，满足条件的得分 100，不满足条件的得分 0。

对定量指标，采取同一时间段（点）的指标进行横向比较，以标准化
评分的方式进行。若指标为正向指标，则指标值在某国表现越好，该国得分
越高。以 X 国的指标 A 举例：

$$100 \times (AX - A_{\min}) \div (A_{\max} - A_{\min})$$

其中 $A_{\max}$ 为各国指标 A 的最大值、$A_{\min}$ 为各国指标 A 的最小值。

对于部分存在离群值的定量指标，对其进行对数处理，以某项存在离群
值的 X 国指标 B 举例：

$$100 \times [\mathrm{Log}(BX) - \mathrm{Log}(B_{\min})] \div [\mathrm{Log}(B_{\max}) - \mathrm{Log}(B_{min})]$$

此外，当数列出现以下两种特殊情况时，处理方式如下：一是某国该数
据为 0，全部数列会+1；二是该量化指标均小于 0，如累计绿色债券发行规
模占 GDP 比重和 2021 年新增绿色债券发行规模占 GDP 比重，处理方式是
视数据的量级，将全部数列乘以 100 或 1000。

特别说明，由于本报告中涉及的数据以公开数据为主，因此遇到未披露、不确定、无法判断的指标，按 0 分计入。

最后，如前所述，指标计算采用四级指标等权重的方法，根据平均权重法计算，全部 54 个四级指标的权重均为 1.8868%，最后每个国家的得分为单个指标得分乘以 1.8868%。

（四）指数评价周期

指数排名覆盖了全球 55 个主要经济体（G55），其中包括国内生产总值购买力平价（GDP PPP）排名世界前 50 的国家和 5 个经济、政治、地理位置非常重要的国家。排名前 50 的国家参照 2019 年世界银行 GDP PPP 排名表选取。当前对全球绿色金融进展的研究主要集中在 G20 国家，G55 国家的选取极大地增强了研究样本的代表性。G55 国家在地域上分布广泛，覆盖了欧洲、亚洲、美洲、大洋洲和非洲的主要经济体，在发展水平上具有多样性，既有经济高度发达的国家，也有新兴经济体和发展中国家。G55 的选取为展现全球绿色金融的真实发展水平提供了相对全面的样本。

评价周期：本年评价周期为 2021 年 1 月 1 日至 2021 年 12 月 31 日。

（五）数据来源及局限性

本报告评分所用基础数据源于中央财经大学绿色金融国际研究院建设的全球绿色金融数据库，目前数据库的数据全部来源于公开数据，一方面保证了资料的公平性，另一方面也限制了获取资料的全面性，受资料获取渠道、政策是否公开等因素的影响，评价结果难免产生差异。国别数据库涉及的国家众多，其中包括许多小语种国家，进一步限制了对国别政策的全面收集。

在政策与战略方面，考虑到部分国家没有出台专门的绿色金融政策，因此指标体系里也包含了绿色或可持续发展的整体性战略与政策。各国绿色金融的发展模式迥异，为了保障可比性，当前大部分政策与战略指标为定性指标。这样的指标能够反映国家是否有相关政策，即绿色金融政策的广度，但

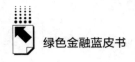

无法很好地体现绿色政策的实施力度。当前的指标体系能够区分绿色金融政策体系发达和不发达的国家，但无法精确地区分绿色金融政策体系相对发达的国家之间的差距。

在市场与产品方面，由于不同国家发展和经济转型的重点不同，衍生出可持续金融、绿色金融、气候金融、ESG 等不同的主推概念，导致各国政策和市场统计口径不同，在一定程度上影响了本指数的计算准确性。例如，有的国家有绿色基金的统计，而另一些国家则统计可持续基金，这些统计口径的差异对定量的数据收集造成困难。此外，定量统计数据的匮乏是指标数据收集的又一难点。在绿色金融产品方面，仅绿色债券的数据在大多数国家的可得性比较高，绿色信贷、绿色投资基金等数据在大多数国家中没有专门的统计。此外，金融市场本身的完善程度也是影响指标得分的因素。例如，有的国家金融市场建设本身就不完善，没有多样性的市场机构主体和金融产品。

在国际合作方面，秉持客观性、公平性和可比性的原则，当前指标选取的都是全球性的可持续金融平台、网络和倡议，不存在主观给分的情况。但这样的选取标准将一些区域性的绿色金融合作或双边合作排除在外，也将绿色金融国际会议、资金和技术援助等排除在外。如何在保障各项基本原则的基础上，将更全面的衡量标准整合到现有指标体系中，是下一版指标体系优化的重点问题。

在指标权重方面，目前采用的是四级指标等权重的方法，这会导致四级指标的数量对结果产生影响。在下一版指标体系中，课题组会考虑专家打分等方式，为各项指标设立更合理的权重。

三　全球绿色金融指数评价结果相关性

（一）变量指标的选取

根据本报告对绿色金融发展的定义和度量，全球绿色金融发展指数可分为三个分项指标——政策与战略、市场与产品、国际合作，三项指标相加构成最终指数得分。鉴于此，本节选取可能会对上述三个指标产生直接影响的外生因素，研究其与绿色金融发展指数之间的相关性，从而更好地理解全球绿色金融发展的演变脉络，并为绿色金融的未来发展提供借鉴。结合变量相关性与数据可得性，本报告将外生影响因素分为经济发展和财政基础、金融市场发展程度、对外开放水平三大类，每个大类包含4个具体变量，采用等权重的方式加权得到每个大类指标的最终得分（见图1）。

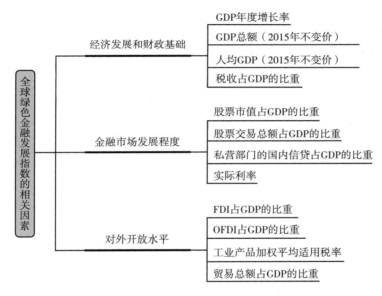

图1 全球绿色金融发展指数的相关因素

资料来源：作者绘制。

1. 经济发展和财政基础

实体经济的发展是绿色金融体系建设的基础。只有经济保持稳步、健康的增长，绿色金融的发展才能有稳固的根基。同时，绿色金融对于绿色产业乃至实体经济的高质量发展具有极其重要的作用，其通过引导资源配置，促进实体产业的融资需求更好地得到满足，从而推动经济高质量发展。本报告采用 GDP 年度增长率来度量各国的经济增长情况。

经济规模的大小直接决定金融市场发展的宽度与深度，更大的经济规模意味着有更多的金融需求，从而衍生出更丰富多样的绿色金融产品以及差异化的绿色金融机构，最终对绿色金融发展水平产生影响。本报告采用世界银行 World Development Indicator 库的 GDP 总额（2015 年不变价）来度量各国的经济规模。

除了规模和增速之外，经济发展水平也与绿色金融发展息息相关。本报告采用人均 GDP（2015 年不变价）来度量各国的经济发展水平。

绿色金融的发展有赖于政府的支持，本报告采用税收占 GDP 的比重来度量政府的财政实力。

55 个国家经济发展和财政基础的具体度量数据见表 2。

表 2　55 个国家经济发展和财政基础的度量

国家	GDP 年度增长率（%）	GDP 总额（2015 年不变价,亿美元）	人均 GDP（2015 年不变价,美元）	税收占 GDP 的比重（%）
阿尔及利亚	−5.10	1681.44	3834.44	21.18
阿根廷	−9.90	5147.72	11344.41	10.48
埃及	3.57	4122.46	4028.42	12.52
阿联酋	−6.13	3708.66	37497.59	0.97
爱尔兰	5.87	3925.35	78732.55	17.73
奥地利	−6.73	3865.14	43346.43	25.58
澳大利亚	1.48	14909.68	58029.52	23.41
巴基斯坦	−0.94	3195.90	1446.81	9.10
巴西	−4.06	17491.05	8228.78	13.74
比利时	−5.66	4668.37	40438.92	22.61
波兰	−2.54	5556.30	14660.79	17.30
韩国	−0.85	16238.95	31327.41	15.20
丹麦	−2.06	3277.38	56202.17	34.28
德国	−4.57	34358.17	41315.31	11.40
俄罗斯	−2.95	14161.24	9666.81	10.98
法国	−7.86	24112.55	35785.97	24.55
菲律宾	−9.57	3582.94	3269.67	14.49
哥伦比亚	−6.80	2998.26	5892.48	15.07

续表

国家	GDP 年度 增长率（%）	GDP 总额（2015 年不变价,亿美元）	人均 GDP（2015 年不变价,美元）	税收占 GDP 的比重（%）
哈萨克斯坦	−2.50	2058.29	10974.96	11.79
荷兰	−3.80	8083.32	46345.35	24.02
加拿大	−5.23	16074.02	42258.69	13.27
捷克	−5.80	2030.95	18984.64	14.69
罗马尼亚	−3.93	2088.39	10844.53	14.60
马来西亚	−5.65	3440.99	10631.51	11.93
美国	−3.40	192944.83	58203.38	9.96
孟加拉国	3.51	2706.96	1643.67	7.00
秘鲁	−11.15	1909.79	5792.19	14.52
墨西哥	−8.31	11487.49	8909.68	13.14
南非	−6.43	3356.40	5659.21	24.22
尼日利亚	−1.79	4939.18	2396.04	23.45
挪威	−0.72	4035.53	75017.16	23.16
葡萄牙	−8.44	2035.90	19771.58	22.20
日本	−4.59	43807.57	34813.22	11.59
瑞典	−2.95	5336.12	51539.56	27.30
瑞士	−2.39	7400.26	85685.29	9.78
沙特阿拉伯	−4.11	6507.15	18691.25	7.40
斯里兰卡	−3.57	888.32	4052.75	11.56
泰国	−6.10	4326.49	6198.41	14.65
土耳其	1.79	10153.27	12038.63	17.65
乌克兰	−4.00	978.66	2344.36	19.20
西班牙	−10.82	11812.05	24939.19	13.76
希腊	−9.02	1853.75	17323.82	26.19
新加坡	−5.39	3301.00	58056.81	13.24
新西兰	1.86	2044.82	40218.39	28.16
匈牙利	−4.68	1400.97	14368.69	22.48
伊拉克	−15.67	1708.58	4247.81	1.34
伊朗	3.39	4101.88	4883.60	0.00
以色列	−2.15	3454.60	37488.45	22.36
意大利	−8.94	17454.34	29359.93	24.59
印度	−7.25	25001.32	1811.68	12.02

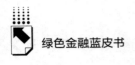

续表

国家	GDP 年度 增长率（%）	GDP 总额（2015 年不变价，亿美元）	人均 GDP（2015 年不变价，美元）	税收占 GDP 的比重（%）
印度尼西亚	-2.07	10276.03	3756.91	9.75
英国	-9.40	28916.16	43020.20	24.91
越南	2.91	2585.09	2655.77	10.90
智利	-5.77	2476.39	12954.41	17.80
中国	2.35	146318.44	10370.36	8.09

2. 金融市场发展程度

绿色金融的发展不仅与绿色产业和实体经济的发展有关，同时也会受到一国金融基础的影响。在金融市场充分发展的国家，金融监管部门和金融机构普遍具备较为丰富的金融业务实践经验与较强的金融理论研究基础，因而能更有效地开展绿色金融探索，完善绿色金融的政策标准与产品体系，搭建有助于绿色金融发展的监管体系和激励约束机制，促进市场上绿色金融产品和服务的创新应用。

鉴于此，本报告选取了 4 个分项指标来度量一国的金融发展水平。其中，股票市值占 GDP 的比重和股票交易总额占 GDP 的比重均反映了一国直接融资的发展程度。较高的股票市值占比意味着企业可以较容易地通过直接融资的方式从股票市场上获得长期、低成本的资金，以满足自身生产经营和固定资产投资的资金需求。较高的股票交易总额占比意味着资本市场的流动性较大和交易活跃度较高，有利于资金供求双方实现及时、准确的匹配，从而提升资金融通效率。

除了直接融资以外，间接融资也是金融市场中很重要的部分，特别是对于小规模的私营企业而言，银行信贷是满足其融资需求的主要途径。信贷的可获得性和低成本性是衡量间接融资发展的重要维度，本报告采用私营部门的国内信贷占 GDP 的比重来度量信贷可得性，采用实际利率来度量信贷成本。

55 个国家金融市场发展程度的具体度量数据见表 3。

表3 55个国家金融市场发展程度的度量

单位:%

国家	股票市值占GDP的比重	股票交易总额占GDP的比重	实际利率	私营部门的国内信贷占GDP的比重
阿尔及利亚	0.21	3.15	14.30	88.41
阿根廷	8.72	0.56	-7.51	15.96
埃及	11.32	4.40	4.84	142.29
阿联酋	82.16	10.45	0.00	93.26
爱尔兰	28.61	8.33	0.00	75.77
奥地利	30.49	9.18	0.00	45.32
澳大利亚	129.58	92.34	1.63	70.19
巴基斯坦	15.25	0.22	0.56	15.04
巴西	68.41	95.08	23.13	70.00
比利时	59.10	20.03	0.00	124.47
波兰	29.75	13.99	0.00	182.43
韩国	132.86	316.91	1.47	54.07
丹麦	60.21	27.13	0.00	53.21
德国	59.38	47.16	0.00	85.71
俄罗斯	46.83	18.64	5.83	163.33
法国	84.77	54.46	0.00	29.69
菲律宾	75.46	9.06	6.35	27.10
哥伦比亚	39.17	3.68	8.33	108.52
哈萨克斯坦	26.42	0.23	0.00	122.45
荷兰	131.93	53.37	0.22	143.68
加拿大	160.53	61.41	0.13	82.34
捷克	10.85	1.72	-1.01	38.27
罗马尼亚	10.26	1.18	2.63	38.70
马来西亚	129.53	73.77	4.76	54.80
美国	194.34	108.21	2.31	32.44
孟加拉国	27.79	4.62	4.04	39.16
秘鲁	43.11	1.05	8.37	55.23
墨西哥	37.21	7.70	3.34	68.57
南非	313.48	87.60	2.31	83.48
尼日利亚	13.09	0.57	5.37	25.64
挪威	72.99	25.12	6.54	164.78
葡萄牙	25.56	20.36	0.00	49.82

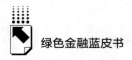

续表

国家	股票市值占GDP的比重	股票交易总额占GDP的比重	实际利率	私营部门的国内信贷占GDP的比重
日本	132.83	125.30	1.07	38.74
瑞典	86.70	80.44	1.89	134.00
瑞士	266.08	173.84	3.15	12.13
沙特阿拉伯	346.96	69.33	0.00	100.88
斯里兰卡	19.81	2.12	8.28	165.99
泰国	108.28	95.94	4.41	161.28
土耳其	32.98	120.65	0.00	17.20
乌克兰	3.37	0.00	4.10	55.15
西班牙	59.24	38.19	0.00	52.07
希腊	27.00	8.73	0.00	50.03
新加坡	191.95	30.50	8.42	101.22
新西兰	62.74	10.54	-1.88	26.05
匈牙利	17.95	7.25	-3.74	59.97
伊拉克	24.62	0.23	26.40	13.07
伊朗	96.14	227.29	7.86	132.68
以色列	64.37	25.70	2.40	68.57
意大利	27.17	95.08	1.15	159.78
印度	97.56	73.13	4.34	75.07
印度尼西亚	46.87	12.39	10.05	28.38
英国	115.67	76.35	-1.07	215.95
越南	68.60	20.97	6.27	147.67
智利	72.96	15.71	2.55	107.88
中国	82.96	214.50	3.70	182.87

3. 对外开放水平

绿色经济和绿色金融的发展具有时间和空间的外部性。一国在绿色投资方面的努力，可以降低污染和二氧化碳排放，从而减少全球生态环境和应对气候变化所面临的压力，其受益者包括本国之外的其他国家。此外，对许多国家来说，绿色金融涉及比较新的理念和方法，因此国际经验的分享和传播以及相关的能力建设是推动其发展的关键。因此，加强国际合作是发展绿色金融的必然途径。

开展国际交流的首要前提是坚持对外开放。在全球经济一体化的今天，国际贸易与跨境投资成为促进国际交流与合作的重要载体。在商品和资金频繁的流动中，人才的交流与观点的碰撞会自然而然地发生。鉴于此，本报告选取 FDI 占 GDP 的比重和 OFDI 占 GDP 的比重作为衡量资本对外开放程度的指标，并选取工业产品加权平均适用税率和贸易总额占 GDP 的比重作为衡量贸易对外开放程度的指标。

55 个国家对外开放水平的具体度量数据见表 4。

表 4　55 个国家对外开放水平的度量

单位:%

国家	FDI 占 GDP 的比重	OFDI 占 GDP 的比重	工业产品加权平均适用税率	贸易总额占 GDP 的比重
阿尔及利亚	0.01	0.78	10.26	45.84
阿根廷	0.33	1.03	8.07	30.15
埃及	0.09	1.60	6.07	33.76
阿联酋	5.28	5.54	3.25	167.69
爱尔兰	-21.62	7.62	1.80	239.95
奥地利	-1.90	-4.20	1.80	100.00
澳大利亚	0.94	1.48	0.75	44.04
巴基斯坦	0.01	0.80	10.99	27.48
巴西	-0.24	2.62	9.55	32.35
比利时	-3.72	-3.37	1.80	158.62
波兰	0.82	2.91	1.80	105.58
韩国	1.98	0.56	1.93	69.22
丹麦	2.55	0.44	1.80	103.31
德国	2.90	2.93	1.80	81.11
俄罗斯	0.39	0.64	4.09	46.08
法国	2.04	0.50	1.80	57.77
菲律宾	0.98	1.82	1.01	58.17
哥伦比亚	0.61	2.75	2.44	33.65
哈萨克斯坦	0.79	4.33	2.04	56.22

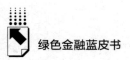
续表

国家	FDI 占 GDP 的比重	OFDI 占 GDP 的比重	工业产品加权平均适用税率	贸易总额占 GDP 的比重
荷兰	1.49	−16.34	1.80	145.30
加拿大	3.05	1.61	0.88	60.78
捷克	1.34	2.62	1.80	135.15
罗马尼亚	0.08	1.45	1.80	78.98
马来西亚	1.08	1.28	3.85	116.43
美国	1.49	1.01	1.55	23.38
孟加拉国	1.99	0.35	13.36	30.52
秘鲁	1.04	1.48	0.83	43.44
墨西哥	0.56	2.89	0.00	78.20
南非	−0.58	0.95	5.03	51.13
尼日利亚	−0.08	0.55	12.48	25.40
挪威	−3.05	−1.05	0.25	65.33
葡萄牙	−0.16	2.06	1.80	76.18
日本	3.01	1.24	1.12	31.07
瑞典	5.40	5.25	1.80	84.53
瑞士	−17.71	−34.21	0.14	115.89
沙特阿拉伯	0.70	0.77	4.20	50.60
斯里兰卡	0.02	0.54	4.19	39.52
泰国	3.79	−0.97	0.00	97.99
土耳其	0.45	1.06	1.34	61.14
乌克兰	0.23	0.20	1.94	79.18
西班牙	4.38	2.63	1.80	59.77
希腊	0.34	1.75	1.80	71.58
新加坡	9.52	25.72	0.00	320.56
新西兰	0.33	1.93	0.91	44.26
匈牙利	1.99	0.94	1.80	157.26
伊拉克	0.09	−1.89	0.00	68.56
伊朗	0.04	0.66	12.83	51.29
以色列	1.57	5.96	0.00	51.41
意大利	0.98	−1.17	1.80	55.09
印度	0.42	2.42	6.72	37.87
印度尼西亚	0.48	1.81	1.80	33.19

国家	FDI 占 GDP 的比重	OFDI 占 GDP 的比重	工业产品加权平均适用税率	贸易总额占 GDP 的比重
英国	−1.93	1.13	2.07	56.11
越南	0.14	5.83	1.05	208.25
智利	4.64	3.37	0.46	57.84
中国	0.75	1.44	2.74	34.51

对上述经济发展和财政基础、金融市场发展程度与对外开放水平的详细度量结果进行标准化处理，并采用等权重的方法进行加权平均，得到该三个变量的指标化得分，并与全球绿色金融发展指数的三个指标进行比较，结果如表 5 所示。

表 5　全球绿色金融发展指数与影响因素指标得分对比

国家	全球绿色金融发展指数				影响绿色金融发展的因素			
	政策与战略	市场与产品	国际合作	总分	经济发展和财政基础	金融市场发展程度	对外开放水平	总分
英国	21	46	23	90	41	63	54	35
法国	19	45	22	86	40	37	58	26
中国	18	46	22	85	48	65	54	38
德国	15	48	21	84	37	42	62	26
瑞典	16	47	19	82	50	61	65	34
日本	17	40	23	81	36	47	58	28
荷兰	19	45	17	81	45	55	58	33
丹麦	16	43	15	74	57	36	62	31
美国	9	43	19	71	63	48	55	37
韩国	18	30	22	70	39	63	59	34
西班牙	14	39	15	68	24	37	61	20
加拿大	11	38	19	68	35	50	61	28
意大利	12	38	18	68	36	51	56	29
挪威	13	38	15	66	56	45	57	34

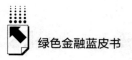

续表

国家	全球绿色金融发展指数				影响绿色金融发展的因素			
	政策与战略	市场与产品	国际合作	总分	经济发展和财政基础	金融市场发展程度	对外开放水平	总分
比利时	15	37	15	66	40	45	60	28
爱尔兰	16	34	15	66	61	35	57	32
奥地利	13	41	12	66	42	32	56	25
新加坡	16	35	14	65	38	44	100	27
墨西哥	14	35	15	65	21	32	63	18
葡萄牙	16	35	12	62	30	33	58	21
瑞士	11	35	15	61	48	74	36	41
匈牙利	18	32	10	60	33	29	67	21
巴西	16	24	18	58	27	23	40	17
印度尼西亚	13	31	13	58	24	22	55	15
南非	13	29	16	58	30	61	49	30
希腊	12	32	12	56	31	32	58	21
新西兰	14	29	13	56	52	30	58	28
智利	16	26	13	55	28	41	64	23
马来西亚	14	28	11	53	23	41	59	21
印度	8	29	15	52	21	41	47	21
捷克	15	30	7	52	27	28	65	18
波兰	15	30	6	51	32	49	62	27
澳大利亚	9	26	14	50	55	47	58	34
秘鲁	12	24	12	48	17	25	58	14
哥伦比亚	13	21	14	48	22	32	55	18
阿根廷	15	16	15	46	17	19	43	12
泰国	12	25	9	45	23	54	66	26
尼日利亚	9	22	12	43	34	22	34	19
俄罗斯	13	20	10	43	26	43	51	23
菲律宾	13	19	10	42	18	27	59	15
埃及	10	18	14	42	32	37	47	23
阿联酋	11	21	9	41	22	42	69	21
土耳其	8	21	11	40	37	37	58	25
越南	9	23	5	37	30	42	73	24
斯里兰卡	9	17	6	32	23	38	50	20

国家	全球绿色金融发展指数				影响绿色金融发展的因素			
	政策与战略	市场与产品	国际合作	总分	经济发展和财政基础	金融市场发展程度	对外开放水平	总分
哈萨克斯坦	11	17	4	32	26	40	58	22
罗马尼亚	11	15	4	30	27	26	59	18
乌克兰	11	12	6	30	28	27	58	18
沙特阿拉伯	7	18	4	30	24	66	52	30
以色列	8	14	6	28	43	36	63	26
孟加拉国	10	11	7	28	27	27	34	18
巴基斯坦	10	7	2	19	23	26	37	16
伊朗	6	6	2	13	28	57	35	28
阿尔及利亚	6	2	0	8	28	21	40	16
伊拉克	4	2	2	8	1	2	60	1

（二）方法学选取

统计学中经常使用三种相关系数：皮尔森（Pearson）相关系数、斯皮尔曼（Spearman）秩相关系数和肯德尔（Kendell）相关系数。肯德尔相关系数是对分类变量进行计算；皮尔森相关系数衡量的是线性相关性，一般要求数据服从正态分布；斯皮尔曼秩相关系数用于评估两个连续或顺序变量之间的单调关系，没有数据服从正态分布的要求。

课题组使用 2019～2021 年评价周期内的全部数据，对各个指标的得分进行正态分布检验，检验过程忽略空值。若大部分指标满足正态分布要求，考虑使用皮尔森相关系数，否则使用斯皮尔曼秩相关系数。

本报告采用 K-S 检验对指标得分进行正态分布检验，原假设和备择假设分别为：

H_0：指标得分服从正态分布

H_1：指标得分不服从正态分布

在判断过程中，P 值接近 0（<0.05）则拒绝原假设（H_0），即指标得分大概率不服从正态分布。

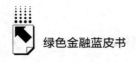

如表 6 所示，指标大部分接受了原假设，说明其大概率具有正态分布的特征，因此本报告使用皮尔森相关系数对指标得分进行相关性研究。

表 6　指标得分正态分布检验结果

指标	经济发展和财政基础	金融市场发展程度	对外开放水平	总分
P 值	0.012	0.200	0.000	0.200
是否拒绝 H_0	TRUE	FALSE	TRUE	FALSE

（三）相关性检验结果

本报告对指标得分的斯皮尔曼秩相关系数进行计算，分别考察经济发展和财政基础、金融市场发展程度与对外开放水平 3 个指标得分的相关性。

斯皮尔曼秩相关系数介于 -1 与 1 之间，数值越接近 1，说明两个指标的正相关性越强；反之，数值越接近 -1，则负相关性越强；若数值为 0，则二者之间可能不存在相关性。

如表 7 所示，从相关系数来看，第一，政策与战略得分与全部指标得分的相关性均为正，其中与经济发展和财政基础、对外开放水平两项指标的得分呈较强的正相关关系，说明经济发展水平与对外开放程度越高，越有利于绿色金融政策与战略的制定和推动。第二，市场与产品得分与经济发展和财政基础得分呈强正相关关系，说明经济发展和财政基础与绿色金融市场联系紧密，经济发展水平越高，绿色金融市场发展程度越高；市场与产品得分与金融市场发展程度、对外开放水平均呈较强的正相关关系，说明金融市场越完善、对外开放水平越高，绿色金融市场与产品的发展水平越高。第三，国际合作得分与经济发展和财政基础有较强的正相关关系，说明经济发展水平越高，绿色金融国际合作能力与程度越高。第四，绿色金融发展总体评价得分与各个指标均呈较强的正相关关系，表明一国在拥有更强大的经济发展实力、更成熟的金融市场体系，以及更开放多元的对外交流渠道后，将具有更强的意愿和能力去推动本国绿色金融体系的建设与发展。

表 7　全球绿色金融发展指数与影响因素的指标得分的斯皮尔曼秩相关系数计算结果

全球绿色金融发展指数	经济发展和财政基础	金融市场发展程度	对外开放水平	总体评价得分
总体评价得分	0.556	0.417	0.327	0.568
政策与战略	0.319	0.230	0.335	0.320
市场与产品	0.601	0.434	0.383	0.603
国际合作	0.465	0.387	0.119	0.499

出于严谨性考虑，本报告对皮尔森相关系数进行了显著性检验，原假设和备择假设分别为：

H_0：相关系数等于 0

H_1：相关系数不等于 0

在判断过程中，P 值接近 0 （<0.05）则拒绝原假设（H_0），即相关系数不等于 0。

如表 8 所示，第一，政策与战略得分与经济发展和财政基础、金融市场发展程度、对外开放水平的相关系数 P 值均小于 0.05，表明政策与战略得分与这三项指标得分间的正相关关系具有统计意义上的显著性；第二，市场与产品得分与金融市场发展程度和对外开放水平的相关系数在 0.05 的置信水平下正显著，说明绿色金融市场与产品的发展确实会受到金融市场发展程度和对外开放水平的积极影响；第三，绿色金融发展的国际合作得分与经济发展和财政基础、金融市场发展程度的相关系数在 0.05 水平下正显著，与对外开放水平的相关系数不具备显著性，验证了表 7 所揭示的现象。

表 8　全球绿色金融发展指数与影响因素的指标得分的
斯皮尔曼秩相关系数及显著性结果

全球绿色金融发展指数		经济发展和财政基础	金融市场发展程度	对外开放水平	总体评价得分
总体评价得分	相关系数	0.556	0.417	0.327	0.568
	P 值	0.017	0.000	0.000	0.000
政策与战略	相关系数	0.319	0.230	0.335	0.320
	P 值	0.018	0.000	0.000	0.000

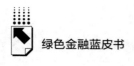

续表

全球绿色金融发展指数		经济发展和财政基础	金融市场发展程度	对外开放水平	总体评价得分
市场与产品	相关系数	0.601	0.434	0.383	0.603
	P 值	0.091	0.001	0.003	0.002
国际合作	相关系数	0.465	0.387	0.119	0.499
	P 值	0.012	0.004	0.388	0.015

（四）相关性检验结论

1. 绿色金融发展指数与经济发展和财政基础呈较强正相关关系

绿色金融发展指数与经济发展和财政基础呈显著正相关关系，两者相关系数达到 0.556，且正相关性在 1%水平下显著。此外，绿色金融发展指数与金融市场发展程度也呈现一定的正相关性，相关系数达到 0.417。

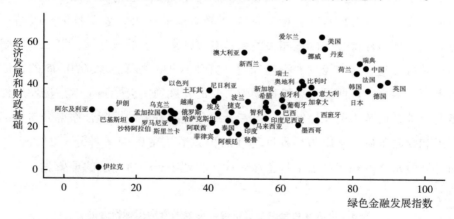

图2　各国绿色金融发展指数与经济发展和财政基础指标关系的散点图

绿色金融发展与经济发展之间呈现显著的正相关性。一方面，经济发展越充分、经济规模越庞大、财政基础越稳健的经济体，越可以为绿色金融发展提供充分的财政资金支持、充满活力的市场主体、多样化的金融服务，促进绿色金融的长效、健康发展。另一方面，绿色金融发展对于经济高质量发展具有重要意义，是引导资源高效配置的有效手段。

2.绿色金融市场与产品体系受到金融市场发展程度的积极影响

金融基础设施是绿色金融发展的根基，一国绿色金融的发展有赖于该国金融市场体系的完善与成熟程度。特别是对于绿色金融产品创新而言，广泛的金融市场参与主体、丰富多样的金融市场服务需求、多层次的交易工具和市场体系，都是发展过程中不可或缺的基础元素。正如统计结果和图3所示，金融市场发展程度越高，绿色金融市场与产品得分越高，两者的相关系数达到0.434。

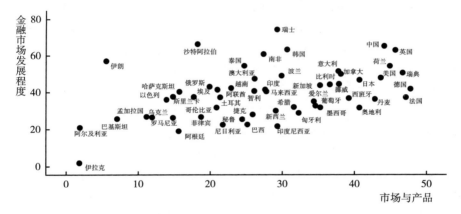

图3　各国绿色金融市场与产品体系和金融市场发展程度指标关系的散点图

Abstract

Achieving sustainable development has become a pressing global challenges. In this context, green finance is essential for directing investments toward green and low-carbon goals. Many countries have started creating green finance-related policysystems, fostering green financial markets, and engaging in international green finance cooperation. The Global Green Finance Development research group of the International Institute of Green Finance (IIGF), together with the International Finance Forum (IFF), began studying the development of green finance in major economies in 2020. The research group built a database covering 55 countries with the largest economies and developed the Global Green Finance Development Index (GGFDI) to evaluate the green finance development levels of those countries. The GGFDI assesses green finance development from three components, 1) Policy and Strategy, 2) Market and Products, and 3) International Cooperation. The slection of indicators is based on scientific principles, objectivity, fairness, comparability, and data availability principles. The current indicator system contains three first-level indicators, six second-level indicators, 26 third-level indicators, and 54 fourth-level indicators. Among these, 35 are qualitative indicators, five are semi-qualitative indicators, and 14 are quantitative indicators.

This report focuses on the progress of green finance in 55 countries during the 2021 evaluation term (January 1 to December 31, 2021). The top 10 countries with the highest overall GGFDI scores are the UK, France, Germany, China, Sweden, Japan, the Netherlands, Denmark, the US, and Spain. They are closely followed by Italy, South Korea, Canada, Norway, and Belgium. Generally, countries with relatively more developed economies and financial markets gain higher scores. Top-ranked countries are mainly developed countries such as the UK and France, and China is the only developing country in the top 10. Geographically speaking, countries in Europe, East Asia, and North America have higher levels of green finance development, these areas are followed by Southeast Asian countries. Africa, the Middle East, and South Asia are lagging behind.

In terms of the individual scores of three components, Policy and Strategy component has the smallest disparities in scores, while Market and Product has the largest disparities. This indicates that some developing with high government ambitions and policy efforts on developing green finance are constrained by their less matured financial markets. As international cooperation on green finance continues to thrive, green finance has gained increasing potential in strengthening regional economic cooperation and facilitating global dialogue and collaboration.

The Annual Report on the Development of Global Green Finance (2022) consists of five parts: General Report, Country and Regional Report, International Cooperation Report, Special Report, and Evaluation Report. The General Report provides ranking results for 2021 based on GGFDI scores, analyzes the results, and forecasts the global green finance trends in 2022. The Country and Regional Report investigates progress on and summarizes the characteristics of green finance development in the EU, the UK, France, Germany, China, Japan, Korea, the US, ASEAN (Association of Southeast Asian Nations), SIDS (Small Island Developing Countries) and LDCs (Less Developed Countries). The International Cooperation Report is divided into two parts. The first part summarizes the progress of international cooperation in green finance. It covers mainstreamed global cooperation initiatives, platforms, and multilateral and bilateral cooperation mechanisms. The second part outlines the green finance practices of the Multilateral Development Banks (MDBs), demonstrating the progress of global, regional and cross-regional cooperation. The Special Report focuses on biodiversity finance, introduces the background and significance of biodiversity finance, the latest international and domestic progress, and discusses the challenges and prospects for developing biodiversity finance in China. The evaluation chapter explains the construction of the GGFDI. It identifies exogenous factors that may directly impact the indicators of the three components and examines the correlation

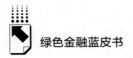
between them and the index. The result indicates a strong positive correlation between the total GGFDI score and the economic and fiscal development level, and the financial market positively impacts the score of the Market and Product component.

Despite the challenges brought by COVID-19, regional conflicts, the energy crisis, and trade protection measures, global green finance still experienced rapid development in 2021. This trend is likely to continue in 2022, and green finance could serve as a platform for leveraging international dialogues and cooperation among countries. In the next stage, green finance is expected to progress further, with the convergence of international green finance standards, closer regional green finance cooperation, development of global green finance market, and continuous product innovation.

Keywords: Green Finance; Sustainable Finance; Sustainable Development; Biodiversity; Climate Change

Contents

I   General Report

Abstract: This report provides a quantitative measure of green finance progress in 55 countries and generates a country ranking based on the Global Green Finance Development Index (GGFDI). The index system evaluates green finance development in each country from three components, 1) Policies and Strategy, 2) Market and Product, and 3) International Cooperation. Generally speaking, there are significant regional differences in green finance development globally. Countries with relatively developed green finance are mainly European countries, for instance, the UK and France. China is the only developing country in the top 10. Countries in Europe, East Asia, and North America have a higher level of green finance development overall, followed by Southeast Asian countries. Africa, the Middle East, and South Asia are relatively lagging behind.

In terms of the individual scores of three components, Policy and Strategy component has the smallest disparities in scores, while Market and Product has the largest disparities. This indicates that some developing with high government ambitions and policy efforts on developing green finance are constrained by their less matured financial markets. As international cooperation on green finance continues to thrive, green finance has gained increasing potential in strengthening regional economic cooperation and bridging global dialogue and collaboration.

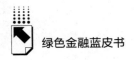
Green finance is expected to play an increasingly important role in supporting sustainable development.

Keywords: Green Finance; Sustainable Development; Green Fnance Development Index

Ⅱ   Country and Regional Report

B . 2   Green Finance Regional and Country Development

Report   *Zhao Xin*, *Shu Xueran* / 024

Abstract: Different countries and regions are characterized by differentiated green finance development pathways. The prominent feature of green finance development in the EU is the legalization of green finance policy. With dedicated organizations providing methodological research and regulatory support, EU countries have gradually developed a robust green finance system. The UK, France, and Germany are leading European countries in green finance development, with relatively advanced green finance policy systems, information disclosure mechanisms, and green finance markets. Among East Asian countries, China's green finance development is characterized by a "top-down" approach, while Japan emphasizes a synergetic development of "green" and "transition" finance, and South Korea has a government-led green finance development model. In contrast, green finance development in the US is driven by many "bottom-up" practices in the financial market. Association of Southeast Asian Nations (ASEAN) countries leverage the coordinated regional market to develop green finance. Less Developed Countries (LDCs) urgently need increased international climate finance to support climate adaptation.

As green finance continues to improve, countries in Europe, Asia, and North America have explored various models of green finance development. Due to the correlated economic development gaps among different regions, green finance development is unbalanced. Green finance is at the initial stage of fully realizing its potential in supporting the world, particularly in developing countries, to address climate change and other sustainable development challenges.

Keywords: Green Finance; Regional Development; Sustainable Development

Ⅲ International Cooperation Reports

B.3 Global Green Finance Cooperation Mechanism

Zhao Xin, Mao Qian / 075

Abstract: Recent years have seen a rapid development of international cooperation on green finance, with increasing financial regulators joining global green finance platforms, a growing number of financial institutions joining international green finance initiatives, and the continued development of relevant global, regional, and bilateral green finance cooperation networks.

Under various multilateral cooperation mechanisms, countries worldwide have been working together on green finance topics while innovative bilateral cooperation mechanisms on green finance have emerged. International collaboration on green finance plays a significant role in raising global awareness, closing the financing gaps, and building capabilities. Despite the recent progress, international cooperation on green finance is still facing challenges such as lacking common standards, insufficient support for developing countries, capacity gaps, and global political uncertainties. To advance global green finance and achieve high-quality development, it is essential to leverage international cooperation on green finance in the future. This will require fostering collaboration on developing common green finance standards, pressuring developed nations to fulfill their commitments, conducting academic research, providing technical assistance, etc.

Keywords: Green Finance; International Cooperation; Bilateral and Multilateral Organizations; Climate Finance

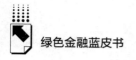

B . 4   Green Finance Practices of Multilateral Development
Finance Institutions

Mao Qian, Li Chenxin and Liu Huixin / 122

Abstract: In recent years, Multilateral Development Banks (MDBs) have increased their climate finance commitments and started to play a more significant role in global green finance development. In 2020, the total amount of climate finance committed by the eight major MBDs reached $ 66.045 billion. Even though the current gap in global climate finance is still significant, MDBs are striving toward higher climate finance targets. Due to the specific characteristics, such as long-term and stable investment, counter-cyclical investment, preferential financing, as well as technical assistance responsibility, MDBs have many advantages in fostering green finance development compared with commercial financial institutions. Thanks to these features, MDBs could effectively leverage private investments for green projects. Their work could be further improved by enhancing green finance strategies and close cooperation with commercial financial institutions, and other organizations. Multilateral development finance is expected to further promote the unification of green financial standards, strengthen efforts in leveraging private capital, improve environmental and social risk management systems, and actively facilitate global economic recovery.

Keywords: Green Finance; Multilateral Development Banks; International Cooperation; Climate Investment and Finance

Ⅳ Topical Report

B.5 Biodiversity Finance Report

Aleksandra Janus, Mao Qian, Zhao Xin and Chen Qianming / 174

Abstract: The survival and future well-being of humans depends on the stability of the earth's ecosystems. Global biodiversity has been declining in recent years, which poses a significant threat to humanity. The awareness about the urgency of the crisis and the importance of protecting biodiversity has been increasing. Biodiversity finance aims to support biodiversity protection through the coordinated use of financial resources. The development of biodiversity finance is crucial for addressing financial risks associated with biodiversity loss and closing the biodiversity financing gap. International research on biodiversity-related financial risks has achieved a breakthrough, concluding that biodiversity loss impacts financial stability. International cooperation and innovation in global biodiversity investment and financing mechanisms are booming. In recent years, biodiversity has also received unprecedented attention in China. Under the theme of ecological protection and combating climate change, more policies are being created to direct capital flows to biodiversity conservation. The development of biodiversity finance is well supported by China's robust green finance framework. China has also participated in standard-setting and research related to global biodiversity finance, actively examined global biodiversity investment and financing systems, and proactively launched international initiatives and cooperation mechanisms in this field. However, biodiversity finance is still in its infancy, and faces multiple challenges. In the future, it will still be necessary to further improve standards, increase investment and financing, strengthen risk management of biodiversity-related risks, encourage experience sharing, and promote personnel development.

Keywords: Biodiversity Finance; Risk Management; Finance Gap; International Cooperation

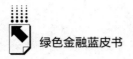

V Evaluation Report

B.6 Global Green Finance Development Construction
Description and Evaluation Results Correlation

Mao Qian, Guo Minping / 219

Abstract: The Global Green Finance Development Index (GGFDI)
provides a quantitative measure of green finance development in major global
economies. It was developed to support international efforts in scaling up green
investment in climate and sustainable development. Indicators in the GGFDI are
selected based on the fundamental principles of objectivity, fairness, comparability,
and data accessibility. The current indicator system contains three first-level
indicators, six second-level indicators, 26 third-level indicators, and 54 fourth-level
indicators. Among them, there are 35 qualitative indicators, five semi-qualitative
indicators, and 14 quantitative indicators. The GGFDI assesses green finance
development in three components, 1) Policy and Strategy, 2) Market and
Products, and 3) International Cooperation. This report selects three exogenous
variables that may directly affect the three aspects above, namely, economic and
fiscal basis, financial market development level, and the level of opening up. The
report examines the correlation between these variables and the index. The result
indicates a strong positive correlation between the total GGFDI score and the
economic and fiscal development level; at the same time, the development of the
financial market is positively correlated with the score of the Market and Product.

Keywords: Green Finance; Green Finance Development Index; Finance
Market; Opening

权威报告·连续出版·独家资源

皮书数据库
ANNUAL REPORT(YEARBOOK)
DATABASE

分析解读当下中国发展变迁的高端智库平台

所获荣誉

- 2020年，入选全国新闻出版深度融合发展创新案例
- 2019年，入选国家新闻出版署数字出版精品遴选推荐计划
- 2016年，入选"十三五"国家重点电子出版物出版规划骨干工程
- 2013年，荣获"中国出版政府奖·网络出版物奖"提名奖
- 连续多年荣获中国数字出版博览会"数字出版·优秀品牌"奖

皮书数据库

"社科数托邦"
微信公众号

成为会员

　　登录网址www.pishu.com.cn访问皮书数据库网站或下载皮书数据库APP，通过手机号码验证或邮箱验证即可成为皮书数据库会员。

会员福利

- 已注册用户购书后可免费获赠100元皮书数据库充值卡。刮开充值卡涂层获取充值密码，登录并进入"会员中心"—"在线充值"—"充值卡充值"，充值成功即可购买和查看数据库内容。
- 会员福利最终解释权归社会科学文献出版社所有。

数据库服务热线：400-008-6695
数据库服务QQ：2475522410
数据库服务邮箱：database@ssap.cn
图书销售热线：010-59367070/7028
图书服务QQ：1265056568
图书服务邮箱：duzhe@ssap.cn

社会科学文献出版社 皮书系列
SOCIAL SCIENCES ACADEMIC PRESS (CHINA)

卡号： 422144676865
密码：

S 基本子库
SUB DATABASE

中国社会发展数据库（下设 12 个专题子库）

紧扣人口、政治、外交、法律、教育、医疗卫生、资源环境等 12 个社会发展领域的前沿和热点，全面整合专业著作、智库报告、学术资讯、调研数据等类型资源，帮助用户追踪中国社会发展动态、研究社会发展战略与政策、了解社会热点问题、分析社会发展趋势。

中国经济发展数据库（下设 12 专题子库）

内容涵盖宏观经济、产业经济、工业经济、农业经济、财政金融、房地产经济、城市经济、商业贸易等 12 个重点经济领域，为把握经济运行态势、洞察经济发展规律、研判经济发展趋势、进行经济调控决策提供参考和依据。

中国行业发展数据库（下设 17 个专题子库）

以中国国民经济行业分类为依据，覆盖金融业、旅游业、交通运输业、能源矿产业、制造业等 100 多个行业，跟踪分析国民经济相关行业市场运行状况和政策导向，汇集行业发展前沿资讯，为投资、从业及各种经济决策提供理论支撑和实践指导。

中国区域发展数据库（下设 4 个专题子库）

对中国特定区域内的经济、社会、文化等领域现状与发展情况进行深度分析和预测，涉及省级行政区、城市群、城市、农村等不同维度，研究层级至县及县以下行政区，为学者研究地方经济社会宏观态势、经验模式、发展案例提供支撑，为地方政府决策提供参考。

中国文化传媒数据库（下设 18 个专题子库）

内容覆盖文化产业、新闻传播、电影娱乐、文学艺术、群众文化、图书情报等 18 个重点研究领域，聚焦文化传媒领域发展前沿、热点话题、行业实践，服务用户的教学科研、文化投资、企业规划等需要。

世界经济与国际关系数据库（下设 6 个专题子库）

整合世界经济、国际政治、世界文化与科技、全球性问题、国际组织与国际法、区域研究 6 大领域研究成果，对世界经济形势、国际形势进行连续性深度分析，对年度热点问题进行专题解读，为研判全球发展趋势提供事实和数据支持。

法律声明

　　"皮书系列"（含蓝皮书、绿皮书、黄皮书）之品牌由社会科学文献出版社最早使用并持续至今，现已被中国图书行业所熟知。"皮书系列"的相关商标已在国家商标管理部门商标局注册，包括但不限于LOGO（▨）、皮书、Pishu、经济蓝皮书、社会蓝皮书等。"皮书系列"图书的注册商标专用权及封面设计、版式设计的著作权均为社会科学文献出版社所有。未经社会科学文献出版社书面授权许可，任何使用与"皮书系列"图书注册商标、封面设计、版式设计相同或者近似的文字、图形或其组合的行为均系侵权行为。

　　经作者授权，本书的专有出版权及信息网络传播权等为社会科学文献出版社享有。未经社会科学文献出版社书面授权许可，任何就本书内容的复制、发行或以数字形式进行网络传播的行为均系侵权行为。

　　社会科学文献出版社将通过法律途径追究上述侵权行为的法律责任，维护自身合法权益。

　　欢迎社会各界人士对侵犯社会科学文献出版社上述权利的侵权行为进行举报。电话：010-59367121，电子邮箱：fawubu@ssap.cn。

社会科学文献出版社